CONTROVERSES

DEUXIÈME ÉDITION

Larbi Oukada
Indiana University-Purdue University-Indianapolis

Didier Bertrand
Indiana University-Purdue University-Indianapolis

Janet Solberg
Kalamazoo College

HEINLE
CENGAGE Learning

Australia • Brazil • Japan • Korea • Mexico • Singapore • Spain • United Kingdom • United States

HEINLE
CENGAGE Learning™

Controverses, Second Edition
Larbi Oukada, Didier Bertrand, and
Janet Solberg

Editor-in-Chief: PJ Boardman

Publisher: Beth Kramer

Acquisitions Editor: Nicole Morinon

Development Editor: Catharine Thomson

Editorial Assistant: Timothy Deer

Senior Media Editor: Morgen Murphy

Associate Media Editor: Katie Latour

Marketing Director: Lindsey Richardson

Marketing Coordinator: Janine Enos

Marketing Communications Manager:
Glenn McGibbon

Senior Content Project Manager: Aileen Mason

Production Manager: Lauren MacLachlan

Senior Art Director: Linda Jurras

Senior Print Buyer: Betsy Donaghey

Rights Acquisitions Specialist, Images:
Jennifer Meyer Dare

Rights Acquisitions Specialist, Text: Katie Huha

Production Service: PreMediaGlobal

Text Designer: Jerilyn Bockorick, Nesbitt
Graphics, Inc.

Cover Designer: Wing Ngan

Cover Image: ©gettyimages/sylvain sonnet

Compositor: PreMediaGlobal

For product information and technology assistance, contact us at
Cengage Learning Customer & Sales Support, 1-800-354-9706

For permission to use material from this text or product,
submit all requests online at **cengage.com/permissions**
Further permissions questions can be emailed to
permissionrequest@cengage.com

Library of Congress Control Number: 2010936686

Student Edition:
ISBN-13: 978-0-495-79777-7
ISBN-10: 0-495-79777-4

Instructor's Edition:
ISBN-13: 978-1-4390-8205-8
ISBN-10: 1-4390-8205-7

Heinle
20 Channel Center Street
Boston, MA 02210
USA

Cengage Learning is a leading provider of customized learning solutions with
office locations around the globe, including Singapore, the United Kingdom,
Australia, Mexico, Brazil, and Japan. Locate your local office at:
international.cengage.com/region

Cengage Learning products are represented in Canada by
Nelson Education, Ltd.

For your course and learning solutions, visit **academic.cengage.com**

Purchase any of our products at your local college store or at our preferred
online store **www.cengagebrain.com**

Printed in the United States of America
3 4 5 6 7 14 13

Table des matières

CHAPITRE 8   *Langue et société: Le statut de la langue française dans le monde d'aujourd'hui*   224

Preface

*W*elcome to *Controverses!* As you continue your study of French with this book, you will find that *Controverses* makes it possible for you to discuss relevant topics and express your opinions about them both orally and in writing. This new level of sophistication will be challenging for you, of course, but it is extremely rewarding to be able to discuss topics of interest to you, to express and defend your ideas, and to project your personality in a foreign language. You'll find that *Controverses* provides you with interesting topics and the necessary linguistic support (vocabulary words, discussion questions, socially relevant readings, etc.) to help you discuss them, but remember, the energy and effort necessary to maintain a conversation must come from you. Don't worry about speaking perfectly—at the Intermediate level, everyone makes mistakes. However, the desire to communicate is one of the most important factors in getting your point across, and focusing on that desire will help you make real progress.

Much of the grammar in *Controverses* will seem at least somewhat familiar to you. This will give you the opportunity to refine and deepen your understanding of some grammar points and gain more confidence about structures you were perhaps unsure of the first time you saw them. We hope it has become clear to you by now that grammar is a means to an end—a way to communicate your ideas more clearly and elegantly to others. *Controverses* offers you many exercises to help you practice grammar, but we want you to see them as a means of self-expression and communication with others and as a way to have fun with the linguistic progress you are making.

At some point in the future, we hope that you will find yourself having a truly satisfying conversation with another French speaker—a conversation that would not be possible if you couldn't speak French. Such conversations can truly foster the hope that by communicating across cultural and linguistic differences, we can make the world a safer, friendlier, and more interesting place for us all. When that conversation takes place, we hope that *Controverses* will have played a role in making that exhilarating experience possible.

Acknowledgments

*T*he authors are deeply indebted to the editorial, marketing, and production staff of Heinle, Cengage Learning, in particular Beth Kramer, Nicole Morinon, Lindsey Richardson, and Aileen Mason. Their encouragement made it possible to extend field-testing operations and editing stages to produce a quality program. We are especially grateful to Cat Thomson, our development editor, for giving us the opportunity to develop the program, for her knowledge, for her patience, and for numerous, invaluable contributions she made throughout the making of *Controverses*.

Larbi Oukada would like to thank Christopher and Dan Oukada for their love and understanding. Didier Bertrand extends his most heartfelt gratitude and love to his generous wife Brenda and his wonderful sons, Nicolas and Matthieu, who have given up so much in the name of this project. Both Larbi and Didier would also like to mention the help they have received from many colleagues and friends: Rosalie Vermette and Brenda Bertrand, who field-tested the program in their classes and provided invaluable suggestions for improvement; Lizbeth Bernard, Amy Reinsel, and Ellen Sexauer for their insights and continued support. Last, but not least, they owe a big debt of gratitude to their students who have been very instrumental in testing and shaping this program.

Jan Solberg would like to acknowledge her many pedagogical mentors and collaborators who helped to make her into a teacher and textbook author: Ron Chastain, Don Rice (who is sorely missed), Janka Zask, Wendy Allen, Wendy Nelson, Terri Nelson and Lara Semones. For their limitless support and encouragement, she thanks her friends and family (especially her husband, John Townsend) and her present colleagues at Kalamazoo College (especially Larissa Dugas). The current edition would not have been possible without the patience and help of French friends and colleagues (almost) too numerous to mention: Alain and Dominique, Bruno and Isabelle, Hélène, Simon, Joëlle and Jacques, Isabelle, Jérome, Nathalie, Agnès, Bernard and Marie-Thérèse, Bruno, Claudine, Dominique and Marc, Marion and Christophe – and the cultural hybrids, Dave Sheehan and Mary Vigier. Words cannot express the debt she owes to Catharine Thomson and Nicole Morinon. Most importantly, she wants to express her affection to all of her students, who continue to make language teaching the best job in the world.

The author team would also like to thank our many colleagues who served as readers, consultants, and advisors on this project. Your comments and suggestions were invaluable to us.

List of reviewers

Antoinette Alitto-Heigl, *Harrisburg Area Community College*
Heather Allen, *University of Miami*
Eileen M. Angelini, *Canisius College*
John Angell, *University of Louisiana at Lafayette*
Fanny Aparicio, *Garden City High School*
Gérard Beck, *George Mason University*
Deborah Bell, *University of Georgia*
Thomas Blair, *City College of SF*
Carl Blyth, *University of Texas - Austin*
Rosalie Cheatham, *University of Arkansas – Little Rock*
Margaret Corgan, *King's College*
Dominick De Filippis, *Wheeling Jesuit University*
Rudy de Mattos, *Louisiana Tech University*
Wilson Decembre, *Pace University - NYC*
Sophie Delahaye, *Washburn University*
Sylvie Pascale Dewey, *Kutztown University*
Florence Echtman, *Bryn Mawr College*
Mary Ellen Eckhert, *East Los Angeles College*
Angela Elsey, *University of California - Santa Cruz*
Kathleen Farrell Whitworth, *University of Wisconsin - Milwaukee*
Annick Fritz-Smead, *Macalester College*
Nina Furry, *University of North Carolina*
Carolyn Gascoigne, *University of Nebraska - Omaha*
Sarah Glasco, *Elon University*
Cynthia Hahn, *Lake Forest College*

Hollie Harder, *Brandeis University*
Margaret Harp, *University of Nevada - Las Vegas*
Bette G. Hirsch, *Cabrillo College*
Kimberly Kinney, *Kansas State University*
Jeanette R. Kraemer, *Marquette University*
Marie Level, *Baylor University*
Frederic Leveziel, *Southern Illinois University - Edwardsville*
Gary Ljungquist, *Salem College*
Jing Luo, *Bloomsburg University*
Roger Noel, *Georgia College & State University*
David Olson, *Aims Community College*
Lynn Palermo, *Susquehanna University*
Keith Phillips, *Lansing Community College*
Simone Pilon, *Franklin College*
Randi Polk, *Millikin University*
Julia Praud, *Wheaton College*
Susan L. Rosenstreich, *Dowling College*
Stephanie Schechner, *Widener University*
Edith Stetser, *Arcadia University*
Karen Taylor, *Morehead State University*
Kenric K. Tsethlikai, *Stanford University*
Peter Vantine, *Macalester College*
Stacey Weber-Fève, *Iowa State University*
Arlene White, *Salisbury University*
Bonnie Youngs, *Carnegie Mellon University*
Samuel Zadi, *Wheaton College*

Un premier contact

Objectifs communicatifs

COMMUNICATION

- Faisons connaissance!
- Discutons un peu
- Lecture: L'étude du français est-elle importante?
- Apprenons à écrire! La dialectique hégélienne.

LIENS GRAMMATICAUX

- Le présent de l'indicatif

*C*ontroverse: Dans ce livre, vous aurez l'occasion de discuter de sujets d'importance individuelle et sociale. Bien qu'apprendre une langue étrangère soit un acte personnel, il s'agit en même temps d'un travail collectif. Vous allez donc souvent travailler avec un(e) partenaire et en groupes. Les exercices qui suivent vous permettront de mieux connaître vos camarades de classe et d'apprendre le vocabulaire qui vous permettra de participer efficacement à la conversation.

Faisons connaissance!

A **Trouvez quelqu'un qui…** Levez-vous, et circulez dans la classe. Posez les questions suivantes à différents camarades de classe. Quand quelqu'un *(someone)* répond «oui», écrivez son nom dans le tableau suivant. Si la personne répond «non», passez à un(e) autre étudiant(e) et posez la même question.

Modèle: Trouvez quelqu'un qui…regarde le football américain le lundi soir à la télé.
  —Est-ce que tu regardes le football américain le lundi soir à la télé?
  —Oui, je le regarde.
  —Comment t'appelles-tu?
  —Je m'appelle John. (Vous écrivez «John» dans le tableau.)

Trouvez quelqu'un qui…	Prénoms
1. …regarde le football le lundi soir à la télé.	John
2. …joue d'un instrument de musique. Lequel?	
3. …utilise «Facebook» tous les jours ou presque.	
4. …va à l'église/à la synagogue/à la mosquée/au temple toutes les semaines.	
5. …aime les émissions de télé-réalité. Lesquelles?	
6. …a seulement trois bon(ne)s ami(e)s.	
7. …a déjà voyagé à l'étranger *(abroad)*. Où?	
8. …a un(e) ami(e) ou un parent *(relative)* qui est ou a été militaire.	
9. …aime les anchois *(anchovies)*.	
10. …envoie beaucoup de textos *(text messages)* à ses amis.	
11. …a peur de parler en classe.	

B **Qui êtes-vous?** Choisissez cinq des questions suivantes et posez-les à un(e) camarade de classe que vous ne connaissez pas encore. Prenez quelques notes pour pouvoir ensuite présenter votre partenaire à la classe. (Attention! Les questions sont posées à la forme «vous» ici, mais vous allez probablement utiliser «tu» avec votre partenaire.)

1. Comment vous appelez-vous et quel âge avez-vous (si ce n'est pas trop indiscret)?

2. Où habitez-vous? (dans une résidence universitaire/dans un appartement/dans une maison…) Depuis quand habitez-vous à [ville]?

3. Avez-vous des frères et des sœurs? (Ou bien — Avez-vous des enfants?) Combien?

4. En quelle année êtes-vous au lycée/à l'université? (en première, deuxième, troisième, quatrième année, en maîtrise…)

5. Que faites-vous comme études *(major)*? Pourquoi vous spécialisez-vous dans cette matière *(subject)*?

6. Qu'est-ce que vous voulez faire quand vous aurez obtenu votre diplôme?

7. Depuis quand apprenez-vous le français? depuis le lycée? l'université? depuis votre enfance?

8. Avez-vous déjà visité la France? le Québec? un autre pays francophone? Combien de temps est-ce que vous avez passé dans ce(s) pays?

9. Avez-vous un emploi maintenant? Où est-ce que vous travaillez? Travaillez-vous à plein temps, à mi-temps, à temps partiel? Combien d'heures par semaine travaillez-vous?

10. Qu'est-ce que vous aimez faire quand vous avez du temps libre? (sport, cuisine, cinéma, théâtre, littérature, musique, peinture, sieste…)

11. Quel est votre bar/café/restaurant préféré? Votre film ou roman préféré?

C **Permettez-moi de vous présenter….** Présentez votre partenaire à la classe en utilisant les réponses de l'exercice précédent.

> **Modèle:** Je vous présente Marie. Elle est en deuxième année, et elle fait des études de chimie. Elle…

D **Votre professeur se présente.** Votre professeur va se présenter à la classe. Écoutez ce qu'il/elle dit et notez quelques détails dans le tableau ci-dessous. Si votre professeur ne donne pas d'information dans une ou plusieurs catégories, mettez un «X» dans la/les case(s) correspondante(s).

Catégorie	Réponses
1. la date de son anniversaire	
2. où il/elle a fait ses études	
3. s'il/si elle a des animaux	
4. les pays francophones qu'il/elle a visités	
5. ce qu'il/elle aime faire pendant son temps libre	
6. sa couleur préférée	
7. son restaurant préféré	
8. Notez d'autres détails que le professeur a mentionnés.	

Track 2

De quoi parle-t-on?

Sandrine pense qu'il faut supprimer *(eliminate)* les examens à l'université, mais Rachid n'est pas tout à fait d'accord avec elle. Écoutez leur conversation et répondez aux questions suivantes.

© Monkey Business Images / Shutterstock.com

QUESTIONS

1. Pour quelles raisons est-ce que Sandrine n'aime pas les examens?

2. Quelles sont les deux expressions que Sandrine utilise pour introduire ses raisons? («_____, c'est trop... » / «Et _____, un ou deux examens... »)

3. Quelle raison est-ce que Rachid donne pour justifier les examens?

4. Sandrine propose de remplacer les examens par des devoirs *(papers)* ou des exposés (présentations orales) aux examens. Quelle est la réaction de Rachid à cette idée?

Liens grammaticaux

LE PRÉSENT DE L'INDICATIF

Le présent s'utilise pour dire ce qui se passe 1) maintenant ou bientôt, 2) habituellement, ou 3) éternellement.

Le présent du verbe *aller* + infinitif indique une action qui va se passer bientôt, et le présent de *venir* + *de* + infinitif indique une action qui vient d'avoir lieu *(just happened)*.

Consultez le chapitre préliminaire du *Cahier d'activités* pour réviser la formation et l'emploi du présent de l'indicatif.

A Le premier jour de cours. Jouez la conversation entre Marc et Sophie sur leurs aptitudes en langues et leurs habitudes. Variez le type de question que vous posez (inversion, est-ce que).

Modèle: —Comment / tu / s'appeler? ➔ Comment est-ce que tu t'appelles?
(ou bien)
➔ Comment t'appelles-tu?
—Je / s'appeler / Sophie ➔ Je m'appelle Sophie.

1. —Combien de / langues / tu / parler?
   —Je / parler / trois / langues: anglais / français / chinois

2. —tu / ne …pas / apprendre / l'espagnol?
   —Non, / je / ne …pas / apprendre / l'espagnol / en ce moment

3. —Tu / finir / tes devoirs / à l'heure *(on time)*?
   —Oui, je / être / très consciencieux/euse

4. —Combien de temps / tu / passer / à / faire / tes devoirs?
   —Je / passer / deux heures, / d'habitude, / à / faire / mes devoirs, sauf quand / je / écrire / une longue dissertation

5. —Tu / faire / tes devoirs / le matin?
   —Oui, parce que / je / se coucher / tôt. Et toi / quand / tu / travailler?

6. —Moi, / je / ne …pas / pouvoir / travailler / le matin.
   —Je / comprendre. De plus, / tu / courir / le matin / avec l'équipe d'athlétisme *(track and field team)* / n'est-ce pas?

B **Vive les vacances!** Qu'est-ce que vous faites d'habitude, quand vous êtes en vacances? Utilisez les phrases suivantes, ou bien créez des phrases personnelles! Avec un(e) partenaire, mentionnez *au moins* cinq activités:

Modèle: Vous: *Mes amis et moi, nous faisons du lèche-vitrines.*

Je	faire la grasse matinée *(sleep in)*
Mes amis et moi, nous	travailler pour gagner de l'argent
Avec mes parents, je	aller au cinéma
Mon frère / Ma sœur	envoyer des courriers électroniques
Les étudiants	prendre un café avec des amis
	avoir des conversations sérieuses
	s'amuser avec [mes/tes/ses] amis
	rendre visite à [mes/tes/ses] grands-parents
	sortir en boîte *(go to a club)*
	lire un bon roman policier *(detective novel)*
	???

C Complétez les phrases au présent pour parler de vos habitudes et de vos préférences personnelles. Employez un verbe différent à chaque fois.

Modèle: Quand je suis stressé(e), *j'écoute de la musique.*

1. Quand je suis stressé(e), je…

2. Pour étudier, je…

3. Quand j'ai le temps, je…

4. Avec mes amis, je…

5. D'habitude, le week-end, je…

Discutons un peu!

Les expressions et les activités suivantes vont vous aider à défendre vos arguments et à discuter de vos opinions.

Pour exprimer une opinion personnelle
Pour moi…
Selon moi…
À mon avis…
En ce qui me concerne…
Il me semble que…
Je pense que [+ indicatif]…/ Je ne pense pas que [+ subjonctif]…
Je crois que [+ indicatif]…/ Je ne crois pas que [+ subjonctif]…

Pour exprimer son accord
Je suis d'accord (avec [toi/vous]).
[Tu as] tout à fait raison.
Je suis de [ton/votre] avis.
Absolument!
Tout à fait.

Pour exprimer son désaccord
Je ne suis pas d'accord (avec [toi/vous]).
Je ne suis pas de [ton/votre] avis.
Absolument pas!
Pas du tout!
Tu as peut-être raison, mais…
Cette explication n'est pas mauvaise, mais…
Je vois les choses différemment.

Pour contredire une déclaration exprimée au négatif
Si! (ex., «Le café n'est pas une drogue.» «Oh, si!»)

Pour développer un argument
Il y a de bonnes raisons pour / de + infinitif…
D'abord…
Ensuite…
D'une part…D'autre part…
Finalement…
C'est pourquoi…

Pour introduire un nouvel argument
De plus…   Et d'ailleurs…
Et aussi…

Pour contester quelque chose
Cependant…   Oui, mais…
Par contre…   Pourtant…

Pour donner un exemple
Prenons le cas de…/ Dans le cas de…
Par exemple…
D'après l'exemple [du texte, / de Mark ,…]

A **À votre avis.** Lisez les phrases suivantes, et dites si vous êtes d'accord ou non. Variez les expressions que vous utilisez pour répondre.

Modèle: —Les transports publics (le bus, le métro) devraient être gratuits *(free)*.
—Moi, je suis d'accord. Je pense qu'ils devraient être gratuits.
—Moi, non. À mon avis, c'est une bonne idée, mais c'est impossible: Il faut que quelqu'un paie.

1. Les Américains sont superficiels. Ils sont incapables de se faire de vrais amis.

2. Les nouvelles technologies permettent au gouvernement de surveiller la vie privée des citoyens *(citizens)*. Cela devrait être interdit.

3. Les femmes sont toujours victimes de discrimination, même dans les pays développés.

4. Il faut déréglementer la vitesse *(eliminate the speed limit)* sur toutes les autoroutes.

5. Il faut acheter seulement les produits fabriqués en Amérique du Nord.

6. Les immigrés contribuent de façon favorable à la santé économique de notre pays. Il faut leur permettre de rester ici.

7. Aux États-Unis, l'anglais doit être la seule langue officielle.

8. Les études universitaires devraient être gratuites.

B **Controverses.** Avec un(e) partenaire, discutez de ces affirmations en utilisant les expressions des page 9 pour:

(a) exprimer une opinion,

(b) indiquer qu'on est d'accord ou pas d'accord, et

(c) ajouter un argument pour ou contre quelque chose.

Donnez des exemples pour justifier votre opinion.

Modèle: On devrait augmenter *(raise)* le salaire des professeurs.
—Moi, je crois qu'on devrait augmenter le salaire des professeurs. Il faut faire de longues études pour enseigner à l'université.
—Je ne suis pas de ton avis. D'accord, ils ont fait de longues études, mais ils ne font rien pendant l'été, et ils enseignent seulement 2 ou 3 heures par jour.
—Tu es sérieux? Ils ont beaucoup d'autres responsabilités pendant la journée, et pendant l'été ils doivent faire des recherches *(do research)*. Prenons le cas de notre professeur de… Il…

1. Il faut dénoncer un(e) camarade de classe qui triche *(cheats)*.

2. Il faut autoriser les jeunes de plus de 18 ans à boire de l'alcool.

3. Il faut interdire les émissions *(programs)* violentes à la télévision.

4. Il faut supprimer tous les cours obligatoires *(required courses)* à l'université.

5. Tous les étudiants devraient étudier à l'étranger *(study abroad)*.

Lecture

Remue-méninges

Vous poursuivez des études de français au lycée ou à l'université. Quelles sont les raisons qui vous motivent à étudier cette langue?
D'abord, faites une liste de cinq raisons qui expliquent pourquoi vous étudiez le français.

Ensuite, comparez votre liste à celle d'un(e) camarade de classe. Vos raisons sont-elles semblables ou différentes?

Enfin, créez une autre liste dans laquelle vous inscrivez les trois meilleures raisons des deux listes.

L'ÉTUDE DU FRANÇAIS EST-ELLE IMPORTANTE AUJOURD'HUI?

Lisez les données (data) suivantes sans l'aide d'un dictionnaire pour en comprendre l'essentiel (the gist). Plusieurs raisons sont données pour expliquer l'importance de l'étude du français. Mettez un «P» devant les raisons politiques pour apprendre le français, un «D» devant les raisons diplomatiques, un «E» devant les raisons économiques et un «H» devant les raisons humaines.

© Daniel Karmann / dpa / Landov

Saviez-vous que le français est une des langues officielles des Jeux Olympiques?

Le français est la langue étrangère la plus utilisée dans les foyers américains... après l'espagnol.

(*Source:* U.S. Census Bureau, 2005)

La France est le 5ème pays exportateur du monde (après les USA, l'Allemagne, le Japon et la Chine).

(*Source:* Geography IQ.com, 2002-2003)

En 2000, le français était la langue étrangère la plus utilisée dans 4 états américains: la Louisiane, le Maine, le New Hampshire, le Vermont.

(*Source:* U.S. Census Bureau, 2005)

En 1994, sur les 178 discours prononcés à l'ONU, 85 ont été faits en anglais, 27 en français, 20 en espagnol, 17 en arabe, 5 en russe, 3 en anglais/français, 1 en chinois et 20 dans d'autres langues.

(*Source: France-Amérique*, 7-13 janvier 1995)

Le français est l'une des langues officielles de nombreuses organisations internationales comme: Amnesty International, l'Union Européenne, Interpol, le Comité Olympique international, l'OTAN, l'ALÉNA, l'OCDE, la Croix-Rouge, le Croissant-Rouge, l'ONU, l'OMS, l'OMC.

Source: About, Inc, 2005

Le français est la 10ème langue la plus parlée dans le monde (129 millions de locuteurs) devant l'allemand (128 millions) et le japonais (126 millions).

(*Source:* QUID 2005 en-ligne)

Les Nations unies ont six langues officielles et deux langues de travail, le français est à la fois les deux.

(*Source:* QUID 2005 en-ligne)

33 pays ont le français comme langue officielle ou langue de situation privilégiée. (L'anglais compte 45 pays, l'arabe 21 pays et l'espagnol 20 pays.)

(*Source:* QUID 2005 en-ligne)

Environ 100 millions de gens apprennent ou ont appris le français comme langue étrangère.

(*Source:* QUID 2005 en-ligne)

Le français est l'une des deux seules langues parlées sur les cinq continents.

(*Source:* Calvet, Louis-Jean, *L'Europe et ses langues*, Plon, 1993, p. 77)

Selon le journal le «Quotidien de la jeunesse de Chine» «le français est devenu en 2007 la spécialité la plus rémunératrice (*that yielded the highest-paying jobs*) pour les diplômés d'une licence (*B.A. degree*) en Chine."
Sur le site du journal quotidien de la jeunesse de Chine du 13 juin 2008.

(*Source:* http://www.afchine.org/spip.php?article89)

La France est le pays qui accueille le plus grand nombre de touristes étrangers au monde. Le nombre de touristes étrangers visitant annuellement la France est supérieur à la totalité de la population française (soit 75,1 millions d'arrivées de touristes en 2004).

(*Source:* Travel Industry Wire, 1998-2005)

Avez-vous compris?

1. Dans le monde, combien de pays ont le français comme langue officielle?

2. Combien de langues parle-t-on sur les cinq continents à la fois? Quelles sont-elles?

3. La population française est-elle supérieure ou inférieure au nombre de touristes qui visitent la France chaque année?

4. Selon vous, quelle est la langue étrangère la plus utile? Expliquez votre réponse.

Jeu de rôles: «Le séjour linguistique»

Vous voulez passer un semestre ou une année dans un pays francophone. Votre partenaire joue le rôle de votre père/mère qui pense que c'est une perte de temps *(a waste of time)*. Improvisez ou écrivez un dialogue où chaque personne présente des arguments, réfute les arguments de l'autre, cite des exemples, etc. Soyez convaincant(e)s, et utilisez les expressions que vous avez apprises dans ce chapitre pour exprimer votre opinion et pour développer un argument!

Rédaction guidée

Apprenons à écrire! La dialectique hégélienne

In the French educational system, students learn to write several kinds of compositions (**dissertations**). In this French class, you will learn to write one of them—a five-part essay that uses a technique of argumentation called "Hegelian dialectics."

For example, let's assume for a minute that you are studying at a French school, and you have been assigned **une dissertation** on the importance of the French language to Americans. After spending a few minutes free-writing (in English) and doing some idea mapping, as you may have done in your English composition courses, you might want to engage in a "dialectical discussion" with a classmate who will express a point of view different from your own, in order to play **l'avocat du diable** *(devil's advocate)*. The object of this discussion is to sensitize the participants to another viewpoint on the topic. In this process, participants assume that each viewpoint has strengths and weaknesses, and that even the strongest argument contains inconsistencies. The goal of dialectical discussion, unlike that of today's TV talk shows, is not to make you express your original opinion more loudly and more blindly than ever. Instead, it aims at opening your mind so you can understand and value the points the other side is making. In so doing, you will arrive at a more nuanced position than the one with which you started, and you may even find points of contact and agreement with "opposing" points of view. Let's now look at a concrete example of a dialectic composition.

L'importance du français aux États-Unis

I. The first part of the essay consists of the introduction, in which you explain what your composition is about and show the relevance of the topic. (What are you going to write about? Why is it important and why should I read it?) The introduction should include a striking statistic, anecdote, quote, or image that will grab your reader's attention.

Le français est-il une langue qu'il est encore important d'étudier aux États-Unis? On a vu dans la presse, lors de la guerre en Iraq en 2003, qu'un désaccord entre les gouvernements français et américain a poussé certains restaurants de Washington à adopter l'expression *Freedom fries* pour désigner les pommes de terre frites, ordinairement appelées *French fries*. Symptomatique des relations tendues *(tense)* entre les deux pays, ce changement de nom a inspiré des réactions différentes, depuis le rire jusqu'au boycott des produits d'importation français. Cette crise politique a encouragé les étudiants américains à se demander s'il ne serait pas plus logique aujourd'hui de commencer à étudier l'espagnol. Je voudrais démontrer ici que le rejet de la langue et de la culture françaises reflète un point de vue géopolitique limité et faux.

II. The second part is called **la thèse,** but this French term is not the equivalent of the English word "thesis." In this sort of composition, it simply means, "a statement of arguments that support your position on the subject you are writing about." The **thèse** is stated succinctly in one or two sentences before you begin your argument.

D'un côté, il faut reconnaître que l'étude du français présente des avantages géographiques, politiques et économiques. D'abord, le français n'est pas la langue d'une seule culture, mais de nombreuses cultures différentes, qu'on trouve sur les cinq continents. On parle en effet français en Asie (au Viêt Nam, par exemple), dans les îles du Pacifique (à Tahiti, en Nouvelle Calédonie, entre autres), en Afrique (essentiellement du Nord et de l'Ouest), en Europe, où il sert de langue maternelle non seulement aux Français, mais aussi à certains Belges, Suisses, Luxembourgeois, entre autres, et même en Amérique du Nord (Québec, Nouvelle-Écosse, Nouveau-Brunswick…). Aux États-Unis mêmes, on parle toujours français dans quatre États: en Louisiane, dans le Maine, dans le New Hampshire et dans le Vermont. Donc, loin de disparaître de la carte du monde, le français demeure une langue internationale importante.

Ensuite, en plus de son implantation géographique à travers le monde, le français demeure une des langues principales pour les échanges diplomatiques, puisqu'il compte parmi les langues de travail, notamment, de l'Unesco, du Comité olympique international et du Fonds monétaire international (FMI).

Enfin, du point de vue économique, notons que les relations franco-américaines continuent à se développer. La *French American Chamber of Commerce* de Los Angeles notait, en 1993, que la France était le sixième investisseur de capitaux aux États-Unis, avec environ 3,7 milliards de dollars.[1] Inversement, les États-Unis ont souvent été le plus important investisseur étranger en France au cours des dernières années. Les échanges économiques avec l'Europe justifieraient déjà l'étude de la langue française en Amérique. Quand on considère les rapports économiques entre les États-Unis et les pays africains francophones, cela démontre encore plus nos besoins en compétences liées à la connaissance de la langue française.

On peut donc dire que l'étude du français présente pour les États-Unis des avantages aussi bien à l'échelle mondiale qu'au niveau des nombreux échanges entre les États-Unis et la France.

---

[1] Ce chiffre est encore vrai en 2005, selon la *American Chamber of Commerce in Paris,* cf. http://www.amchamfrance.org/theme1.php?idcontenu=110&idpage=144&idmenu=110

III. Because the French are more impressed by the ability to understand and articulate the complexities of a topic than by the ability to write a completely one-sided paper, the third part of your composition presents the **anti-thèse.** In this part, you demonstrate a clear understanding of the arguments supporting the *opposing* point of view, and you acknowledge the value of this viewpoint:

Mais d'un autre côté, les raisons pour lesquelles les Américains pensent que le français perd de son importance sont visibles presque tous les jours et sur les mêmes plans: géographique, politique et économique.

D'une part, l'influx d'immigrants hispanophones est évident partout aux États-Unis. On y entend de plus en plus d'espagnol, ce qui n'est pas le cas du français. Il est donc peut-être justifié de se demander à quel moment on va avoir l'occasion de pratiquer son français, alors qu'on est presque sûr de pouvoir parler espagnol avec quelqu'un sur le sol américain.

De plus, du point de vue politique, les États-Unis ont toujours eu tendance à privilégier l'étude de langues plus «critiques», comme l'arabe, le russe et l'espagnol, langues parlées dans des régions du monde où les Américains ont eu besoin de défendre leurs intérêts nationaux plusieurs fois dans l'histoire récente.

Enfin, la situation privilégiée de l'anglais dans le monde peut aussi donner l'impression aux Américains qu'il n'est plus nécessaire de parler une langue étrangère, même dans le cadre *(in the area of)* du commerce, puisque l'anglais occupe le deuxième rang des langues maternelles du monde (après le chinois), tout en étant la première langue internationale.

En bref, l'insularité du continent nord-américain, l'influence croissante de l'espagnol sur le sol américain et la position privilégiée de l'anglais dans le monde encouragent certains à penser que si on doit étudier une langue étrangère aux États-Unis aujourd'hui, le français n'est pas le meilleur choix.

IV. The fourth part of the dialectic composition—**la synthèse**—is perhaps the most difficult of them all. This synthesis should not simply contain a summary of the arguments advanced in the **thèse** and **anti-thèse,** but should instead introduce a new angle. Earlier arguments may be briefly summarized, but the true goal of the **synthèse** is to take the argument beyond the stalemate set up in the binary oppositions of **thèse** and **anti-thèse** (black/white, good/bad, right/wrong, etc.). This is done by introducing a third element that allows the reasoning to rise above the **thèse** and **anti-thèse.** This new perspective may allow readers to gain new insights into the question, and it also prepares them to see the value of the conclusions you will draw in the last part of the composition.

Jusqu'à maintenant, nous avons présenté quelques-unes des raisons géographiques, politiques et économiques pour lesquelles le français devrait constituer une langue privilégiée pour les Américains, et autant de raisons géographiques, politiques et économiques qui contredisent ce point de vue. Pour résoudre ce conflit apparent, nous devons rejeter la notion de «langue» comme un simple système linguistique qui permet la communication, et adopter plutôt une notion plus complexe, où la langue est vue comme un reflet de la culture. En effet, l'insularité des États-Unis est si complète que l'incompréhension des langues étrangères s'accompagne d'une incompréhension des cultures étrangères. L'étude d'une langue ouvre une fenêtre sur les cultures de cette langue et nous expose à la diversité du monde dans lequel nous vivons. Comprendre une langue étrangère va donc plus loin, beaucoup plus loin, que le fait de comprendre les mots et la grammaire d'un autre système linguistique. Cela nous permet aussi de développer une vision du monde plus complexe et peut-être plus tolérante.

V. In your conclusion, you not only conclude your paper, you also draw conclusions. First, you refer to arguments you have already presented; then, you express your convictions or opinions on the issue — ideas that seem to follow naturally from what you've said so far. To create a stylistically satisfying ending, consider returning in some way to the striking quote or image you used in your introduction:

En conclusion, il est clairement essentiel de ne pas limiter les États-Unis à l'apprentissage d'une langue étrangère unique, comme cela risque de devenir le cas avec l'espagnol. Plus on étudie de langues étrangères, mieux on comprend la variété culturelle qui nous entoure. L'étude du français en particulier permet cette ouverture, non seulement sur la France elle-même, mais aussi sur beaucoup d'autres pays francophones du monde. Et nous avons bien besoin de cette ouverture; appeler les frites des *Freedom fries* semble une réaction assez infantile de la part du pays qui est considéré comme le pays le plus puissant du monde libre. Même le terme *French fries* montre notre ignorance culturelle, puisque les frites sont considérées «belges» plutôt que «françaises» par les Français! Il est important que les pays développés se rejoignent dans la compréhension mutuelle. L'anglais est la première langue étrangère étudiée en France. N'est-il pas grand temps que les États-Unis se remettent de leur côté à l'étude du français?

1. In the introduction, what is the striking image the writer uses to grab the reader's attention?

2. Make an outline (in English) of the text. What are its main ideas? In which parts do these ideas seem to be at odds with each other?

3. Where do the contradictions pitted against each other seem to find their resolution? How does it happen? Is it a real resolution or simply yet another perspective?

4. Which sentences in the concluding paragraph reprise ideas that have appeared earlier in the essay? What else does the writer do in the conclusion? How is the conclusion linked to the essay's introduction?

5. Go through the composition and identify all the rhetorical markers that show the relationship between one sentence, or part of the composition, and another. Classify them by their function. Example: to introduce a new idea, we find **Je voudrais démontrer ici que…, D'un côté…, D'abord…,** etc.

CHAPITRE

1

L'amitié

© Creatista/Shutterstock.com

Objectifs communicatifs

COMMUNICATION
- **Point** L'amitié chez les Français est trop exigeante
- **Contre-point** L'amitié occupe une moindre place dans la vie des Américains

LIENS GRAMMATICAUX
- Le passé composé
- L'imparfait

- Le plus-que-parfait
- La narration au passé
- Le passé simple

LIENS SOCIOCULTURELS
- L'amitié en statistiques

LIENS INTERDISCIPLINAIRES
- Le couple

is based on
social environment
is defined

cultural
  misunderstanding

*C*ontroverse: La conception de l'amitié repose° essentiellement sur des critères individuels comme l'âge, le sexe et le milieu social.° Mais peut-on aussi dire que l'amitié se définit° différemment selon les cultures? On entend souvent dire, par exemple, que les Français ont tendance à trouver les Américains superficiels dans leurs relations amicales. Par contre, on entend souvent dire que les Américains pensent que les Français sont froids et impolis. Est-ce que ces deux perspectives sont conformes à la réalité? Représentent-elles des jugements extrêmes? Sont-elles basées sur des malentendus culturels°? À vous de juger.

Premières pensées

Les mots pour le dire

noms

un(e) ami(e) (d'enfance)	*friend (childhood friend)*
un(e) collègue	*colleague*
une connaissance (f)	*acquaintance, person you know*
un copain (une copine)[1]	*friend, pal*
un(e)inconnu(e)	*stranger*
un(e) voisin(e)	*neighbor*

verbes

aimer	*to love*
aimer bien	*to like, to be fond of*
avoir confiance en	*to have confidence in, to trust*
compter sur	*to count on*
critiquer	*to criticize*
être disponible pour	*to be available to*
être lié(e) à	*to be close to, connected to*
faire des reproches à	*to reproach*
pardonner	*to forgive*
partager ses affaires avec	*to share one's things with*
passer du temps avec	*to spend time with*
révéler les détails intimes de sa vie à	*to reveal the intimate details of one's life to*
se confier à	*to confide in*
se déranger pour	*to put oneself out for / to go out of one's way for*
(se) donner des conseils	*to give (each other) advice*
s'entendre avec	*to get along with*
se fâcher contre	*to get angry with*
(se) soutenir	*to support (one another)*

adjectif

loyal	*true, loyal, faithful*

---

[1]**Attention:** Le mot « copain/copine » a deux sens: *un* copain ou *une* copine veut dire « *a friend* » et *mon* copain ou *ma* copine veut dire « *my boyfriend/my girlfriend* ». De plus, pour dire « *a good friend* », on dit « un(e) ami(e) proche ».

A **Les indicateurs de l'amitié.** Lisez les phrases suivantes et, pour chaque situation hypothétique, cochez les cases (*check the boxes*) appropriées pour indiquer quel degré d'amitié existe entre vous (le « je ») et les personnes citées. Notez que vous pouvez changer les réponses modèles pour la situation #1.

    a. un/e inconnu(e)

    b. une connaissance

    c. un/e voisin(e)

    d. un/e collègue

    e. un/e copain/copine

    f. un/e ami(e)

    (N = non; O= oui)

Seriez-vous tenté(e)° de/d'…	a	b	c	d	e	f
Accès à l'espace privé						
1. inviter cette personne à une grande fête chez vous?	N	O	O	O	O	O
2. donner un double des clés de votre maison à cette personne?	N	N	O	N	N	O
3. laisser cette personne vivre chez vous si vous partez en vacances?	N	N	N	N	N	O
De quoi je lui parlerais						
4. parler de votre famille, de votre travail, de vos intérêts personnels, à cette personne?	N	O	O	O	O	O
5. raconter des secrets à cette personne?	N	N	N	N	N	O
Argent, possessions matérielles						
6. prêter votre voiture à cette personne?	N	N	N	N	N	O
7. prêter $500 à cette personne, si elle en avait besoin?	N	N	N	N	N	O
Sincérité						
8. dire que vous aimez la coiffure° de cette personne, même si ce n'est pas vrai?	N	N	N	N	O	O
9. dire la vérité brutalement à cette personne?	N	N	N	N	O	O
10. mentir° si vous n'avez pas envie de sortir avec cette personne; lui dire peut-être que vous avez une autre obligation — même si ce n'est pas la vérité°?	N	O	O	O	O	N

Would you be tempted

hair style

lie

truth

B **Qu'est-ce que c'est qu'un(e) ami(e)?** Maintenant, étudiez les réponses que vous avez données dans l'exercice A. En répondant aux questions suivantes, dites comment vos réponses dans l'exercice A révèlent votre conception personnelle de l'amitié.

1. Qu'est-ce qui montre que vous êtes plus lié(e) (*close to*) à certaines personnes qu'à d'autres? Vos sujets de conversation? Votre volonté de partager vos possessions matérielles? Votre sens de l'obligation? Notez les distinctions que vous faites entre amis, connaissances, voisins, etc.

2. Comparez vos réponses avec celles d'un(e) camarade de classe. Avez-vous le même sens de l'amitié? Feriez-vous les mêmes choses que lui ou elle pour un(e) ami(e), une connaissance, etc.?

3. D'après ce que vous avez découvert, essayez d'élaborer votre définition de l'amitié.

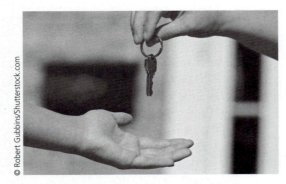

Est-ce que vous donneriez un double des clés de votre appartement ou maison à un(e) ami(e)?

Point

L'amitié chez les Français est trop exigeante

Les mots pour le dire

noms

cercle (m)	*circle*
isolement (m)	*isolation*
service (m)	*favor*

verbes

exiger	*to demand, require, expect*
gêner	*to bother, embarrass*
passer son temps à +infin.	*to spend one's time doing …*
préciser	*to specify, define*
se comporter	*to behave*
se faire des amis	*to make friends*
sentir (que)	*to feel (that)*
s'entraider	*to help one another*
se plaindre	*to complain*
se sentir + adj.	*to feel + adj.*
~ suffoqué(e)	*~ suffocated*
soigner	*to take care of*
sympathiser	*to click, feel compatible*

adjectifs et adverbes

chaleureux(-euse)	*warm, friendly*
coincé(e)	*"stuck", trapped*
durable	*lasting*
exigeant(e)	*demanding*
franchement	*frankly*
froid(e)	*cold*
indifférent(e)	*indifferent, uncaring*
(in)sensible	*(in)sensitive*
ouvert(e)	*open*
profond(e)	*deep*
réservé(e)	*reserved*
sincèrement	*honestly*
suffocant(e)	*stifling*

expressions

affirmer / maintenir une amitié	*to affirm / maintain a friendship*
avoir des choses en commun	*to have things in common*
dire la vérité	*to tell the truth*
établir un premier contact	*to make initial contact*
ressentir + nom	*to feel (something)*
~ de la déception	*to feel disappointment*
se remonter le moral	*to boost one's spirits*
remonter le moral à quelqu'un	*to boost someone's spirits*

Étude de vocabulaire (Premières pensées et Point)

A **Définitions.** Mettez la lettre qui correspond à chaque mot ou expression devant la définition qui convient. Attention! Il y a plus de mots que de définitions!

a. suffocant	c. les connaissances	e. les voisins	g. un service
b. se comporter	d. gêner	f. sympathiser	h. insensible

1. __F__ s'entendre avec

2. __C__ les personnes avec qui on est en relation

3. __H__ qui ne considère pas les sentiments des autres

4. __E__ les personnes qui habitent à proximité les uns des autres

5. __D__ causer un malaise

B **Sur le vocabulaire.** Complétez les phrases par les mots de la liste ci-dessous qui conviennent. Faites tous les changements nécessaires.

exigeant	exiger	indifférent	maintenir une amitié
préciser	ressentir	s'entraider	se comporter
(se) remonter le moral	suffocant	sympathizer	

1. Quand je suis triste, je n'hésite pas à téléphoner à un ami pour qu'il me _____.

2. Mon oncle trouvait le mariage _____, alors il est divorcé depuis longtemps.

3. Quand ils sont amis, les Américains _____, mais ils font attention pour ne pas être trop _____, il y a certains services qu'on hésite à demander si on veut _____.

4. Pour _____ qu'il s'agit d'une relation amoureuse, il faut dire, par exemple « *mon* copain » au lieu d' « *un* copain ».

5. Luc et moi, nous nous sommes connus en Grèce. Nous nous sommes rencontrés devant le Parthénon et nous avons _____ tout de suite.

6. Il semble si triste que j(e) _____ de la pitié pour lui.

7. Je n'aime pas sortir avec lui. Il _____ comme un enfant.

De quoi parle-t-on?

Track 4A

Au café. Jean-Luc et Chloé prennent un café ensemble. Écoutez leur conversation et répondez aux questions suivantes.

1. Qui a étudié aux États-Unis?

2. Est-ce que cette personne a aimé son expérience aux États-Unis? Expliquez.

3. De quoi se plaint-elle?

4. D'après les commentaires qu'on fait dans cette conversation sur la vie sociale aux États-Unis, comment imaginez-vous les rapports sociaux en *France*?

Liens grammaticaux

LE PASSÉ COMPOSÉ ET LE PASSÉ SIMPLE

Dans la lecture qui suit, Kristin (une jeune Américaine) utilise les temps du passé pour parler de ses expériences en France. Consultez le chapitre 1 du ***Cahier d'activités*** pour réviser d'abord la formation et l'emploi du **passé composé** et faites les exercices suivants.

(Le **passé simple,** que vous pouvez revoir à la fin du chapitre 1 du *Cahier,* est l'équivalent plus «littéraire» du passé composé. Pour ce cours, il n'est pas obligatoire d'apprendre sa formation; il suffit de savoir le reconnaître et de comprendre ce qu'il signifie.)

Le passé composé. Écrivez le verbe entre parenthèses à la forme du passé composé qui convient.

1. Kristin _____ (passer) deux ans en France.

2. A la fin de son séjour (*stay*), elle _____ (envoyer) un courriel (*email*) à son ancien prof de français.

3. Dans le courriel, elle dit que certains Français _____ (commencer) à sympathiser avec elle au bout de six mois.

4. Selon Kristin, cela _____ (être) plus facile de se faire de vrais amis en France qu'aux États-Unis.

5. En France, on peut dire: « Je _____ (passer) chez Luc prendre un verre vers 2h du mat' » sans que personne ne s'étonne.

6. De retour en France après un long séjour aux États-Unis, un Français ne dira probablement pas: « Nous _____ (se faire) beaucoup d'amis américains. »

Lecture

Remue-méninges

Imaginez que vous venez de passer au moins un an en France. À votre avis, et selon vos lectures et expériences personnelles, quelles différences importantes mentionneriez-vous à vos amis américains dans un courriel (*email*) ou une lettre où vous décrivez la vie en France? Notez *trois* différences qui vous semblent essentielles entre la vie en France et la vie aux États-Unis.

UN COURRIEL

Kristin, une Américaine qui fait des études en France, a écrit à son ancien professeur de français aux États-Unis sur ses expériences de l'amitié à la française.

Chère Madame Vermette,

Comme le temps passe vite, cela fait maintenant deux ans que je suis en France! Dans votre dernière lettre, vous me demandiez si je m'étais fait des amis ici en France. Maintenant, je peux dire «oui», mais c'était un peu dur au début…

Pendant les six premiers mois de mon séjour ici, presque personne ne me parlait! J'avoue que je me sentais vraiment très seule. Et puis, un jour il y a eu un « déclic° », et cela a démarré. Maintenant je fais partie d'un groupe d'amis qui passent presque tout leur temps libre ensemble. En fait, maintenant, j'ai quelquefois envie d'être seule, étonnant, n'est-ce pas? Comme quoi, on n'est jamais satisfait!

Avant de venir en France, je pensais que l'amitié était quelque chose d'universel. Je comprends maintenant qu'il y a des aspects culturels dans l'amitié – comme dans tout autre domaine d'ailleurs. Ce sentiment d'isolement que j'ai éprouvé au début de mon séjour est assez typique chez n'importe quel nouveau venu dans un environnement français – même pour un Français qui arrive dans une nouvelle ville, par exemple.

click, turning point

J'ai lu récemment dans un livre sur l'interculturalité que l'amitié peut être représentée par deux cercles concentriques: un cercle extérieur qui symbolise les premiers contacts, et un cercle intérieur qui symbolise les amitiés profondes. Selon moi, il est relativement plus facile de franchir° le cercle extérieur et d'établir un premier contact aux États-Unis, mais beaucoup plus difficile de franchir le cercle intérieur pour se faire des amis durables.

(ici) break into

En France c'est le contraire. Il est assez difficile d'établir un premier contact. On peut avoir l'impression que les gens sont froids et indifférents. Mais une fois que deux personnes ont sympathisé, une vraie amitié se développe assez vite, normalement. Et en plus, une fois qu'on est l'amie de quelqu'un, on devient l'amie de tous ses amis!

L'amitié en France est une chose très sérieuse! Je comprends maintenant que cela puisse prendre du temps — mais une fois que c'est fait, c'est pour la vie! C'est peut-être pour cette raison qu'un ami en France se permet de vous critiquer très franchement sur vos paroles et vos actes. La première fois qu'une amie m'a fait une réflexion°, ça m'a vraiment blessée. Maintenant ça me semble tout à fait logique. Si l'amitié est vraiment solide, on peut aider ses amis en leur disant très sincèrement ce qu'on pense. Ici, ce n'est pas comme aux États-Unis: on ne se sent pas obligé d'être toujours d'accord avec des amis ni de les soutenir systématiquement de peur de fragiliser l'amitié.

(ici) critical remark

J'ai aussi appris que l'amitié à la française implique des obligations. Par exemple, un ami français peut facilement vous téléphoner à n'importe quelle heure du jour ou de la nuit pour vous demander un service, ou bien sonner très tard le soir à votre porte simplement pour prendre un petit verre afin de se remonter le moral. On va forcément et naturellement trouver du temps pour lui.

Ce genre d'obligation me gêne parfois. En fait, comme je vous le disais, être amis ici c'est passer *beaucoup* de temps ensemble. Souvent, on reste cinq heures à table à manger et à discuter! Au départ, je trouvais ces longues soirées suffocantes, je me sentais un peu coincée dans ces repas interminables. Au début, il m'arrivait même parfois de refuser des invitations à dîner chez des gens! Maintenant, j'apprécie ces moments agréables passés à table entre amis, et je sais qu'ils vont me manquer.

is organized around

J'ai trouvé un bon livre sur les différences entre les Français et les Américains qui s'appelle *Au contraire! Figuring out the French.* Les auteurs disent que l'amitié aux États-Unis tourne autour° *d'activités* partagées comme le sport, la danse, le cinéma, le shopping, la marche à pied et les jeux de cartes. Je crois qu'ils ont probablement un peu raison, et cela explique ma frustration initiale avec ces longs dîners — j'avais l'impression de ne « rien faire », de perdre du temps. Maintenant, je comprends qu'on y fait quelque chose de très important pour les Français: on entretient et on consolide l'amitié…

fear, dread
reverse culture shock

Comme vous le savez, je rentre définitivement le mois prochain. Maintenant que je suis arrivée à apprécier l'amitié française, j'appréhende° un peu le *contre-choc culturel*° quand je serai de retour aux États-Unis.

J'espère vous revoir très vite à mon retour.
À bientôt,
Kristin

Avez-vous compris?

1. Combien de temps est-ce que Kristin a passé en France, et quand va-t-elle rentrer aux États-Unis?

2. Comment étaient les premiers mois que Kristin a passés en France? Quand est-ce que cela a changé?

3. Dessinez (*draw*) les deux cercles concentriques dont Kristin a parlé, expliquez ce qu'ils représentent, et montrez ce qu'ils peuvent révéler sur l'amitié à la française et l'amitié à l'américaine.

4. Selon le texte, quelles différences culturelles y a-t-il entre la France et les États-Unis en ce qui concerne les obligations et le comportement d'un(e) ami(e)?

5. Comment est-ce que Kristin explique son changement d'attitude vis-à-vis des discussions autour d'une table en France?

Qu'en pensez-vous?

1. Les étudiants américains qui étudient en France disent souvent qu'ils ont trouvé les Français impolis et froids. Ils se plaignent (*complain*) de ne pas s'être fait d'amis pendant le semestre qu'ils ont passé en France. Après avoir lu la lettre de Kristin, qu'est-ce que vous pourriez leur dire pour expliquer ce phénomène? Quelles autres différences entre l'amitié à la française et l'amitié à l'américaine faudrait-il leur expliquer?

2. Pensez à vos quatre meilleurs amis; depuis combien de temps les connaissez-vous? Posez cette question à vos parents. Ensuite, comparez vos réponses à celles des autres membres de votre classe. Est-ce que cela révèle quelque chose sur la longévité des amitiés aux États-Unis?

3. Certains sociologues distinguent entre les «being cultures» et les «doing cultures». Selon eux, les États-Unis sont la culture la plus orientée de toutes vers l'idée de *faire* des choses. Essayez de trouvez dans ce texte et dans votre propre expérience des exemples qui semblent soutenir (*support*) cette idée – est-ce que vous avez des amis que vous voyez surtout quand vous faites une activité en particulier? Imaginez les différences de vie dans une culture où la vie est plutôt orientée vers *l'être* (comme la culture française). Comment est-ce que ce phénomène pourrait poser un obstacle à l'amitié entre une personne française et une personne américaine?

4. Kristin dit que l'amitié française implique des responsabilités. Vous pensez probablement que c'est vrai aussi de l'amitié américaine. Pourtant, il y a des choses qu'on hésiterait à demander, même à un(e) très bon(ne) ami(e) aux États-Unis. Avec un(e) partenaire, faites une liste de requêtes difficiles à faire à un(e) ami(e) parce que cela semble «trop demander».

5. Kristin a expliqué pourquoi son attitude a changé vis-à-vis des longs dîners en France. Pouvez-vous suggérer d'autres explications possibles à son changement d'attitude?

6. Est-ce que vous avez jamais trouvé l'amitié «suffocante»? Expliquez votre réponse.

LIENS SOCIOCULTURELS

L'AMITIÉ EN STATISTIQUES

Dans une enquête réalisée en 2000, quelques Français parlent de leur sens de l'amitié. Étudiez les tableaux suivants et préparez-vous à discuter les données statistiques.

Tableau 1

1.

Pour vous, l'amitié, c'est d'abord...	
s'entraider	59%
se confier	17%
agir ensemble *(to act together)*	16%
s'amuser ensemble	7%
ne donnent pas de réponse	1%

Tableau 2

2.

Diriez-vous que l'amitié est quelque chose d'indispensable, d'important, de peu d'importance, d'inutile, pour..	Indispensable (%)	Important (%)	Peu important (%)	Inutile (%)	Ne se prononcent pas (%)
votre plaisir	45	51	2	1	1
votre équilibre personnel	49	47	3	1	–
votre vie sociale	40	54	5	1	–
votre carrière professionnelle	26	53	13	6	2

Tableau 3

3.

Par amitié vis-à-vis de votre ami(e) seriez-vous prêt(e) à...	Oui, certainement (%)	Oui, probablement (%)	Non, probablement pas (%)	Non, certainement pas (%)	Ne se prononcent pas (%)
l'héberger	68	27	2	3	–
vous lever à 3 heures du matin pour lui remonter le moral	64	25	6	5	–
l'aider financièrement	49	39	7	4	1
traverser la France pour aller la (ou le) chercher	46	37	9	7	1
lui prêter votre voiture	57	26	7	9	1

Sources: L'Institut français d'opinion publique (Ifop), 2000

DISCUSSION

1. D'après les **données statistiques** précédentes, est-ce que . . .

   a. les Français pensent que l'amitié consiste principalement à prendre part à des activités avec leurs amis?

   b. les amis sont importants dans leur vie sociale comme dans leur vie professionnelle?

   c. la plupart des Français accepteraient de rompre avec (*break up with, break away from*) leur famille ou leur partenaire plutôt que de perdre un(e) ami(e) à qui ils étaient très liés?

2. Comment pensez-vous que les Américains répondraient aux questions des tableaux ci-dessus? Pensez-vous que leurs réponses seraient les mêmes que celles des Français? Si non, quelles seraient les différences principales, selon vous?

3. Parmi les gens que vous connaissez, la conception de l'amitié diffère-t-elle en fonction de l'âge, du sexe, du milieu social, etc., des individus? Expliquez.

4. Pour vous personnellement, l'amitié, c'est d'abord...? Expliquez votre réponse.

   a. s'entraider   c. s'amuser ensemble

   b. se confier   d. ???

5. Diriez-vous que pour vous l'amitié est quelque chose...?

   a. d'indispensable   d. d'inutile

   b. d'important   e. ???

   c. qui a peu d'importance

6. Et pour conserver l'amitié, seriez-vous prêt(e) à...?

   a. changer radicalement votre façon de penser

   b. déménager (*move*)

   c. sacrifier une relation amoureuse

   d. quitter votre travail

   e. ne plus voir votre famille

   f. ???

Contre-point

L'amitié occupe une moindre place dans la vie des Américains

Les mots pour le dire

noms

comportement (m)	*conduct, behavior*
individualisme (m)	*individualism*
malentendu (m)	*misunderstanding*
rapport (m)	*relationship*
relation (f)	*(here) relationship*
sens (de l'amitié) (m)	*sense, conception (of friendship)*
valeur (f)	*value, core belief*
vie sociale (f)	*social life*
vie professionnelle (f)	*professional life*

verbes

blesser	*to hurt*
dépendre (de)	*to depend (on [a person or a condition])*
établir des priorités	*to establish priorities*
mentir	*to lie*
négliger	*to neglect*
privilégier (X sur Y)	*to give priority to (X over Y)*
s'attendre à (+ nom)	*to expect (+ noun)*
trouver quelqu'un +adj.	*to find someone + adj.*

adjectifs

déconcertant(e)	*disconcerting*
déconcerté(e)	*disconcerted*
décevant(e)	*disappointing*
déçu(e)	*disappointed*
étonnant(e)	*surprising, astonishing*
étonné(e)	*surprised*
volage	*having changing emotions, "fickle"*

expressions

avoir confiance en	*to have confidence in*

Adjectifs désignant des traits de caractère. amical(e) (*friendly*), amusant(e) (*fun, funny*), bête (*stupid, annoying*), chaleureux /-euse (*warm*), égoïste (*selfish*), gentil(le) (*nice*), hypocrite (*hypocritical*), indépendant(e) (*independent*), individualiste (*individualistic*), superficiel(le) (*superficial*)

Étude de vocabulaire

A **Des contraires.** Choisissez le mot de la colonne à droite qui est le contraire de celui de la colonne à gauche.

1. déçu		a. volage
2. sincère		b. négliger
3. fidèle		c. relations professionnelles
4. dépendre de		d. égoïste
5. vie sociale		e. étonnant
6. banal, ordinaire		f. content
7. généreux		g. bête
8. soigner		h. hypocrite
		i. étonné
		j. être indépendant

B **Une session de groupe.** Vos camarades révisent en groupe avant un examen. Demandez-leur le mot qui correspond à chacune des définitions de la liste ci-dessous (*below*).

Modèle: Quel mot signifie « les rapports entre deux personnes »?
les relations

1. être désagréablement surpris, c'est être _____

2. les actions de quelqu'un, c'est son _____

3. le contraire de dire la vérité, c'est _____

4. donner plus de priorité à une chose, c'est _____ cette chose

5. « faire mal à » signifie _____

6. les croyances éthiques, ce sont les _____

De quoi parle-t-on?

Track 4B

Au téléphone. Karen et Linda sont des étudiantes américaines qui vivent à Paris. Elles parlent au téléphone au sujet de Patrick, le copain de Linda. Écoutez leur conversation et répondez aux questions suivantes.

1. Depuis combien de temps est-ce que Linda sort avec Patrick?

2. Pourquoi Linda n'est-elle pas contente?

3. Quelle explication est-ce que son amie lui donne à propos du comportement de Patrick?

4. Quel conseil est-ce que son amie donne à Linda?

📕 Liens grammaticaux

L'IMPARFAIT

L'imparfait est un temps simple (= en un seul mot) qui indique une action qui se développe ou se répète dans le passé. Cette action est incomplète et n'indique aucun sens de commencement ou de fin, contrairement à une action exprimée *au passé composé*. Consultez le *chapitre 1* du *Cahier d'activités* pour réviser la formation et l'emploi de l'**imparfait.**

NB. Un autre emploi de l'imparfait dans les propositions introduites par «si» sera présenté au chapitre 4.

Les amitiés de mon enfance. Avec un(e) partenaire, parlez de votre expérience de l'amitié quand vous étiez enfants. Attention! Puisque vous parlez de comment les choses étaient quand vous étiez petit(e)s, (presque) toutes vos réponses seront à l'imparfait.

1. Quand tu étais petit(e), où vivais-tu? (dans une ville, à la campagne, dans un appartement, une maison, etc.)

2. Connaissais-tu tous les enfants de ton quartier? Comment s'appelaient tes meilleurs ami(e)s? Tes amis étaient des garçons *et* des filles?

3. Vos ami(e)s et toi, alliez-vous tous (toutes) à la même école? Sinon, expliquez pourquoi pas.

4. Jouiez-vous ensemble après l'école? Jouiez-vous souvent dehors (*outside*)? Quelles sortes d'activités faisiez-vous? Qu'est-ce que vous faisiez quand il pleuvait? Quel genre d'activités faisiez-vous dans la maison?

5. Vous engagiez-vous dans des débats, ou même des disputes, tes ami(e)s et toi? De quelles sortes?

6. As-tu des frères et/ou des sœurs? Si oui, est-ce que vous vous considériez comme des ami(e)s quand vous étiez petit(e)s? Pourquoi, ou pourquoi pas? Si tu étais enfant unique (*only child*), voulais-tu avoir des frères et/ou des sœurs?

7. Est-ce que ta famille avait un animal domestique? Si oui, quels étaient tes rapports avec cet animal? Était-il comme un ami pour toi?

8. Si tu jouais dehors ou chez un(e) ami(e), à quelle heure devais-tu rentrer chez toi pour dîner? Pouvais-tu ressortir après le dîner?

Lecture

Remue-méninges

Dans chaque culture, il existe des conventions orales qui nous permettent de nous montrer sociables avec les autres. En France, par exemple, quand on dit: « Bonjour, comment allez-vous? » on ne veut pas toujours vraiment savoir « comment va » l'autre personne. On veut simplement être poli. L'autre personne répond généralement « Bien, merci! » et continue son chemin. Quelles conventions similaires connaissez-vous aux États-Unis? Quelles questions et réponses « automatiques » utilisez-vous avec vos amis et connaissances par politesse, sans nécessairement dire ce que vous pensez vraiment? Ce type de comportement vous pose-t-il parfois des problèmes? Expliquez lesquels.

UNE ANNONCE

Le texte suivant est basé sur une annonce écrite par France Service pour les Français venant vivre aux États-Unis. L'auteur de l'annonce leur parle de quelques différences culturelles au sujet de l'amitié.

Anecdote: Une rencontre passionnante *(An exciting encounter)*

« I will call you and we'll have dinner » vous a dit en partant ce sympathique ingénieur que vous avez rencontré au cours d'une soirée chez des amis. Votre hôte vous l'avait présenté et le courant était tout de suite bien passé entre vous°. C'était vraiment un excellent premier contact.

you got along right away

Vous vous étiez découvert des centres d'intérêts communs: lui, comme vous, faisait de la photo pendant son temps libre. Il aimait le rafting, comme vous! Il avait d'ailleurs longuement évoqué le charme, la beauté de la France, qu'il avait visitée plusieurs fois. Cet homme semblait à la fois ouvert et intéressant. Il parlait de son travail avec passion.

Après son départ, vous étiez ravi d'avoir fait sa connaissance et vous aviez hâte de le revoir. Mais... il ne vous a pas rappelé. Lorsqu'une semaine plus tard, vous l'avez appelé sur son lieu de travail, il vous a demandé de répéter votre prénom car il ne vous remettait pas°, Ensuite, il est devenu plus chaleureux, mais quand vous lui avez suggéré de dîner ensemble en fin de semaine, il vous a dit qu'il était déjà pris et n'a proposé aucune autre date. « I'll call you next week » a-t-il conclu avant de raccrocher°, mais vous avez senti, cette fois-ci, que c'était la dernière fois que vous lui parliez.

he couldn't place you

hang up (the phone)

En effet, il ne vous a jamais rappelé.

Question: Pourquoi est-ce difficile de devenir l'ami d'un Américain?

Les Français nouvellement établis aux U.S. racontent souvent à d'autres Français des histoires semblables à celle-ci. Ils ne comprennent pas ce qui s'est passé. « Cet Américain était si sympathique. On s'entendait bien. Il semblait avoir beaucoup d'amitié pour moi. Pourquoi n'a t-il fait aucun effort pour que l'on se revoie? » disent-ils. Cette conduite les déconcerte, les irrite, les blesse.

painfully

Ils découvrent, souvent douloureusement°, en quoi les Américains, et tout particulièrement les Californiens, diffèrent des Français. Malgré leur cordialité naturelle, les Américains ont, en général, un sens de l'amitié moindre° que

lesser, less developed

celui des Français. L'amitié occupe une moindre place dans leur vie. Il y a, naturellement, des exceptions, surtout parmi ceux qui ont vécu à l'étranger. Mais le phénomène que je viens d'évoquer reste la règle. À quoi cela est-il dû?

attempt

Voici une brève tentative° d'explication.

Tentative de réponse: L'individualisme et l'éthique du travail américains présentent des obstacles.

D'abord, ce moindre sens de l'amitié est lié à deux conceptions différentes de l'individualisme.

Le Français a une personnalité, des sentiments, des opinions affirmées, mais c'est dans ses rapports avec les autres qu'il les exprime. L'individualisme français

come along with / blossom

s'accompagne° d'un sens de la communauté, de la cité. Le Français s'épanouit°

neighbor, other people

en compagnie de son prochain°, de sa famille, bien sûr, mais aussi de ses amis, ses collègues et tous les habitants de son quartier, de son village: l'épicier, le boulanger, le libraire, etc. Le café-bar reste, sans doute, une institution française.

Par contre, l'Américain de race blanche (le Noir ou le Latino-Américain agit un peu différemment) exprime moins que le Français ce qu'il ressent. Il est aussi plus discipliné dans sa vie sociale, professionnelle et civique. De plus, il a une conception plus «autonomiste» de l'individu, une conception qu'on pourrait qualifier «d'héroïque». Depuis ses débuts, l'idéologie régnante de cette

rights

société est une exaltation de l'individu, de ses droits° comme de sa capacité productive. Encore aujourd'hui, l'Amérique c'est pour les peuples du monde

whatever his origins might be

entier, le pays où un homme, quelles que soient ses origines,° peut, par son talent et ses efforts, accomplir de grandes choses et devenir riche ou président. Historiquement, la vision «héroïque» de l'individu qui prédomine aux États-Unis

sinner / (ici) heaven

est ancrée dans l'éthique puritaine : l'homme pécheur° gagne une place au ciel° par un travail assidu sur terre.

Trois siècles après les puritains, la valeur du travail purificateur anime toujours l'Amérique. En conséquence, la plupart des Américains donnent la

at the expense of

priorité à leur vie professionnelle, aux dépens de° leur vie familiale et, plus encore, de leur vie sociale.

Avez-vous compris?

1. Où est-ce que le Français a rencontré l'Américain?

2. Quelle est la première impression que le Français a ressentie vis-à-vis de cet Américain? Pourquoi? Quels centres d'intérêts avaient-ils en commun?

3. L' Américain a promis au Français de lui téléphoner, mais il ne l'a pas fait. Quand le Français lui a téléphoné, quelle a été la première réaction de l'Américain?

4. Quels étaient les sentiments du Français quand il a compris que l'Américain ne le rappellerait pas? Est-ce que l'Américain a dit « Désolé, mais je ne vais probablement pas vous rappeler. »? Qu'est-ce qu'il a dit au lieu de (*instead of*) cela?

5. Si ce n'est *pas* à l'amitié, à quoi les Américains donnent-ils la priorité, selon le texte? Expliquez pourquoi, selon l'auteur.

Qu'en pensez-vous?

1. Pour vous, est-ce que la description de l'amitié américaine donnée dans ce texte est positive? Négative? Objective? Trouvez des exemples dans le texte pour soutenir votre réponse. Est-ce qu'il y a des aspects du «caractère américain» que l'auteur semble admirer?

2. Dans ce texte, l'auteur donne parfois des précisions qu'il n'explique pas. Essayez de les expliquer:

    a. Pourquoi est-ce qu'il parle des Californiens en particulier dans le deuxième paragraphe?

    b. L'auteur dit que les Français sont *aussi* individualistes, mais, selon lui, quelle est la différence entre l'individualisme américain et l'individualisme français?

    c. Pourquoi est-ce que l'auteur mentionne le café-bar dans son texte?

    d. Quand il précise qu'il parle des Américains de race blanche, que suggère-t-il à propos des Noirs et des Latino-Américains? Êtes-vous d'accord avec lui?

3. Aux États-Unis, « How are you? » veut souvent dire tout simplement « Bonjour ». Est-ce qu'il y a une autre traduction (*translation*) possible pour « I will call you and we'll have dinner. »? Laquelle? Est-ce hypocrite de dire quelque chose comme cela quand on n'a pas vraiment l'intention de le faire? Expliquez votre réponse.

4. Dans les questions de la section Avez-vous compris? de la lecture Point pour ce chapitre, on a parlé de cultures « being » et « doing » — comment est-ce que ce même concept est reflété dans cette lecture aussi?

5. Doit-on donner la priorité à la vie professionnelle aux dépens de la vie familiale et de la vie sociale? Expliquez votre réponse.

Liens grammaticaux

LE PLUS-QUE-PARFAIT

Le texte précédent contient plusieurs verbes conjugués au **plus-que-parfait**. On utilise ce temps pour exprimer qu'une action a eu lieu (*took place*) avant l'action du verbe principal.

> *Exemple:* Quand le Français a téléphoné à l'Américain, l'Américain l'*avait* déjà *oublié* (*had already **forgotten** him*) (Chronologiquement, 1) L'Américain l'a oublié, et 2) *ensuite*, le Français a téléphoné.)

Révisez la formation et l'emploi du **plus-que-parfait** dans le Chapitre 1 du *Cahier d'activités* et faites l'exercice suivant.

Le plus-que-parfait. Un Français qui a fait un séjour aux USA a raconté une mauvaise expérience qui lui a fait critiquer l'amitié à l'américaine. Écrivez le verbe entre parenthèses à la forme du plus-que-parfait qui convient.

«J'ai rencontré beaucoup d'Américains très sympathiques, mais aux États-Unis j'ai eu une expérience qui m'a fait douter de leur sincérité. Voilà ce qui s'est passé:

1. Un jour, j'ai téléphoné à un Américain que j(e) _____ (rencontrer) à une soirée chez des connaissances.

2. À la soirée, il _____ (se comporter) de façon très ouverte avec moi.

3. Il _____ (déjà / visiter) la France, et il m'en a parlé avec beaucoup d'enthousiasme.

4. J'ai pensé que j(e) _____ (se faire) mon premier ami américain.

5. Apres la soirée, il ne m'a fait aucun signe d'amitié. Pourtant, il _____ (promettre) de me téléphoner!

6. Quand j'ai enfin décidé de lui téléphoner moi-même, il m' _____ (déjà / oublier). C'était très décevant.

7. Avant d'aller aux États-Unis, j' _____ dire (entendre) que les Américains étaient très chaleureux, mais je dois dire que j'ai trouvé cet homme assez superficiel. Ai-je mal compris la situation?

Après avoir terminé l'exercice, relisez les phrases et imaginez bien les événements de cette histoire. Comprenez-vous pourquoi on utilise le **plus-que-parfait** dans chaque cas?

LIENS INTERDISCIPLINAIRES

LE COUPLE

Raymonde Carroll est à la fois une femme française mariée avec un Américain et l'auteur d'une étude fascinante d'anthropologie sociale sur les différences culturelles qui séparent souvent Français et Américains même quand chaque personne comprend la langue de l'autre. Carroll explique certaines différences fondamentales entre les deux cultures dans les domaines de l'amitié, de l'amour, de la façon d'élever les enfants, etc. Dans le passage qui suit, elle analyse les différences de comportement entre les couples français et américains.

1. **Côté français:** Ce qui crée la stabilité du couple, c'est la possibilité (la liberté) d'être moi-même, c'est d'être accepté... avec mes défauts° aussi bien que mes qualités. ...En prenant mon (ma) partenaire comme cible° de mes plaisanteries°, par exemple, je montre la solidité et le caractère spécial des liens qui nous unissent.

defects, shortcomings
target / jokes, joking remarks

Côté américain: Ce qui crée la stabilité du couple, c'est que ma (mon) partenaire m'encourage à être tel(le) que je voudrais être°. Comme je voudrais être «parfait(e)», ce qui m'aidera à y parvenir,° ce sera le soutien°... la compréhension, l'harmonie. Critiques, reproches, désaccord, contradictions seront donc, par définition, destructeurs.

as I would like to be, as I would like to see myself
to reach, to achieve / support

2. **Côté français:** Les liens affectifs° et le comportement sont indépendants, l'un de l'autre; l'un n'est pas forcément le reflet de l'autre. Ainsi, on admet sans broncher° qu'un couple passe son temps à se disputer, mais que «ça ne les empêche° pas de s'aimer.»

emotional
accept without flinching
prevent

Côté américain: Les liens affectifs et le comportement sont le reflet l'un de l'autre. L'espace [physique] que je mets entre ma (mon) partenaire et moi, littéralement et par mon discours°, est symptôme de désunion.

the things I say

3. **Côté français:** Les liens affectifs ne sont pas forcément équivalents d'harmonie. ... L'harmonie peut dangereusement ressembler à l'indifférence, à l'ennui ... c'est-à-dire la mort de l'amour, la routine, ... bref, tout le contraire de la passion à laquelle on associe une vie mouvementée° peut-être, mais au moins° intéressante....

with ups and downs / at least

Côté américain: Les liens affectifs sont l'équivalent d'harmonie. Tout conflit menace cette harmonie. La passion peut dangereusement ressembler à tous les autres destructeurs d'harmonie (alcool, drogue, jeu°, travail excessif — *workaholic behavior* —, etc.).

(ici) gambling

4. **Côté français:** Bien qu'ils oscillent entre les deux extrêmes, où ils reproduisent des rapports d'inégalité (où l'on paterne ou materne° l'autre), les rapports du couple sont considérés comme des rapports d'égalité dans la complémentarité.

act fatherly or motherly towards

Côté américain: Aimer, c'est avoir confiance, et pouvoir prédire° et satisfaire tous les besoins de l'autre. Les surprises seraient plutôt à redouter°.

predict
to fear

LIENS INTERDISCIPLINAIRES (Suite)

5. Côté français: [Avant de faire partie d'un couple], les seuls rapports d'égalité [que j'ai connus] sont ceux que j'ai avec mes frères et sœurs… ou avec mes amis. Les rapports du couple reproduisent donc, idéalement, les rapports [entre frère et sœur ou entre amis], auxquels est ajouté un élément distinctif…: la sexualité….On ne s'attend pas à ce que des frères et sœurs, ou des amis, ne se chamaillent° jamais….Au contraire, montrer qu'on peut se le permettre, c'est affirmer la force de ces liens affectifs. Il en est de même° pour le couple (français).

se disputer un peu
C'est la même chose

Côté américain: Dans la mesure où chacun a besoin de l'autre pour la satisfaction de ses désirs (encouragement, sympathie, soutien…), les rapports de couple ne peuvent être que des rapports d'interdépendance, ou de dépendance alternée.

6. Côté américain: Dans la mesure où les seuls rapports de dépendance que j'aie connus… sont mes rapports avec mes parents… mes rapports de couple vont, idéalement, reproduire ces rapports, auxquels est ajouté un élément distinctif: la sexualité… . Je ne m'attends pas à ce que le parent idéal me critique, me corrige et m'humilie, mais plutôt qu'elle (il) m'encourage à me surpasser et me soutienne dans mes efforts. Il en est de même dans mon couple (américain).

———————

(*Evidences invisibles*, pp. 107-109)

■■■■ **DISCUSSION**

Qui parle? Selon le texte de Raymonde Carroll, qui ferait les déclarations suivantes : un(e) Français(e) **(F)** ou un(e) Américain(e) **(A)**? Choisissez la bonne réponse et comparez vos réponses en groupes de deux ou trois étudiants.

1. «Quand nous sommes en groupe, je reste près de ma partenaire, je mets mon bras autour de sa taille (*waist*), je l'embrasse souvent, je la regarde dans les yeux, etc.»   **F** _____   **A** _____

2. «C'est vrai? Ils vont divorcer? Mais je ne le crois pas — ils ne se disputaient jamais!»   **F** _____   **A** _____

3. «Mon mari, c'est comme un frère pour moi, sauf, bien sûr, que nous ressentons une attraction physique l'un pour l'autre!»   **F** _____   **A** _____

4. «Mon rôle de mari, c'est d'encourager ma femme à suivre ses rêves, à réussir dans la société, etc. Lui reprocher ses défauts ou exprimer des doutes risque de la décourager. C'est pour cette raison que je ne le fais pas.»   F _____   A _____

5. «J'attends (*expect*) de mon partenaire qu'il puisse satisfaire à tous mes besoins.»   F _____   A _____

6. «Taquiner (*tease*) ou critiquer mon partenaire en public, c'est tout naturel!»   F _____   A _____

7. «Ma femme et moi, on s'entend presque *trop* bien. Une dispute de temps en temps, ça rend la vie du couple plus intéressante!»   F _____   A _____

8. «Mon mari et moi, on s'entend tellement bien que je peux souvent prédire (*predict*) ce qu'il va dire et faire. Ça me rassure de le connaître si bien.»   F _____   A _____

© Nancy Ney/Photographers Choice/Getty

Imaginez la dynamique de ce couple. Est-ce qu'elle est harmonieuse?

📕 Liens grammaticaux

LA NARRATION AU PASSÉ

La narration au passé consiste en l'utilisation simultanée des trois temps majeurs du passé que nous avons étudiés dans ce chapitre (le passé composé, l'imparfait, et le plus-que-parfait).

Révisez dans le *Cahier d'activités* l'explication de la narration au passé et faites l'exercice suivant.

La narration au passé. Écrivez le verbe entre parenthèses à la forme qui convient. (passé composé, imparfait, ou plus-que-parfait)

Christophe et Kate (1) _____ (se rencontrer) à une fête à New York.

Christophe y (2) _____ (travailler) comme consultant pour une

compagnie américaine, et Kate (3) _____ (être) conservatrice

(*curator*) dans un musée à Manhattan. Dès cette première rencontre, ils

(4) _____ (tomber) amoureux, l'un de l'autre. Kate

(5) _____ (étudier) en France, et elle (6) _____ (savoir)

donc le français, et Christophe (7) _____ (adorer) parler d'art et de

musique. Après un mois seulement, ils (8) _____ (se marier), sans

écouter les conseils de leurs amis, qui leur (9) _____ (dire) que c(e)

(10) _____ (être) beaucoup trop tôt. La «lune de miel» (*honeymoon*)

(11) _____ (durer) six mois. Peu après, ils (12) _____

(commencer) à se disputer régulièrement. Kate (13) _____ (se sentir)

souvent blessée par les remarques que Christophe (14) _____ (faire)

sur elle devant ses amis, et ça (15) _____ (irriter) Christophe

que Kate soit toujours d'accord avec ses opinions. Six mois plus tard, ils

(16) _____ (divorcer). Il est clair qu'ils (17) _____

(ne / pas réfléchir) suffisamment aux aspects interculturels de leur couple avant

de se marier. Si seulement ils (18) _____ (attendre) un peu plus

longtemps!

Réplique et synthèse

Est-ce que mes amis doivent me ressembler?

- Remplissez le tableau ci-dessous pour vous aider à réfléchir à l'idée d'avoir des amis très différents de vous-même.

- Ensuite, discutez de vos réponses avec un(e) / des camarade(s) de classe. Qu'est-ce que cela révèle sur l'amitié avec des gens différents de vous-mêmes? Comparez-le à vos amitiés avec des personnes très similaires à vous-mêmes.

	Avantages, aspects agréables	**Inconvénients, obstacles**	**Est-ce que j'ai des ami(e) s dans cette catégorie? Qui?**	**(Si j'ai des ami(e)s dans cette catégorie) Mon appréciation de notre relation: est-ce que «ça marche»? Exemples précis de mon expérience personnelle.**
Un étranger, une étrangère	*On apprend des choses sur une culture différente. On peut parler une langue étrangère, peut-être.*	*Il peut y avoir des différences culturelles. On peut faire mal à l'autre (hurt the other) sans en avoir l'intention.* *On ne connaît pas les mêmes films, chansons, etc.*	*Oui, surtout mes amies Isabelle et Marion.*	*On se connaît depuis très longtemps. Le fait qu'elles soient françaises et que moi, je suis américaine est peut-être même un avantage. On est automatiquement ouvertes à des idées différentes, et cela nous encourage à voir les choses de différents points de vue. (exemple: Marion m'a fait voir des inégalités dans la société américaine.)*
Mes parents				
Des personnes bien plus jeunes ou plus âgées que moi				
Des personnes du sexe opposé				
Des personnes d'un groupe social / socio-économique différent du mien				

B **Un dilemme.** Discutez le scénario ci-dessous avec un(e) camarade de classe.

Dans une semaine, vous allez passer un examen très important (comme le LSAT, le MEDCAT, le GRE, etc.) pour continuer vos études dans une université prestigieuse. Vous révisez nuit et jour pour cet examen, parce que c'est votre dernière chance de le passer cette année. Une amie proche vous téléphone. Sa mère est à l'hôpital dans une autre ville, et elle vous demande de vous installer chez elle et de vous occuper de ses quatre jeunes frères et sœurs pendant qu'elle reste à l'hôpital avec sa maman. La mère risque d'être à l'hôpital pendant au moins cinq jours. Qu'est-ce que vous allez répondre à votre amie, et pourquoi?

C **Discussions.** En groupes de trois ou quatre, discutez les questions suivantes. Partagez vos réponses avec toute la classe.

1. Combien d'amis doit-on avoir selon vous? Pourquoi?

2. Quels éléments favorisent les relations amicales (*friendly relationships*) (des intérêts ou des activités en commun? des principes semblables? des différences intrigantes? des circonstances difficiles, etc.)?

3. Avez-vous perdu le contact avec certains amis? Pour quelles raisons? Avez-vous jamais «rompu» («*broken up*») définitivement avec un(e) ami(e)? Décrivez-en les circonstances. À votre avis, qu'est-ce qui tue (*kills*) une amitié?

4. Maintenant que vous comprenez mieux l'amitié française, si vous faites un long séjour en France (de six mois ou plus), que ferez-vous pour essayer de vous faire des amis un peu plus vite?

5. Êtes-vous d'accord avec la façon dont Raymonde Carroll décrit le couple américain (voir **Liens interdisciplinaires**)? Pouvez-vous citer des exemples pour soutenir ou réfuter sa caractérisation?

D **Ouvertures créatives**

1. **Le cours d'orientation.** Vous allez préparer un cours d'orientation pour un groupe de jeunes Américains qui vont faire un séjour en France ou pour un groupe de jeunes Français qui vont faire un séjour aux États-Unis. On vous a demandé de leur parler de la différence entre les conceptions américaine et française de l'amitié. C'est à vous de décider comment le faire. Allez-vous faire une présentation formelle? Allez-vous écrire de petits sketchs (*skits*) qui illustrent les différences entre les Français et les Américains? Allez-vous organiser un débat? Allez-vous préparer des activités à faire en petits groupes? À vous de décider!

2. **Un sketch.** Avec des camarades de classe, créez un sketch qui montre comment les couples américains se comportent quand ils sont en public et quand ils sont seuls. Est-ce qu'ils parlent différemment dans ces deux situations, par exemple? Présentez vos sketchs à la classe. Ensuite, discutez-les. Voyez-vous des choses qui surprendraient des Français?

3. **L'amitié en anecdotes.** Préparez une anecdote sur un des sujets suivants, et racontez-la à vos camarades de classe. N'oubliez pas d'ajouter beaucoup de détails intéressants, et faites attention aux temps du passé. (N.B. Vous trouverez une anecdote modèle dans le *Cahier d'activités*.)

    a. Comment j'ai fait la connaissance de mon ami(e) X.

    b. Une histoire qui illustre bien le caractère de mon ami(e) X.

    c. Un geste d'amitié que mon ami(e) X a fait pour moi.

    d. Un voyage agréable que mon ami(e) et moi, nous avons fait ensemble. (Une soirée/Une journée/Une fête agréable que nous avons passée ensemble.)

    e. Une expérience amusante *(funny)* que vous avez vécue ensemble

Liens communautaires

Cherchez un site français de cartes de vœux (*greeting cards*) comme http://www.dromadaire.com/, et envoyez une carte appropriée à un(e) ami(e). Avant d'envoyer votre carte, imprimez-en une copie et montrez-la à votre professeur.

Rédaction guidée

Concept mapping

A **Sujet.** Selon l'article de la page 20, les Américains ont «un sens de l'amitié moindre que celui des Français». Êtes-vous d'accord?

B **Orientation.** *Cognitive mapping.* Le but de ce travail est de produire un plan (*outline*) de ce que seraient les arguments que vous sutiliseriez dans une composition dialectique. Ici, vous allez donc écrire *seulement* le plan de votre thèse et de votre antithèse.

Dans vos cours de "writing" vous avez probablement appris à écrire vos idées sur une feuille de papier blanc, soit sous la forme de gribouillages (*doodles*), de diagrammes, de bulles de Venn, etc. pour vous aider à les organiser.

La première étape est de vous montrer réaliste sur ce que vous pouvez écrire en français. Si vous comparez votre capacité de vous exprimer en anglais à la surface d'un court de tennis, il faut bien réaliser que votre capacité de vous exprimer en français ressemble plus à la surface d'un timbre-poste! C'est pourquoi écrire vos compositions en anglais et essayer de les traduire en français ne peut vous mener qu'à la frustration.

Il est donc nécessaire, quand vous commencez à écrire dans une langue étrangère, de savoir où vous allez avant de commencer à écrire. Il vous faut donc avoir une idée claire de ce que vous voulez exprimer.

Dans cette section, nous allons nous concentrer sur le "concept mapping" pour nous assurer 1) que vos idées sont bien en place avant de commencer à composer; et 2) que vous allez utiliser votre langue maternelle tant qu'elle vous sera utile, mais pas jusqu'au point où elle vous compliquera la vie.

Votre anglais   Votre français

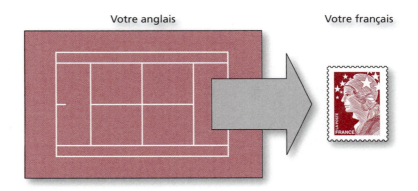

C **Avant d'écrire.** La question que vous devez vous poser est de savoir si les Américains ont effectivement "un sens moindre de l'amitié" que les Français. Pour décider quelle est votre position sur le sujet, utilisez d'abord une technique que vous avez apprise dans vos cours de *Writing*, comme l'écriture libre (*free writing*), un schéma de vos idées (*idea mapping*).

Ensuite, discutez le sujet avec un(e) (des) camarade(s) de classe, et échangez vos idées et points de vue. Consultez le manuel d'écriture de votre choix, soit celui que vous avez utilisé quand vous avez appris à composer à l'université, ou tout autre manuel que vous trouverez à la bibliothèque universitaire, et en utilisant une des méthodes mentionnées plus haut, faites un schéma des problèmes que vous devrez considérer en écrivant sur ce sujet. Dans l'index de ce livre, cherchez "la discussion dialectique," qui est la technique vers laquelle les rédactions de ce cours vont vous guider. Selon (*according to*) The *Allyn & Bacon Guide to Writing*, "A dialectic discussion differs from a talk show shouting match or a pro/con debate in which proponents of opposing positions, their views set in stone, attempt to win the argument. In a dialectic discussion, participants assume that each position has strengths and weaknesses and that even the strongest position contains inconsistencies, which should be exposed and examined."

Avec un(e) camarade de classe, assurez-vous que vous écrivez les idées que vous soulèverez dans deux catégories différentes. Dans cet exercice, il est autorisé d'utiliser toute information que vous avez trouvée dans *Controverses*, mais pensez à citer (*to quote*) tout texte que vous allez utiliser pour votre argument, suivi du numéro de page (par exemple: [*Controverses* 19]). *Vous pouvez faire ce travail préparatoire en anglais, puisque vous rassemblez vos idées et que vous écrivez seulement les concepts ou les phrases clés,* **mais vous devrez rendre à votre professeur la version finale de votre plan en français.** C'est une bonne idée de chercher le vocabulaire dont vous aurez besoin dès maintenant, afin d'exprimer vos idées plus complètement par la suite.

Au travail!

CHAPITRE

2

La technologie pour tous: Pouvoir ou vulnérabilité?

Objectifs communicatifs

COMMUNICATION

- **Point** Big Brother nous observe-t-il vraiment?
- **Contre-point** Le phénomène Wikipédia: Un renouvellement de la connaissance?

LIENS GRAMMATICAUX

- Les pronoms personnels
- Les pronoms adverbiaux
- Position et ordre des pronoms

LIENS SOCIOCULTURELS

- La technologie en France

LIENS COMMUNAUTAIRES

- Une interview sur les dangers de la technologie

LIENS INTERDISCIPLINAIRES

- Amélie Nothomb, *Acide sulfurique*

*C*ontroverse: Comme la plupart des innovations majeures (l'avion, la voiture, l'énergie nucléaire, la télévision), l'Internet se montre ambivalent, porteur du meilleur comme du pire; il soulève donc de nombreuses questions. Sera-t-il demain accessible à tous, y compris aux pays pauvres et aux dictatures? Restera-t-il un moyen de communiquer et de s'informer pour les particuliers ou sera-t-il annexé par les organisations commerciales? Réduira-t-il ou renforcera-t-il les inégalités entre les individus et entre les pays? Sera-t-il un instrument de liberté ou de surveillance? Les informations diffusées seront-elles objectives et fiables ou bien destinées à manipuler les opinions? L'avenir dira si les cyberphiles et les cyberoptimistes ont raison face aux cyberphobes et aux cyberpessimistes.

Dans ce chapitre, nous allons élargir la discussion pour parler de la technologie et de ses applications multiples. Nous allons voir si la technologie enrichit la vie ou lui impose plus de contraintes; si l'accès au Web facilite les échanges internationaux ou crée des problèmes de sécurité; si la démocratisation de l'ordinateur personnel réduit les inégalités; ou si ce que l'on gagne à utiliser l'informatique ne porte pas atteinte à notre liberté individuelle? À vous de juger!

Premières pensées

Les mots pour le dire

noms

application (f)	*application*
baladeur (m) MP3	*MP3 player*
blog (m)	*blog*
boîte (f) à lettres électronique	*email box*
caméra (f) (de surveillance)	*(surveillance) camera*
clip (clip vidéo) (m)	*clip; video clip*
courrier (m) (électronique)	*(electronic) mail*
courriel (m), mail (m), mél (m)	*email*
DVD (m) (lecteur [m] de DVD)	*DVD (DVD player)*
émission (f) de télévision	*television show*
forum (m) de discussion	*discussion forum*
jeu (m) (en ligne, vidéo)	*(online, video) game*
lien (m) informatique	*(computer) link*
ordinateur (m) (portable)	*(laptop) computer*
réseau (m) social (comme Facebook)	*social network (e.g. Facebook)*
site (m)	*site*
~ personnel	*~ personal website*
~ de vente entre particuliers	*~ person-to-person sales site*
(comme eBay ou craigslist)	*(e.g. eBay or craigslist)*
SMS (m), texto. (m) MMS (m)	*SMS, text message, MMS*
(téléphone) portable (m)	*cell phone*
toile (f)	*web*
traitement (m) de texte	*word processing*
Web (m)	*World Wide Web*
Wi-Fi (f)	*WiFi*

verbes

accéder à	*to reach, achieve, attain; to access*
afficher	*to put up, display*
bloguer	*to blog*
contacter	*to contact, get in touch with*
consulter le Web	*to consult the Web*
fréquenter	*to go to, associate with*
~ un chat	*~ a chatroom*
~ un forum de discussion	*~ a discussion forum*
gagner du temps	*to save or gain time*
gêner	*to bother, disturb*
joindre	*to join, reach (by mail, phone, email)*
se passer de	*to do without*
perdre du temps	*to waste time*
rechercher des informations	*to look for information*

regarder ses mails	*to check one's email*
surfer	*to surf*
télécharger	*to download*
visionner	*to view*
~ un film	*~ a movie*
~ des diapositives	*~ slides*

adjectifs et adverbes

confidentiel(le)	*confidential*
efficace	*effective, efficient*
instantané(e)	*instant, instantaneous*
instantanément (adv.)	*instantaneously*
joignable	*available, reachable*
nuisible	*harmful, dangerous*
privé(e)	*private*
public (publique)	*public*

expressions

en ligne	*online*
(de) n'importe où	*(from) anywhere*

A Les nouvelles technologies de communication

1. Avez-vous un téléphone portable? Pourquoi ou pourquoi pas?

2. Qu'est-ce que vous pouvez faire avec un portable que vous ne pouvez pas faire avec un téléphone fixe? Est-ce que vous pourriez vous passer de votre portable?

3. Quelle est votre réaction quand vous voyez quelqu'un parler au téléphone ou envoyer un texto au volant de sa voiture *(at the wheel of a car)*?

4. Avez-vous un ordinateur? Fixe ou portable? Quelles sont les activités principales que vous faites sur votre ordinateur? Pourriez-vous vous passer de votre ordinateur? Si non, pourquoi pas?

5. Bien que pratiques, ces nouvelles technologies peuvent aussi être problématiques. Dans quel sens? Citez trois exemples d'aspects nuisibles d'une technologie autrement utile.

B Les nouvelles technologies, les médias et la vie privée

1. Trouvez-vous acceptable la présence de caméras dans la vie privée? Par exemple, connaissez-vous des émissions du genre «Jerry Springer» ou des émissions de télé-réalité dans lesquelles des gens acceptent d'être filmés dans des circonstances assez personnelles / intimes? Donnez des exemples.

2. Est-ce que les caméras de surveillance dans les endroits publics (aéroports, magasins, sur la route, Google Earth, etc.) vous inquiètent? Pourquoi, ou pourquoi pas?

3. À votre avis, est-ce que les gens aiment exposer leur vie privée au public (sur Facebook, MySpace, Blogger…, par exemple)? Pourquoi? Avez-vous un compte sur Facebook? Combien de temps par jour y passez-vous?

4. Est-ce que cela vous gêne que les réseaux sociaux comme Facebook vendent des informations sur vous à des entreprises commerciales qui vous envoient ensuite de la publicité pour des produits qu'elles veulent vous vendre?

© NetPics/Alamy

Point

Big brother nous observe-t-il vraiment?

Les mots pour le dire

noms

adhérent(e)	*a member, a subscriber*
base (f) de données	*database*
cible (f)	*target*
comportement (m)	*behavior*
compte (m)	*account*
confidentialité (f)	*confidentiality*
contrôle (m) (de sécurité)	*(security) check*
données (f pl)	*data*
enregistrement (m)	*recording, film*
espion(ne) (m / f)	*spy*
fichier (m)	*file*
lieu (m)	*place, location*
piratage (m) informatique	*computer hacking*
puce (f)	*(orig., flea) ici, microchip*
risque (m)	*risk*
surveillance (f)	*surveillance*

verbes

confondre	*to mix up, confuse*
enregistrer, sauvegarder	*to record, to save (a computer file)*
espionner	*to spy on*
éteindre	*to turn off*
ficher	*to open a file, collect (and save) data about someone*
se généraliser	*to spread, become standard*
s'inscrire	*to enroll, register*
supprimer	*to eliminate, do away with; to delete*
surveiller	*to watch, to monitor*

adjectifs et adverbes

bénéfique	*beneficial*
ciblé(e)	*targeted*
numérique	*digital*
sécurisé(e)	*secure, encrypted, password protected*

expression

au lieu de	*instead of, rather than*

Étude de vocabulaire

A **Chassez l'intrus!** Éliminez le mot qui ne va pas avec les autres mots de la liste, et expliquez votre choix.

1. un adhérent / un comportement / un compte / un fichier

2. enregistrer / ficher / supprimer / surveiller

3. une base de données / une cible / un fichier / une puce

B **Définitions.** Mettez la lettre qui correspond à chaque définition devant le mot ou l'expression qui lui convient.

1. cible _B_
2. comportement _D_
3. confidentialité _E_
4. compte _C_
5. confondre _J_
6. enregistrer _G_
7. espion _I_
8. espionner _H_
9. éteindre _A_
10. fichier _C_
11. supprimer _F_
12. surveiller _H_

a. arrêter le fonctionnement d'un appareil

b. but, objectif ou personne qu'on voudrait atteindre

c. ensemble de fiches sur un même sujet et classées dans un ordre donné

d. ensemble des réactions observables chez un individu

e. assurer le secret, particulièrement dans les systèmes informatiques

f. mettre fin à l'existence de quelque chose

g. noter par écrit, par exemple

h. observer quelqu'un avec attention pour savoir ce qu'il fait

i. personne chargée de recueillir clandestinement, des informations gardées secrètes

j. prendre une personne ou une chose pour une autre

Track 6A

🔊 De quoi parle-t-on?

À la maison. Stéphane aime beaucoup la télé-réalité. Il est en train de regarder l'émission *L'Île de la tentation* quand sa mère entre dans le salon. Écoutez leur conversation et répondez aux questions suivantes.

1. Quelles raisons Stéphane donne-t-il à sa mère pour regarder l'émission?

2. Pourquoi est-ce que la maman de Stéphane refuse qu'il regarde *L'Île de la tentation*?

3. Quelle émission décident-ils de regarder? Pourquoi?

✏️ Liens grammaticaux

LES PRONOMS PERSONNELS

Quand on parle et quand on écrit, on évite les répétitions des noms en les remplaçant par des pronoms. Consultez le chapitre 2 du *Cahier d'activités* pour réviser l'usage des **pronoms personnels.**

1. Complétez les phrases par le pronom objet direct ou indirect qui convient au contexte.

   a. Le Pass Navigo sert à voyager dans le métro parisien. On _____ utilise quand on prend le métro tous les jours.

   b. La police utilise le STIC, qui est un fichier électronique, pour appréhender les criminels. Elle _____ remplit malheureusement d'erreurs.

   c. Grâce à l'application Latitudes, on peut savoir où sont les utilisateurs de téléphones portables à 20 mètres près. On peut ainsi _____ localiser sans problème et _____ infliger *(inflict on them)* un contrôle permanent.

   d. Facebook a le droit de revendre toute information que son utilisateur _____ confie.

   e. Avec la compagnie Espion-on-line, vos conversations téléphoniques peuvent être mises sur écoute *(wiretapped)*. Quiconque *(Whoever)* achète ce service peut _____ écouter sans que vous le sachiez.

   f. L'ironie du sort veut que l'appartement de George Orwell soit entouré de nombreuses caméras. On _____ a estimées à trente, dans un périmètre de 200 mètres.

Lecture

Remue-méninges

Vous avez vu des films comme *The Matrix*, ou encore *Surrogates* où la technologie contrôle le comportement humain jusqu'à nous réduire à l'état végétatif. Sans aller si loin, avez-vous jamais eu l'impression d'être contrôlé(e) par un aspect de la technologie? Si oui, quelle avancée technologique vous a-t-elle donné cette impression? De quelle façon vous sentez-vous contrôlé(e)?

LA TECHNOLOGIE AU SERVICE DE LA SURVEILLANCE?

Dans son roman *1984*, George Orwell décrit une société anti-utopique dans laquelle la liberté individuelle est assujettie aux manipulations d'un gouvernement dictatorial au moyen de° la télévision. Dans le roman, la technologie, en particulier la télévision, envahit les foyers° et exerce un contrôle constant sur ce que les individus ont le droit de penser. De plus, un système de caméras installées dans les téléviseurs anéantit° la liberté individuelle parce qu'il permet au gouvernement de voir ce qui se passe dans chaque foyer. Ce roman inquiétant pose des questions importantes sur le développement de notre société où la technologie, avec des applications innombrables, joue un rôle de plus en plus prépondérant. Aujourd'hui, les applications de la technologie se multiplient et quelques-unes d'entre elles sont très inquiétantes. Prenons comme exemples les faits suivants:

Déjà, le Pass Navigo du métro parisien enregistre tous les déplacements de ses usagers. Les utilisateurs du métro qui ne veulent pas que leurs déplacements soient fichés doivent payer un supplément. Déjà, le STIC, ou Système de Traitement et Infractions Constatées est opérationnel. Il s'agit d'un fichier électronique où la police rassemble les infractions, les contraventions routières°, et tout le passé judiciaire de tout individu interpellé° pour une raison ou une autre par la police française. Malheureusement, le STIC est plein d'erreurs, confondant par exemple les noms des criminels et ceux des victimes!

Déjà, l'application Latitudes permet de localiser à 20 mètres près° n'importe quel utilisateur de téléphone portable.

Déjà, Facebook a le droit d'utiliser tout ce que ses utilisateurs affichent sur son site: que ce soit pour le scanner, modifier, traduire, redistribuer, etc. (jusqu'au moment où on s'en désinscrit°).

by means of

homes, households

annihilates

a traffic citation

taken in for questioning

within 20 meters

unsubscribes

Déjà, les téléviseurs numériques connectés par câble peuvent savoir quelles émissions de télévision l'utilisateur regarde.

Déjà, n'importe qui peut recevoir des copies de tous les textos envoyés depuis un téléphone portable ciblé. Pour 200 € de plus, la compagnie Espion-on-line envoie un SMS à son client à chaque fois que ce téléphone sonne; n'importe qui peut donc écouter toutes les conversations téléphoniques.

Déjà, on propose en Grande-Bretagne de diffuser à la télévision les enregistrements de différentes caméras de surveillance. Si un téléspectateur qui regarde ces enregistrements chez lui voit un crime en cours°, il peut envoyer un SMS pour le signaler aux autorités. Il gagne un certain nombre de points, et, à la fin de chaque mois, la personne qui a gagné le plus de points recevra 1 000£.

Déjà, il y a à Paris, plus de 1 200 caméras de vidéosurveillance dans les rues, 3500 dans les gares, 4 000 dans les bus, 8 300 dans les couloirs du métro. Il y aussi plus de 30 000 caméras privées dans les banques, les entreprises, les immeubles, etc. Les autorités ont inventé le mot «vidéo tranquillité» pour décrire l'état d'esprit créé par ce phénomène.

Bientôt, les ordinateurs branchés° sur les caméras de surveillance auront la possibilité d'identifier des «comportements suspects» — par exemple, une personne qui attend longtemps dans un endroit, un groupe de personnes qui s'assemblent, une personne qui change souvent de direction en marchant, au lieu de marcher dans une direction précise, etc. Ces comportements seront signalés à la police, pour qu'elle puisse surveiller les personnes en question de plus près.

Avec l'avènement° des nanotechnologies, on aura bientôt des systèmes d'information si petits qu'on ne pourra même pas les voir avec un microscope. Ils auront des applications bénéfiques (comme la création de nanorobots qui pourront circuler à l'intérieur de nos corps pour tuer les cellules cancéreuses), mais ils pourront aussi être utilisés pour espionner les gens, sans qu'ils le sachent. Le gouvernement chinois aurait déjà commandé 10 millions de puces pour effectuer le suivi° des étudiants sur les campus en Chine.

Dans *1984,* George Orwell a imaginé un avenir inimaginable. Mais aujourd'hui, comme le constate Virginie Malingre, correspondante au journal *Le Monde,* «il y a 4,2 millions de caméras en Grande-Bretagne. Un Britannique est filmé 300 fois par jour en moyenne. L'appartement où George Orwell a écrit *1984* à la fin des années quarante, à Canonbury Square, dans le nord de Londres, est entouré de plus de trente caméras en circuit fermé, dans un périmètre de 200 mètres». On dit que la Grande-Bretagne va bientôt devenir une société totalement contrôlée par les ordinateurs et les caméras de surveillance, mais n'est-ce pas un péril que nous courons tous?

in progress

connected

the advent

the permanent surveillance

Avez-vous compris?

1. Expliquez par vos propres mots l'ironie que constate la journaliste Virginie Malingre quand elle regarde aujourd'hui le quartier de Londres où George Orwell a écrit *1984*.

2. Vous venez de lire une liste d'emplois de la technologie un peu effrayants *(frightening)*. Lesquels concernent:

   a. l'écoute des gens, sans qu'ils le sachent?

   b. la localisation des gens dans l'espace?

   c. le fichage ou l'affichage d'informations que les gens donnent volontairement?

   d. le fichage d'informations sur les gens qui est fait automatiquement ou sans qu'ils le sachent?

   e. l'enregistrement des visages ou du comportement des gens par moyen de caméras?

Qu'en pensez-vous?

1. Certaines personnes qui parlent de Facebook, ou autres sites similaires, qualifient les membres d'exhibitionnistes et les «amis» de voyeurs. Qu'est-ce que c'est qu'un exhibitionniste? Un voyeur? Êtes-vous d'accord avec l'emploi de ces termes pour décrire les usagers de Facebook? Expliquez votre réponse.

2. Des emplois de la technologie mentionnés dans cette lecture, lesquels trouvez-vous positifs? Lesquels trouvez-vous bénins *(harmless)*? Lesquels trouvez-vous inquiétants? Expliquez vos réponses.

3. Est-ce que *tous* les citoyens d'un pays sont également «ciblés» par ces techniques de surveillance? Si non, quels types de personnes sont plus surveillés que d'autres? Pourquoi? Trouvez-vous toutes ces raisons justifiables?

4. Avez-vous jamais affiché des photos, des détails personnels ou des anecdotes sur Internet et regretté plus tard de l'avoir fait? Connaissez-vous quelqu'un d'autre qui a fait cela? Racontez l'histoire.

5. Connaissez-vous quelqu'un qui a eu des ennuis (gros ou petits) à cause de données personnelles (numéro de sécurité sociale, mot de passe, etc.) qui sont tombées entre les mains d'autrui contre sa volonté? Racontez l'histoire.

6. Qu'est-ce qu'on peut faire si on n'est pas content de certains emplois des nouvelles technologies? Faut-il simplement les accepter?

7. Un régime totalitaire est un régime politique, où tous les citoyens sont soumis à un pouvoir centralisé et absolu (comme les régimes d'Hitler et de Staline). Certaines personnes prétendent *(claim)* que les pays développés manifestent aujourd'hui des tendances totalitaires, parce que tout le monde est surveillé, et qu'on respecte de moins en moins notre vie privée. Êtes-vous d'accord avec cette interprétation idéologique de la technologie, ou la trouvez-vous trop «paranoïaque»?

LIENS SOCIOCULTURELS

LA TECHNOLOGIE EN FRANCE

Depuis les années quatre-vingt-dix, quand le World Wide Web, désigné très souvent par son diminutif «le Web», a fait son entrée en France, le nombre d'utilisateurs d'Internet continue d'augmenter. Selon une étude menée en 2009 par Ipsos, une société d'études, 64% des Français sont «internautes», soit plus d'un million de plus qu'en 2008. Les internautes français se rendent au moins une fois par jour sur la Toile (Net) soit pour lire à l'aide d'un navigateur *(web browser)* la messagerie électronique (e-mail ou encore mail), soit pour échanger des fichiers ou des photos, soit pour consulter des sites contenant des textes, des images et des sons, soit pour participer à des forums de discussion, soit pour faire un achat, soit pour régler un compte bancaire, soit pour «chatter» avec un(e) ami(e), ou tout simplement pour surfer sur le Web.

Tableau 1
Progression du nombre d'internautes en millions de 2002 à 2009

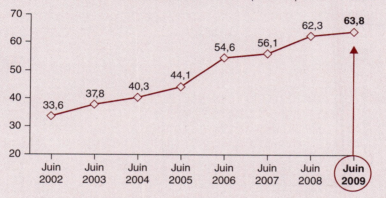

Un média en pleine croissance est l'Internet mobile qui permet l'accès à l'Internet quel que soit le lieu où on se trouve. En 2009, parmi les 32,6 millions de Français qui utilisaient l'Internet 14% étaient connectés à la Toile via un téléphone mobile avec le profil suivant:

- 69% sont des hommes (contre 53% de la totalité des internautes)

- 70% ont moins de 35 ans (contre 47% des internautes)

- 72% se connectent plusieurs fois par jour à Internet (contre 52% des internautes)

- 35% passent plus de 60 heures par mois à surfer sur le Web (contre 20% des internautes)

- 56% ont consulté des vidéos en ligne au cours des trente derniers jours

- 58% ont créé un blog ou un site personnel

Source: Ipsos France. Ipsos a réalisé cette enquête online, à partir de 90 sites partenaires et par téléphone, auprès de 2000 personnes constituant un échantillon national représentatif de la population française âgée de 15 ans et plus. Les interviews ont été réalisées pour l'étude Profiling en multi souscriptions, de septembre à décembre 2009.

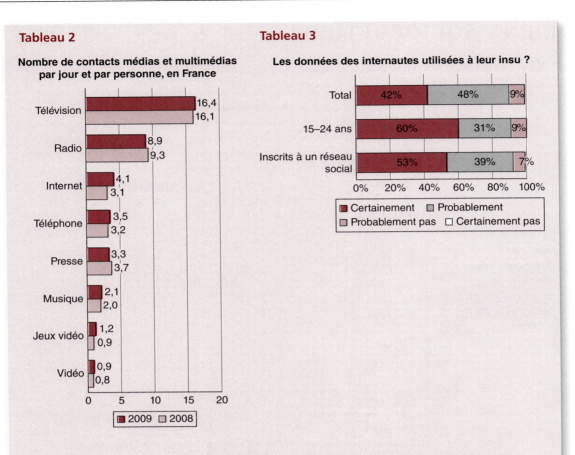

Tableau 2

Nombre de contacts médias et multimédias par jour et par personne, en France

Média	2009	2008
Télévision	16,4	16,1
Radio	8,9	9,3
Internet	4,1	3,1
Téléphone	3,5	3,2
Presse	3,3	3,7
Musique	2,1	2,0
Jeux vidéo	1,2	0,9
Vidéo	0,9	0,8

■ 2009 ☐ 2008

Tableau 3

Les données des internautes utilisées à leur insu ?

	Certainement	Probablement	Probablement pas
Total	42%	48%	9%
15–24 ans	60%	31%	9%
Inscrits à un réseau social	53%	39%	7%

■ Certainement ☐ Probablement ☐ Probablement pas ☐ Certainement pas

Avec les progrès rapides de la technologie viennent aussi des soucis. Les Français ont pris conscience que les données personnelles qu'ils laissent sur le Web peuvent ensuite être utilisées sans leur consentement, selon un sondage en ligne de Esomar Research *(Tableau 3)*, 90% estiment qu'il s'agit d'un risque certain ou probable.

■ DISCUSSION

1. Selon le *Tableau 1*, combien de Français sont devenus «internautes» durant la période entre juin 2002 et juin 2009?

2. En basant votre opinion sur les données du *Tableau 2*, pensez-vous que les Français ont tendance à être un peu trop paranoïaques *(paranoid)* sur l'utilisation de leurs données personnelles?

3. De façon générale, pensez-vous que vos propres données sont bien protégées contre les utilisations frauduleuses?

Contre-point

Le phénomène Wikipédia: un renouvellement de la connaissance?

Les mots pour le dire

noms

blague (f)	*joke*
connaissances (f pl)	*here, knowledge*
entrée (f)	*entry (of an encyclopedia)*
lien (m) *(informatique)*	*link*
malveillance (f)	*malice, ill will*
obscénité (f)	*obscenity; lewdness; dirty joke*
règle (f)	*rule; regulation*
savoir (m)	*knowledge*
utilisateur (-trice) (m/f)	*user*

verbes

avoir à	*to have to*
cesser de	*to stop*
croire en/à	*to believe in*
déposséder	*to dispossess*
échapper à	*to escape*
emporter (une victoire)	*to win (a victory)*
indisposer	*to annoy, upset*
jaillir	*to emerge, shoot upward*
marquer (un point, un but)	*to score (a point, a goal)*
maudire	*to curse*
pleuvoir	*to rain down on (metaphorically: to pour on)*
rédiger	*to draft, write*
se référer à	*to refer to*
se résoudre à	*to accept*
s'inquiéter de	*to worry about*

adjectifs

adolescent(e)	*adolescent, teenager*
audacieux (-ieuse)	*bold; daring*
dérangeant(e)	*disturbing*
fondateur (-trice)	*founding*
fiable	*reliable*
gelé(e)	*frozen*
instruit(e)	*educated*
payant(e)	*paying; not free*
répandu(e)	*widespread*

adverbes

ailleurs	*elsewhere; somewhere else*
plutôt (que)	*rather (than)*
quelque	*some*
quelque 625 000 articles	*some 625,000 articles*

pronom

chacun(e)	*each; each one*

expressions

du premier coup	*the first time around*
s'il le faut	*if necessary*

Étude de vocabulaire

Définitions. Mettez la lettre qui correspond à chaque définition devant le mot ou l'expression qui lui convient. Attention! Il y a plus de définitions que de mots / expressions.

1. audacieux *h*

2. la blague

3. fiable

4. instruit

5. jaillir *f*

6. la malveillance

7. marquer un but

8. maudire

9. le savoir

10. l'utilisateur *d*

a. ensemble des connaissances acquises d'une personne

b. synonyme de «troublant»

c. intention, volonté de nuire, acte criminel

d. personne qui utilise quelque chose

e. qui est digne de confiance

f. sortir avec force et impétuosité

g. souhaiter du malheur à une personne en appelant sur elle la malédiction

h. qui prend facilement des risques

i. donner un point à son équipe

j. qui a acquis une somme de connaissances par l'étude

k. caractère de ce qui offense ouvertement la pudeur en ce qui concerne la sexualité

l. histoire inventée pour faire rire ou mystifier quelqu'un

Track 6B

De quoi parle-t-on?

Chez un concessionnaire à Trois-Rivières. *(At a Trois-Rivières [Quebec] car dealership.)* Marc Tremblay accompagne son père qui cherche à acheter une nouvelle voiture. Aujourd'hui, Alain, le père de Marc, veut visiter un concessionnaire américain…

© Monkey Business Images/Shutterstock.com

Vocabulaire utile

le téléphone cellulaire *(Québécisme)* - le téléphone portable *(en France)*
numéro vert *toll free number*
couper le moteur *to stop the engine*
les services de secours d'urgence *emergency services*
dépanner *to repair (a machine)*
une crevaison *a flat tire*

1. Que pense Alain, le père, de la technologie en général?

2. Quel est l'avis de son fils Marc?

3. Nommez deux des quatre avantages de la technologie de *OnStar* que Marc mentionne.

4. À votre avis, est-ce qu'*OnStar* est une bonne ou une mauvaise application de la technologie?

Liens grammaticaux

LES PRONOMS ADVERBIAUX *Y* ET *EN*

Y remplace en général un nom précédé d'une préposition de lieu (à, dans, sur…) et *en* remplace la préposition *de*. Consultez le chapitre 2 du ***Cahier d'activités*** pour réviser l'usage de ces pronoms adverbiaux.

Identifiez. Scannez le texte de la lecture qui suit, trouvez les passages cités ci-dessous et identifiez le(s) mot(s) que les pronoms adverbiaux **y** et **en** remplacent dans les phrases suivantes:

Modèle: Introduction: «…les renseignements qu'on y trouve…» Qu'on trouve où?
y = sur l'Internet

a. Premier paragraphe: «Chaque mois, ce sont 220 millions de visiteurs uniques qui s'**y** réfèrent.» Se référer à quoi? *y* = _____

b. Deuxième paragraphe: «Faut-il s'**en** inquiéter ou s'**y** résoudre?»

S'inquiéter de quoi? *en* = _____

Se résoudre à quoi? *y* = _____

c. Deuxième paragraphe: «Faut-il brûler Wikipédia ou au contraire tenter d'**en** tirer parti?» *(to try to take advantage of something)*

Tirer parti de quoi? *en* = _____

d. Septième paragraphe: «Ce qui ne veut pas dire que toutes les erreurs ou malveillances qui **y** figurent disparaissent aussi vite.»

Les erreurs et les malveillances qui figurent où? *y* = _____

Lecture

Remue-méninges

1. **Pourquoi pas?** Beaucoup de professeurs refusent que vous citiez des articles d'encyclopédies en ligne comme Wikipédia. Pourquoi pensez-vous qu'ils refusent? Quelles raisons vous donnent-ils pour refuser ce type de source? Que pensez-vous de ce refus?

2. **Définition.** Trouvez un moyen d'expliquer ce que c'est que Wikipédia pour un grand-parent qui ne connaît pas ce phénomène.

3. **Néologismes.** Les journalistes aiment créer de nouveaux mots, pour rendre leur style plus intéressant. Vous ne les trouverez pas dans le dictionnaire. Il y a plusieurs «mots nouveaux» dans ce texte. À l'aide de mots-clés ci-dessous, pouvez-vous en deviner le sens?
   Ex.: les Wikipédiens < Wikipédia = les gens qui font fonctionner Wikipédia

   a. un patrouilleur < la patrouille *(patrol)* = _____

   b. un wikipompier < un pompier *(firefighter)* = _____

   c. une cyberencyclopédie < une encyclopédie = _____

   d. diaboliser < le diable *(the devil)* = _____

Grâce à l'Internet, nous sommes en relation constante avec tout ce qu'on veut. Nous pouvons maintenant partager des informations, des documents, des images et des vidéos avec des gens qui vivent de l'autre côté de la terre. Cependant, les renseignements qu'on y trouve sont-ils toujours fiables? L'encyclopédie en ligne Wikipédia est un phénomène récent de dissémination des connaissances qui est souvent contesté…

FAUT-IL BRÛLER WIKIPÉDIA?

Les critiques pleuvent sur Wikipédia tandis que son audience s'accroît. Quelque 625 000 articles sont désormais disponibles en français, rédigés par 360 000 volontaires (par comparaison, l'*Encyclopaedia Universalis* propose 30 000 entrées). Ailleurs dans le monde, la popularité de Wikipédia ne se dément pas° non plus. Chaque mois, ce sont 220 millions de visiteurs uniques qui s'y réfèrent, dans 250 langues, amendant, s'il le faut, les 9 millions de notices existants.

the popularity of Wikipedia cannot be denied

to contribute his or her two cents

Chacun peut apporter son écot° à cette utopie raisonnée, sous l'œil vigilant de tous: tel est son principe fondateur. Avec la conviction que la lumière jaillira de cette aventure collaborative, plus sûrement que d'un débat entre experts. Le succès est là, de plus en plus dérangeant. C'est vers Wikipédia que pointent tous les moteurs de recherche – Google, Yahoo!... – souvent comme premier choix. Faut-il s'en inquiéter ou s'y résoudre? Faut-il brûler Wikipédia ou au contraire tenter d'en tirer parti? […]

Les inventeurs de Wikipédia se moquent des critiques, ils croient en leur mission. C'est ce que ne cesse de répéter son cofondateur (en 2001), l'Américain Jimmy Wales: «*Imaginez un monde où chaque individu peut accéder gratuitement à la totalité des connaissances de l'humanité. C'est ce que nous voulons faire.*» […]

«*N'hésitez pas à être audacieux*», recommande Wikipédia à ses contributeurs. «*Tout n'a pas à être parfait du premier coup*» (puisque les articles que les internautes rédigent sont modifiables). On n'avait pas connu une telle mobilisation, une telle émotion du monde instruit depuis *L'Encyclopédie* de D'Alembert et Diderot (1772), accusée elle aussi de déposséder les «maîtres» de leur pouvoir. […] Wikipédia est-elle fiable? C'est pour l'internaute la seule question qui compte.

Contrairement à une idée répandue, la réponse est plutôt oui. Une étude de la revue *Nature* l'a comparée en 2005 à l'*Encyclopaedia Britannica*. Sur quarante-deux sujets scientifiques retenus, Wikipédia avait commis 162 erreurs ou omissions, la *Britannica* 123.

En décembre 2007, Wikipédia a marqué un nouveau point contre ses détracteurs. Le magazine allemand *Stern* a publié les résultats d'une enquête portant sur cinquante articles piochés au hasard° dans Wikipédia, version allemande, et dans l'édition en ligne de l'encyclopédie *Brockhaus*, dont l'accès est payant. Exactitude, clarté, exhaustivité, actualisation: le cabinet indépendant chargé de l'enquête a tout passé au crible°. Dans 43 cas sur 50, Wikipédia l'a emporté.

randomly picked

examined closely

Une étude du Massachusetts Institute of Technology (MIT) confirme ce résultat. Elle montre qu'une obscénité introduite intentionnellement dans Wikipédia est «*nettoyée*» en moins de deux minutes par les wikipédiens. Ce qui ne veut pas dire que toutes les erreurs ou malveillances qui y figurent disparaissent aussi vite. En général, l'internaute de passage a intérêt à se méfier des articles récents°, les moins retravaillés.

it is in the casual Internet user's best interest to distrust recent articles

Une nouvelle écologie de la connaissance

fights an endless war

Wikipédia mène une guerre sans merci° contre les provocateurs, les vandales et les autres perturbateurs, qu'elle appelle les «trolls». Un combat toujours recommencé dont sont chargés, chacun avec un rôle précis, les cadres bénévoles de Wikipédia, «administrateurs», «arbitres», «patrouilleurs» et «wikipompiers». Injures, manipulations, publicités déguisées, propagande… rien n'est censé° leur échapper. Les utilisateurs eux-mêmes sont invités à dénoncer ces hérésies, pour correction immédiate. Ici des liens politiques ajoutés, en pleine campagne municipale, à l'article sur Troyes°. Là, dans l'article sur le hockey sur glace, «*des modifications qui apparaîtront sensées au lecteur non averti*°». Ailleurs, des «*blagues adolescentes*». La faute est souvent bénigne et involontaire, quelquefois révoltante et délibérée.

nothing is supposed to

ville du nord-est de la France

inexperienced, ill informed

Au fur et à mesure que° sa popularité augmentait, Wikipédia s'est dotée° de règles plus strictes, d'outils de contrôle plus performants. Des articles ont été «gelés» par la Wikimedia Foundation, la tête de pont° de la cyberencyclopédie en Floride: Hitler, Bush… Ils aimantaient° trop les «trolls». […]

as one goes along
equipped itself with
flagship
attirer

Sous le feu° des critiques et de la concurrence, Wikipédia évolue. Des projets d'encyclopédies contributives° et gratuites voient le jour°, dont les auteurs, à la différence de ceux de Wikipédia, sont des spécialistes dûment° identifiés: Citizendium et Knol (Google), par exemple, aux États-Unis. Attentive à la concurrence, la présidente de la Wikimedia Foundation, une agronome° de 39 ans, la Française Florence Devouard, a annoncé que bientôt certains articles, considérés comme sûrs, ne seront plus modifiables.

Under fire, assailed
contributory / are born
bien

agricultural engineer

La bataille continue pourtant de faire rage° entre ceux qui° accusent Wikipédia d'encourager les élèves et les étudiants à «copier-coller»° et ceux qui saluent dans Wikipédia l'émergence d'une nouvelle écologie de la connaissance, à laquelle il vaut mieux préparer les jeunes générations plutôt que de diaboliser son succès.

to rage on / those who
cut and paste

_____

Source: Bertrand Le Gendre, éditorial paru dans *Le Monde* du 15 mars 2008

Avez-vous compris?

Répondez «juste» (J), «faux» (F), ou «Non mentionné» (NM) selon le contenu du texte que vous venez de lire. Si une réponse est fausse, corrigez-la!

1. Malgré les critiques, Wikipédia gagne en popularité.   J _____   F _____   NM _____

2. N'importe qui peut écrire un article sur Wikipédia, il n'est pas nécessaire d'être un spécialiste sur le sujet.   J _____   F _____   NM _____

3. L'idéal de Wikipédia est de donner à tout le monde libre accès aux connaissances universelles.   J _____   F _____   NM _____

4. Les études comparatives sur Wikipédia montrent que l'encyclopédie en ligne est populaire, mais inexacte.   J _____   F _____   NM _____

5. Wikipédia mène une guerre sans merci contre les «trolls», mais ils sont trop nombreux.   J _____   F _____   NM _____

6. L'étude menée par le journal allemand *Stern* montre que Wikipédia est plus juste dans 86% des cas.   J _____   F _____   NM _____

7. Il n'existe pas de mécanisme pour dénoncer les «trolls».   J _____   F _____   NM _____

8. Florence Devouard a annoncé que bientôt, les articles de Wikipédia ne seront plus modifiables.   J _____   F _____   NM _____

Qu'en pensez-vous?

1. Utilisez-vous souvent Wikipédia? Pourquoi, ou pourquoi pas? Quels en sont les avantages et les inconvénients selon vous?

2. En parlant de Wikipédia, l'auteur de cet éditorial dit qu'il s'agit d'une «utopie raisonnée». Quel sens attribuez-vous à cette expression? Êtes-vous d'accord avec l'auteur? Expliquez votre opinion.

3. Aimeriez-vous devenir un «wikipompier» et vous porter volontaire pour patrouiller les pages de Wikipédia? Pourquoi (pas)? L'avez-vous déjà fait?

4. Selon vous, qu'est-ce qu'une «nouvelle écologie de la connaissance»? Pensez-vous que Wikipédia en soit une?

5. Que veut dire le phénomène du «copier-coller» parmi les élèves et les étudiants? En quoi ce phénomène est-il répréhensible?

LIENS INTERDISCIPLINAIRES

LITTÉRATURE: *ACIDE SULFURIQUE*

Les technologies de surveillance mettent les sociétés occidentales avancées qui les utilisent de plus en plus mal à l'aise° à cause de certaines utilisations sinistres qui en sont faites maintenant, alors qu'on ne les remettait pas vraiment en question auparavant (pensez par exemple à la série des films Terminator.) Certains critiques français voient le phénomène de la télé-réalité comme une progression vers un État totalitaire dans la mesure où° on accepte les caméras de surveillance comme faisant partie de la vie de tous les jours. Ce qu'elles font en réalité, c'est effacer la distinction entre la sphère publique et la sphère privée des individus, comme c'était le cas sous Hitler ou Staline. À cette époque, la vie privée et la liberté étaient menacées par un système où les gens se dénonçaient les uns les autres afin d'assurer leur propre survie.

Dans son roman futuriste Acide sulfurique, *Amélie Nothomb imagine une émission de télé-réalité développée pour retenir l'attention d'un grand public qu'on ne pensait plus capable d'être dégoûté ou choqué: il s'agit d'une émission appelée «Concentration», où des gens sont kidnappés et placés dans un camp de concentration du type qu'on a vu pendant la Seconde Guerre mondiale. Là, une fois leur matricule tatoué sur leur peau°, ils sont maltraités par les kapos° volontaires, et certains d'entre eux sont exécutés. Dans cet extrait du roman, les prisonniers se demandent qui sont les plus responsables de leur sort°: les kapos, les organisateurs de l'émission, les personnalités politiques ou les téléspectateurs qui approuvent tacitement l'émission parce qu'ils décident de la regarder.*

— Selon vous, demanda EPJ 327, qui sont les plus coupables°?

— Les kapos, répondit l'homme.

— Non: les organisateurs, intervint quelqu'un qui [d'habitude] ne parlait jamais.

— Les hommes politiques qui n'interdisent° pas une telle monstruosité, dit MDA 802.

— Et vous, Pannonique, qu'en pensez-vous? interrogea EPJ 327. [...]

— Je pense que les plus coupables sont les spectateurs, répondit-elle.

— N'êtes-vous pas un peu injuste? demanda l'homme. Les gens rentrent de leur journée de travail, ils sont épuisés°, mornes°, vides°.

— Il y a d'autres chaînes°, dit Pannonique.

— Vous savez bien que le programme télévisé est souvent l'unique conversation des gens. C'est pour ça que tout le monde regarde les mêmes choses: pour ne pas être largué° et avoir quelque chose à partager°.

— Eh bien, qu'ils regardent tous autre chose, dit la jeune fille.

— C'est ce qu'il faudrait, bien sûr.

— Vous en parlez comme d'un idéal utopique, reprit Pannonique. Il ne s'agit que de changer de chaîne de télévision, ce n'est quand même pas très difficile.

— Je ne suis pas d'accord, déclara MDA 802. Le public a tort, c'est sûr. De là à dire que° c'est lui le plus coupable! Sa nullité° est passive. Les organisateurs et les politiques sont mille fois plus criminels.

Glossary (left margin):

more and more ill at ease

in so far as

once their identification number is tattooed on their skin / prison guards / fate

guilty

forbid

exhausted / dreary / empty / TV stations

lost (in the conversation) / to share

It's quite a leap from there to saying that... / worthlessness

LIENS INTERDISCIPLINAIRES (Suite)

evil-doing

sharks
brings in (money)

to monitor

— Leur scélératesse° est autorisée et donc créée par les spectateurs, dit Pannonique. Les politiques sont l'émanation du public. Quant aux organisateurs, ce sont des requins° qui se contentent de se glisser [...] là où il existe un marché qui leur rapporte°. Les spectateurs sont coupables de former un marché qui leur rapporte.

— Ne pensez-vous pas que ce sont les organisateurs qui créent le marché, comme un publicitaire crée un besoin?

— Non. L'ultime responsabilité revient à celui qui accepte de voir un spectacle aussi facile à refuser.

— Et les enfants? dit la femme. Ils rentrent de l'école avant les parents [...]. On ne peut pas contrôler° ce qu'ils regardent à la télévision.

— Vous voyez comme vous êtes, déclara Pannonique, à trouver [...] mille excuses et mille circonstances atténuantes là où il faut être simple et ferme. Pendant la dernière guerre, ceux qui avaient choisi la résistance savaient que ce serait difficile [...]. Et pourtant ils n'ont pas hésité [...]: ils ont résisté pour cette unique raison qu'il n'y avait pas moyen de faire autrement. [Et] leurs enfants les ont imités. Il ne faut pas prendre les enfants pour des idiots.

———

Source: Amélie Nothomb, *Acide sulfurique*, pp. 117-120

DISCUSSION

1. Quels sont les quatre groupes de gens qui sont accusés pendant cette conversation? Trouvez dans le texte tous les arguments donnés pour blâmer chaque groupe. Si les raisons ne sont pas données explicitement, essayez de les imaginer. Quelle est votre opinion personnelle sur cette question?

2. Quelles réponses Pannonique donne-t-elle aux efforts de ses compagnons à défendre le public?

3. À votre avis, pourquoi est-ce que les autres prisonniers ne veulent pas blâmer le public?

4. Comment la Seconde Guerre mondiale semble-t-elle avoir influencé la façon de penser des Français?

5. Pouvez-vous penser à d'autres situations où le public peut être considéré comme «complice» dans une situation ou une politique malsaine ou injuste? Qu'est-ce qu'on peut ou doit faire pour ne pas être complice?

Réplique et synthèses

A **Analysez l'impact d'une technologie.** Vous parlez avec un(e) ami(e) de l'impact d'une technologie de votre choix:

- les caméras de surveillance;

- l'informatique et l'utilisation d'informations personnelles par les compagnies d'assurance;

- les technologies de clonage

- les technologies de reproduction (la conception in vitro, différentes utilisations de la génétique et des tests prénataux, la possibilité de garder en vie des bébés très prématurés, etc.);

- les émissions de télévision comme *Judge Judy* où la situation personnelle des gens est exposée et jugée publiquement;

- la pharmacologie: les antidépresseurs, le Ritalin chez les enfants, les antibiotiques, etc.;

- les organismes génétiquement modifiés (OGM);

- l'énergie nucléaire;

Expliquez à cet(te) ami(e) (votre partenaire) vos arguments contre le développement de ces technologies. Votre partenaire, à son tour, essaiera de vous présenter des arguments *en faveur* de cette technologie.

B **Questions philosophiques**

1. Dans quelle mesure l'avancée technologique est-elle inévitable?

2. Comme dans *Acide sulfurique*, *Le Prix du danger*, un film d'Yves Boisset (1983), présente une société futuriste où des concurrents se battent jusqu'à la mort pour gagner des prix, et leurs efforts sont retransmis en direct *(live)* à la télévision. Qu'est-ce que ces romans et ces films essayent de nous faire comprendre sur la nature humaine?

3. Il arrive que certaines personnes soient exposées à l'œil public contre leur volonté *(against their will)* — les hommes et les femmes politiques et les stars du cinéma, par exemple. Ceux qui publient des photos «indiscrètes» ou qui révèlent des détails intimes de la vie privée de ces gens disent que le public a «le droit de savoir». Est-ce que vous partagez cette opinion? Qu'est-ce que le public a le «droit» de savoir?

4. Pourquoi est-ce que les gens «publient» des blogs sur Internet? Est-ce qu'on devrait réglementer la publication des blogs? Quels sont les dangers de rendre sa vie privée trop publique?

5. Que pensez-vous de la censure d'Internet dans certains pays dirigistes? Le gouvernement devrait-il intervenir et contrôler la production de films pornographiques, par exemple?

6. Est-ce que les téléphones portables et les sites de blogs peuvent aider les gens à exprimer la vérité et la réalité de ce qui se passe sous certains régimes oppressifs? Par exemple, pensez-vous que ces technologies peuvent aider à alerter l'opinion publique internationale sur les génocides qui ont lieu dans certains pays, et par conséquent, enrayer *(bring to a stop)* certaines atrocités?

7. Faites-vous partie d'un réseau social comme Twitter? Quels avantages et inconvénients voyez vous à utiliser un tel réseau?

C **Un débat**

   «L'État [the government] et la société en général ont le droit de s'impliquer dans la vie privée des citoyens et / ou d'en faire savoir les détails privés aux autres.» Votre professeur va vous dire si vous allez être pour ou contre cette affirmation. Préparez votre argument pour justifier votre point de vue, en donnant des exemples pour soutenir votre thèse. Comme il faut le faire dans un essai "hégélien", tenez compte du point de vue opposé. A-t-il du mérite? En préparant votre argument, considérez les cas suivants:

1. Les vérifications du casier judiciaire *(background checks)* d'un individu pour obtenir un permis de port d'arme *(gun permit)*.

2. Le fait d'avertir les parents quand une mineure demande un avortement.

3. La publication des listes de délinquants sexuels en cas de viol *(rape)*, de violence domestique ou d'acte sexuel avec un mineur.

4. Le fait de divulguer les notes des étudiants à leurs parents.

5. Le fait de donner à la police le droit d'arrêter n'importe qui sans raison légale.

6. Le fait de mettre un téléphone sous écoute *(wire tapping)*.

7. L'accumulation d'informations par les magasins sur nos habitudes d'achat, nos préférences en matière de location de vidéo, notre cote de crédit *(credit rating)*, etc.

8. Les contrôles de sécurité dans les aéroports?

   Maintenant, présentez votre débat à la classe. Vos camarades de classe qui vous écoutent vont être le jury.

D **Exposés.** Faites des recherches (sur Internet, ou ailleurs) sur la politique actuelle des États-Unis sur un des sujets cités dans l'exercice précédent. Préparez une explication que vous pourriez donner à un(e) étranger (-ère). Ensuite, faites des recherches sur le même sujet dans un pays francophone (la France, le Canada, le Sénégal, etc.) Expliquez les résultats de vos recherches à la classe.

E **Ouvertures créatives**

Préparez un sketch dans lequel vous imitez une émission de télévision comme le *Jerry Springer Show*. Pendant l'émission, les invités révèlent les détails les plus intimes de leur vie privée, et se disputent, s'expliquent, se plaignent, se font des reproches (et même se réconcilient?) en direct devant les téléspectateurs et le public du studio. Les spectateurs du studio (c'est-à-dire vos camarades de classe) réagissent, sifflent ou applaudissent, posent des questions au micro du studio, expriment des opinions, etc.

Liens communautaires

Une interview sur les dangers de la technologie. Dans cette activité, vous allez chercher des sites Internet, et plus précisément des «chatrooms», où vous pourrez interviewer un(e) Francophone sur ses idées sur les dangers de la technologie. Ensuite, vous allez imprimer votre entretien et le comparer à l'entretien d'autres camarades de classe.

A **Instructions.** Essayez d'obtenir de votre «correspondant(e)» les informations suivantes:

1. Votre correspondant(e) est-il/elle confiant(e) vis-à-vis de *(feel confident toward)* la technologie en général?

2. Pense-t-il/elle que la technologie est plutôt positive pour l'homme, ou plutôt négative? Pourquoi?

3. Quelle nouvelle technologie lui donne le plus confiance en l'avenir? Peut-il/elle expliquer pourquoi?

4. Quelle nouvelle technologie lui fait le plus peur pour le développement de l'humanité? Pourquoi?

5. Votre correspondant(e) pense-t-il/elle que nous pouvons ralentir le développement de certaines technologies néfastes, comme le clonage? Si oui, comment? Si non, pourquoi pas?

B **Comparaisons.** Comparez votre entretien aux entretiens de deux camarades de classe. Y a-t-il des réponses semblables? Y a-t-il des réponses différentes? Lesquelles?

Rédaction guidée

Savoir choisir son sujet

Peer
Review

A   Sujet. La technologie: liberté ou asservissement?

B   Orientation. Il n'est pas rare que les sujets de composition proposent des choix mutuellement exclusifs, comme c'est le cas du sujet que vous avez devant vous. Les meilleures compositions développent également et objectivement la thèse et l'antithèse, il n'est donc pas suffisant que vous développiez une position unique au détriment de l'autre, ou que vous ayez une partie plus grande et développée que l'autre.

Avant de choisir votre sujet de façon sûre, il faut ébaucher *(draft)* quelques idées centrales, trouver des sources et des exemples intéressants et penser aux arguments de l'antithèse que vous allez retenir. Si vous avez plus d'idées pour la thèse que pour l'antithèse (ou le contraire), il est peut-être préférable de choisir un autre sujet qui sera plus équilibré *(balanced)*.

C   Avant d'écrire. Dans ce chapitre, nous allons nous concentrer sur trois idées principales et fortes qui vont structurer la base de votre thèse *et* de votre antithèse.

Admettons que nous avons décidé de limiter le sujet de la technologie présenté plus haut à une technologie particulière: le clonage. Pour commencer, finissez la phrase suivante avec les trois arguments qui vous semblent les plus importants:

Nous devons dire «oui» au clonage humain parce que…

1. Les avancées médicales qu'il rendra possibles pourront mettre fin à certaines maladies graves, comme le cancer, le SIDA, etc.

2. Nous ne pouvons pas accumuler du retard sur une technologie dont le développement est inévitable.

3. Si les États-Unis et les autres pays développés ne prennent pas l'initiative de cette technologie, elle sera développée ailleurs dans le monde dans des conditions moins morales.

Nous avons maintenant le «squelette» de votre thèse. Passons maintenant à l'antithèse:

Nous devons dire «non» au clonage humain parce que…

1. Les applications de cette technologie sont potentiellement terrifiantes. Exemple: le film américain *The Island* (2005) montre de façon dramatique les risques que nous courons à la développer: nous risquons de créer une sous-catégorie d'esclaves humains dont on peut récolter les organes pour la personne originale, si elle en a besoin.

2. Il faut penser aux conséquences du clonage s'il se développe: Ne courons-nous pas un risque accru de surpopulation et de manque de ressources suffisantes?

3. Moralement, il y a des extrêmes où l'Homme ne devrait pas accéder. Le serment des médecins *(Hippocratic oath)* entend guérir *(cure)* les maladies guérissables, pas de créer ni de prolonger la vie.

   À vous! Choisissez un thème que vous allez utiliser pour illustrer les avantages et les dangers de la technologie. Avec l'autorisation de votre professeur, vous pouvez en recycler un dont vous avez déjà parlé en classe. Les questions que vous devez vous poser, après avoir effectué quelques recherches initiales sont les suivantes:

1. Le sujet/thème de mon devoir est-il intéressant, pour moi et pour un(e) lecteur (-trice) potentiel(le)? Est-il peut-être trop banal, trop cliché?

2. Est-ce que mes recherches m'ont permis de découvrir des aspects surprenants de la question que je vais poser?

3. Est-ce que je peux trouver assez d'arguments à la fois en faveur et contre mon sujet pour écrire deux parties de mon ébauche de plan *(rough outline)* qui seront équilibrées?

   Si vous pouvez répondre «oui» à ces trois questions, il est temps de vous mettre au travail!

3 La parité entre les sexes

© Philippe Lavieille / Maxppp / Landov

Objectifs communicatifs

COMMUNICATION
- **Point** La parité, fait presque accompli
- **Contre-point** La parité, fait à accomplir

LIENS GRAMMATICAUX
- Les adjectifs
- Les adverbes
- Le comparatif et le superlatif

LIENS SOCIOCULTURELS
- Dates importantes dans l'histoire de la femme en France

LIENS COMMUNAUTAIRES
- Une manif

LIENS INTERDISCIPLINAIRES
- Extrait du *Deuxième Sexe*, Simone de Beauvoir

*C*ontroverse: Au cours du XXᵉ siècle, la parité *(equal treatment)* entre les hommes et les femmes a beaucoup évolué, autant au niveau personnel que professionnel. Certaines femmes pensent que l'égalité entre les hommes et les femmes est un fait *presque* accompli. Selon elles, les femmes sont sur le point de se débarrasser des stéréotypes qu'on leur imposait et auxquels elles s'identifiaient, et de redéfinir l'accord paritaire entre les sexes. D'autres sont moins optimistes et signalent que les femmes sont toujours en retard sur les hommes dans plusieurs domaines, notamment ceux de la politique, de l'économie et de la science. À vous de faire la synthèse des arguments présentés et de décider si la parité existe vraiment.

Premières pensées

Les mots pour le dire

noms

apparence physique (f)	*physical appearance*
blague (f)	*joke*
égalité (f)	*equality*
parité (f)	*equal treatment*
préjugé (m)	*bias, prejudice*
progrès (m)	*progress*
stéréotype (m)	*stereotype*

verbes

(s') améliorer	*to improve (itself, oneself)*
contredire	*to contradict*
critiquer	*to criticize*
définir	*to define*
évoluer	*to evolve*
renforcer	*to reinforce*
se débarrasser de	*to get rid of*
se moquer de	*to make fun of*
supprimer	*to put an end to, suppress, eliminate*

adjectifs

agressif (agressive)	*aggressive*
amusant(e) / drôle	*funny / amusing*
bavard(e)	*talkative*
concerné(e) par	*concerned with*
égal(e), égaux (-ales)	*equal*
étourdi(e)	*not paying attention, absent-minded*
faible	*weak*
féminin(e)	*feminine*
féministe	*feminist*
fort(e)	*strong*
incapable (de + infinitif)	*incapable (of doing)*
inférieur(e)	*inferior*
(in)sensible	*(in)sensitive*
masculin(e)	*masculine*
offensif (offensive)	*offensive*
sexiste	*sexist*
soumis(e)	*submissive, compliant*
sportif (sportive)	*athletic*
superficiel(le)	*superficial*
supérieur(e)	*superior*

expressions

c'est dépassé	*it's outdated*
faire prendre conscience (de)	*to make aware (of)*

QUESTIONS

1. Quelles sont les images stéréotypées qu'on se fait des hommes et des femmes aujourd'hui? Faites une liste des caractéristiques qui sont attribuées à chaque sexe. Connaissez-vous des magazines, des films ou des publicités dans lesquels on trouve des stéréotypes masculins ou féminins? Donnez des exemples.

2. Lisez les blagues suivantes, puis répondez aux questions.

i. La femme est, selon la Bible, la dernière chose que Dieu a faite. Il a dû la faire le samedi soir. On sent la fatigue. (Alexandre Dumas fils, XIXe siècle)

ii. Comment sait-on que la bière contient des hormones féminines? Parce que quand un homme en boit trop, il parle trop, et il ne peut pas conduire une voiture!

iii. Les deux vrais principes élémentaires: (1) Les hommes sont plus intelligents que les femmes. (2) La terre est plate comme une crêpe.

iv. Si un homme ouvre la portière de sa voiture à sa femme, on peut être sûr d'une chose: Ou bien c'est la voiture qui est neuve ou bien c'est la femme.

a. Reprenez les blagues précédentes et dites pour chacune: (1) De qui se moque-t-on, des hommes ou des femmes? (2) À quel stéréotype fait-on allusion? (Exemple: Les femmes blondes sont toujours stupides; les hommes refusent de parler de leurs émotions.)

b. Pensez-vous que ce genre de commentaire soit apprécié aujourd'hui? Si oui, par qui et dans quelles circonstances? Si non, pourquoi pas? Aimez-vous personnellement ce genre d'humour? Pourquoi ou pourquoi pas?

c. Est-ce que ce genre d'humour présente un obstacle aux progrès de la parité? Est-ce que l'humour qui se moque des deux sexes peut aussi avoir des effets bénéfiques? Si oui, lesquels?

Point

La parité, fait presque accompli

Les mots pour le dire

noms

avantage (m)	*advantage*
cadre (supérieur) (m)	*(senior) executive, manager*
diplôme (m)	*diploma, degree*
époux (-se)	*spouse*
études (f pl)	*studies (education)*
identité (f)	*identity*
milieu (m)	*environment*
pouvoir (m)	*power*
poste (m)	*job*
promotion (f)	*promotion*
réussir	*to succeed*
salaire (m)	*salary*
tâche (f)	*task*
taux (m)	*rate*
travail (m)	*work*
victoire (f)	*victory*

verbes

atteindre	*to achieve, attain*
bénéficier (de)	*to benefit (from)*
céder	*to give in*
gagner	*to earn; to win*
revendiquer	*to demand*
partager	*to share*
s'adapter à + nom	*to adapt (to)*
s'efforcer de + infinitif	*to strive (to)*
s'occuper de + nom	*to take care of*

adjectifs

bas(se)	*low*
défavorisé(e)	*disadvantaged*
élevé(e)	*high*
paritaire	*equal, egalitarian*
privilégié(e)	*privileged*
responsable	*responsible*

expressions

au niveau de	*as far as X is concerned ; at the level of X*
avoir le droit de + infin.	*to have the right to do*
élever des enfants	*to raise children*

être conscient(e) de	*to be aware of*
fait accompli (m)	*done deal*
par rapport à	*compared to*
remettre en question	*to question*

Étude de vocabulaire

A **Synonymes.** Reliez chaque mot de la liste **A** à celui de la liste **B** qui a à peu près le même sens.

A

1. préjugé *f*
2. s'efforcer de *c* *strive*
3. élevé *raise*
4. atteindre *achieve, attain*
5. au niveau de *g*
6. gagner *earn*
7. partager *d*

B

a. arriver à
b. haut
c. essayer de
d. distribuer
e. idée préconçue
f. diviser équitablement
g. en ce qui concerne
h. remettre en question *question*
i. acquérir
j. cadre supérieur

B **Un manifeste.** Pour son cours de français, Claudine doit écrire un manifeste sur un sujet de son choix. Elle a décidé d'écrire sur la condition féminine. Complétez le texte avec les mots de la liste suivante qui conviennent et faites les changements nécessaires. Attention! Il faut utiliser un mot deux fois.

travail	gagner	fait accompli
le salaire	paritaire	revendiquer

Depuis le début du XXe siècle, les femmes _revendiquent_ leur juste place dans la société afin de _gagner_ non seulement la parité politique, grâce au droit de vote, mais aussi la parité économique. Cependant, il demeure toujours vrai que le _salaire_ des femmes est plus faible que celui des hommes: On estime encore que pour le même _travail_, le salaire des femmes est inférieur d'un tiers à celui des hommes. Cette situation est tout à fait inacceptable! Pour que la parité soit _fait accompli_ et pour que le contrat _paritaire_ ne soit pas un doux rêve, il faut que les femmes _gagnent_ autant d'argent que les hommes! Femmes de tous les pays, unissez-vous!

🔊
Track 8A

De quoi parle-t-on?

À table. Paul et Virginie parlent de la parité pendant le déjeuner. Écoutez leur conversation et dites si les affirmations suivantes sont **justes** ou **fausses**. Si elles sont fausses, corrigez-les.

1. Paul pense que la parité existe en France.   J _____   F _____

2. Virginie pense que la parité dans la vie professionnelle
est réelle.   J _____   F _____

3. Selon Paul, les choses ont changé depuis le début
du XXᵉ siècle.   J _____   F _____

4. Virginie pense que Paul est pessimiste.   J _____   F _____

© bikeriderlondon / Shutterstock.com

📕 Liens grammaticaux

LES ADJECTIFS ET LES ADVERBES

Deux fonctions majeures du langage sont (1) de décrire les qualités des choses et des personnes en utilisant des adjectifs et (2) de nuancer les verbes en utilisant des adverbes.

Consultez le chapitre 3 du *Cahier d'activités* pour réviser l'usage des adjectifs et des adverbes et faites les exercices suivants.

1. Les adjectifs.

La plupart des adjectifs de la liste ci-dessous sont soit à la forme masculine, soit à la forme féminine. Écrivez à côté de chaque adjectif sa forme au genre opposé.

1.	ancien	*ancienne*	13.	épouvantable	– –
2.	antipathique	antipathic	14.	féminin	feminine
3.	audacieux	audacieuse	15.	féministe	féministe
4.	belles	beaux	16.	fragile	– –
5.	caduc	caduque	17.	irresponsable	– –
6.	calculatrice	calculateur	18.	menteuse	menteux
7.	certaine	certain	19.	nouvelle	nouveau
8.	consciente	conscient	20.	optimiste	optimist
9.	dernier	dernierère	21.	petit	petite
10.	domestique	domestic	22.	protégées	
11.	élitiste	– –	23.	pure	– –
12.	émotive	émotif	24.	radical	radicale

2. Les adverbes.

Les phrases citées ci-dessous sont tirées de la lecture. Elles contiennent toutes des adverbes. Dans chaque cas, indiquez s'il s'agit d'un adverbe de manière, de temps, de lieu, de quantité ou d'intensité.

Phrases	Catégorie d'adverbe
1. *Aujourd'hui,* les femmes sont conscientes de leur capacité.	*adverbe de temps*
2. Les femmes peuvent *facilement* accéder à des postes de direction.	
3. Les femmes ont *complètement* changé.	
4. Je ne me reconnais pas *du tout* dans le féminisme radical.	
5. On pensait que les femmes étaient irresponsables *politiquement.*	
6. C'est une attitude qui m'est *particulièrement* antipathique.	
7. L'importance de la parité a été perçue par un *tout* petit cercle.	
8. *Elle* est un magazine féminin mais pas *vraiment* féministe.	
9. C'était un magazine *assez* audacieux…	
10. J'ai *toujours* pensé que la parité est un débat perpétuel.	

Lecture

Remue-méninges

Reliez les synonymes entre la liste **A** et la liste **B**.

A	**B**
1. antipathique	a. vue
2. bénéficié	b. profité
3. caduc	c. commencé
4. démarré	d. désagréable
5. introjecté	e. image
6. manière	f. prix à payer
7. perçue	g. internalisé
8. représentation	h. poste
9. situation	i. obsolète
10. tribut	j. façon

POUR UN NOUVEAU CONTRAT ENTRE LES FEMMES ET LES HOMMES

Dans l'entretien qui suit, un journaliste, Jacques Pécheur, a posé des questions à Françoise Giroud, rédactrice du magazine Elle *(1946–1953), co-fondatrice de* L'Express, *secrétaire d'État à la Condition féminine (1974–1976) et ministre de la Culture jusqu'en 1977, qui venait de publier en 1999 un livre intitulé* Les Françaises.

J.P.: 1946: parution° de *Elle*. 1949: parution du *Deuxième Sexe*.[1] 1999: parution de votre dernier livre, *Les Françaises*, cinquante ans après. C'est une coïncidence ou une manière de prendre date°?

F.G.: Une pure coïncidence. Mais vous savez, quand il y a cinquante ans est paru *Le Deuxième Sexe*, il n'a pas eu l'audience qu'il devait rencontrer° plus tard. Son importance n'a été perçue que par un tout petit cercle. Quant à *Elle*, c'était un magazine féminin assez audacieux dans son esprit mais pas vraiment féministe.

J.P.: Vous avez toujours pris position et agi quant au sort qui est fait aux femmes°, mais vous récusez° le terme de féministe…

F.G.: Il n'y a, hélas°, qu'un mot pour désigner le fait qu'on s'occupe du° sort et de la condition des femmes… Alors oui, dans ce sens, je suis féministe, mais je ne me reconnais pas du tout dans le féminisme radical. Moi, j'ai toujours pensé aux femmes en général. Et je n'aime pas une certaine attitude des femmes qui ont réussi et qui demandent aux autres de les imiter. Or°, la plupart de ces femmes ont reçu l'éducation qu'il fallait°, bénéficié° des relations de leur milieu et ont démarré° très protégées°. Cette attitude élitiste m'est particulièrement antipathique°.

---

[1] livre de Simone de Beauvoir sur la condition de la femme

Glossary (margin notes):

publication

to mark the date

was to have, would have (at a later time)

imposed on women / refuse

(malheureusement) alas, unfortunately / *ici,* concerns oneself with

In fact / (that was) necessary (in order for them to succeed) benefitted / started out / protected distasteful

internalized
fainting

J.P.: Comment caractériseriez-vous la représentation que les femmes se font aujourd'hui d'elles-mêmes?

F.G.: Elles ont complètement changé: Les femmes ont payé un tribut épouvantable à la société au XIXe siècle. [...] C'est au XIXe siècle que les femmes ont complètement introjecté° une image d'elles-mêmes qu'on leur a donnée ou imposée: fragile, émotive, au bord de l'évanouissement°, irresponsable politiquement, menteuse, calculatrice… Aujourd'hui, l'image de cette «pseudo-féminité» a complètement disparu. Aujourd'hui, les femmes sont conscientes de leur capacité, de leur valeur; elles pensent qu'elles vont pouvoir les développer, qu'elles ont [le] droit d'avoir des ambitions et en ce qui les concerne°, elles sont optimistes sur l'avenir. Les femmes peuvent aujourd'hui avoir de belles situations, elles peuvent être aidées dans les problèmes domestiques et avoir des enfants en continuant à travailler.

(ici) when they consider their own situation

binds, ties

J.P.: Au moment où l'on parle d'inscrire la parité homme[s]-femme[s] dans la loi, comment définiriez-vous le contrat qui lie° aujourd'hui les femmes et les hommes?

F.G.: Il n'y a pas de contrat, c'est là le problème! Le contrat très ancien qui liait les hommes et les femmes est aujourd'hui caduc. Le moment est venu d'en formuler un autre; c'est ce à quoi l'on s'efforce° aujourd'hui. Les femmes et les hommes ont d'ailleurs très bien compris que les choses ont complètement changé et qu'il faut trouver une nouvelle manière d'être ensemble, et ils n'y arrivent pas si mal°.

to try very hard to

they are not doing too badly

Avez-vous compris?

Juste ou faux, d'après le texte? Si la phrase est fausse, corrigez-la.

1. Françoise Giroud est radicalement féministe.   J _____   F __✓__

2. Mme Giroud a écrit *Les Françaises* pour commémorer l'ouvrage de Simone de Beauvoir, *Le Deuxième Sexe*, publié cinquante ans auparavant.   J _____   F __✓__

3. *Le Deuxième Sexe* de Simone de Beauvoir a connu un grand succès dès sa parution en 1949.   J _____   F __✓__

4. *Elle* est un magazine féminin sans être très féministe.   J __✓__   F _____

5. L'image actuelle de la femme a retenu *(kept)* beaucoup de stéréotypes du XIXe siècle.   J _____   F __✓__

6. Aujourd'hui, les hommes et les femmes réussissent assez bien à trouver une nouvelle manière d'être ensemble.   J __✓__   F _____

Qu'en pensez-vous?

1. Comment est-ce que Françoise Giroud définit le mot « féministe » ? Vous considérez-vous féministe ? Donnez votre propre définition de ce terme.

2. Qui était Simone de Beauvoir ? Dans son ouvrage, *Le Deuxième Sexe,* de quoi s'agit-il *(what's it about)* ?

3. Quelle sorte de féminisme Mme Giroud critique-t-elle ? Elle dit que certaines femmes « démarr[ent] très privilégiées ». Donnez des exemples concrets de ce qu'elle veut dire. Comment est-ce que la vie d'une femme de classe aisée *(wealthy)* est différente de la vie d'une femme de la classe ouvrière *(working class)*, par exemple ?

4. Selon vous, les images stéréotypées dont Françoise Giroud a parlé existent-elles toujours aujourd'hui ? Sont-elles un obstacle au progrès de la parité ? Dans quels domaines faut-il faire encore des progrès pour atteindre la parité ?

LIENS SOCIOCULTURELS

DATES IMPORTANTES DANS L'HISTOIRE DE LA FEMME EN FRANCE ET AUX USA

1791 Olympe de Gouges publie un ouvrage déclarant les « Droits de la femme et de la citoyenne. »

1792 Première loi française autorisant le divorce.

1793 Interdiction des clubs féminins.

1832 Création de *La Femme libre*, journal écrit uniquement par des femmes

1851 Angélique-Marie Duchemin, 79 ans, ancien soldat de la République, est la première femme à recevoir la Légion d'honneur.

1869 Le Wyoming est le premier état américain à donner le droit de vote aux femmes.

1880 Hubertine Auclert lance le journal *La Citoyenne*.

1880 Avant cette date l'instruction des filles était dispensée par les écoles privées ou religieuses.

1884 Supprimé en 1816 pour incompatibilité avec le catholicisme, le divorce est à nouveau en vigueur. À partir de 1884, il est possible de se séparer, mais uniquement si on peut faire preuve de fautes, telles que l'adultère.

1900 La loi autorise les femmes à exercer la profession d'avocat.

1920 Les Américaines obtiennent le droit de vote.

1920 Loi contre l'avortement *(abortion)* en France. La contraception est également-interdite.

1942	L'avortement est déclaré « Crime contre l'État » punissable de la peine de mort. Ce sera le cas de Marie-Louise Giraud, guillotinée en 1943.
1944	Les Françaises obtiennent le droit de vote.
1949	Simone de Beauvoir publie *Le Deuxième Sexe* qui stipule que l'émancipation de la femme est possible uniquement par l'acquisition de son indépendance. D'après elle, « on ne naît pas femme, on le devient ».
1960	La Food and Drug Administration (FDA) autorise la commercialisation de la pilule contraceptive aux États-Unis.
1965	La loi permet à la femme française de travailler sans l'accord de son mari.
1966	Écrivain et féministe américaine, Betty Friedan met en place la National Organization for Women, connue sous l'acronyme NOW.
1970	Création du Mouvement de libération de la femme (MLF) en France.
1972	La rémunération égale entre hommes et femmes en France est exigée par la loi.
1974	Françoise Giroud devient secrétaire d'État à la Condition féminine.
1975	La loi Veil autorise l'avortement.
1975	Le divorce par consentement mutuel est autorisé.
1977	La Journée internationale de la femme (le 8 mars) est reconnue par les Nations unies (l'ONU).
1980	Marguerite Yourcenar, écrivain, est la première femme élue à l'Académie française.
1991	Édith Cresson est la première femme nommée premier ministre.
2000	La loi française affirme la parité politique.

Source: L'Internaute, Dossier histoire du féminisme

DISCUSSION

1. Quelle date, parmi les dates que vous venez de lire, vous a le plus surpris(e)? Et pourquoi?

2. Comment caractériseriez-vous l'histoire de la femme en France par rapport à l'histoire de la femme aux États-Unis? Justifiez votre réponse. Si vous constatez une différence, qu'est-ce qui pourrait l'expliquer?

3. Qu'est-ce qu'il faut faire, selon vous, pour assurer l'égalité des salaires entre hommes et femmes dans le secteur privé?

4. La loi de 2000 sur la parité en France exige qu'il y ait autant de candidates que de candidats aux élections politiques. Êtes-vous d'accord avec cette loi? Expliquez votre position.

5. Dans l'interview que vous venez de lire dans la section *Point*, Françoise Giroud, montre beaucoup d'optimisme à l'égard de la parité. Est-ce qu'elle avait des raisons valables pour être optimiste? Y a-t-il des dates ou des évènements dans la chronologie que vous venez de voir qui puissent expliquer son optimisme?

Ségolène Royal: candidate socialiste aux élections présidentielles de 2007

Contre-point
La parité, fait à accomplir

Les mots pour le dire

noms

carrière (f)	*career*
charge (f)	*responsibility*
chiffre (m)	*figure, number*
éducation (f)	*upbringing*
entreprise (f)	*enterprise, company, business*
entretien (m)	(ici) *upkeep* (aussi: *interview*)
étape (f)	*stage (in a process)*
fonctionnaire (m, f)	*civil servant*
horaire (m)	*schedule*
partage (m)	*division, sharing*
revenu (m)	*income*
syndicat (m)	*labor union*

verbes

accéder	*to gain access*
accompagner (les enfants à l'école, chez le médecin, chez le dentiste)	*to accompany*
aider (les enfants avec les devoirs)	*to help*
appuyer	*to support, press, push*
bouleverser	*to upset*
concilier	*to juggle; to accommodate*
demeurer	*to remain*
discipliner	*to discipline*
s'écrouler	*to collapse*
faire la lessive	*to do the laundry*
faire la vaisselle	*to do the dishes*
faire le ménage	*to do the housework*
faire les courses	*to go shopping*
former	*to train*
garder (les enfants)	*to look after, take care of*
nettoyer	*to clean*
passer l'aspirateur	*to vacuum*
pousser	*to push*
prendre en charge	*to take on*
préparer les repas	*to prepare the meals*
promouvoir	*to promote*
soigner les enfants	*to take care of the children*
soulager	*to relieve*
soutenir	*to support*

adjectifs et adverbes

actif/active	*active in the work force*
actuel(le)	*current, present*
adapté(e) à	*suited for, appropriate for*
biactif	*both members of the couple are working*
davantage	*more*
désormais	*from now on*
inédit(e)	*new, unprecedented*
efficace	*efficient*
fiscal(e)	*fiscal, relating to taxation*
flexible	*flexible*
imprévu(e)	*unexpected*
navrant(e)	*distressing*
nombreux	*numerous*
provisoire	*temporary*
rigide	*rigid*
stressant(e); stressé(e)	*stressful; stressed-out*
subalterne	*inferior, subordinate*

prépositions

dès	*as early as, as soon as*
malgré	*despite*

expressions

aller / partir en congé	*to go / leave on vacation*
congé maternité/paternité	*maternity/paternity leave*
congé parental	*parental leave*
exercer de la pression	*to exert pressure, lobby*
prendre des congés	*to take a vacation, take vacation days*

Étude de vocabulaire

1 **Synonymes.** Trouvez un synonyme pour chaque mot ou expression de la liste suivante:

bouleverser	efficace	chiffre	malgré	inédit
inférieur	salaire	temporaire	emploi du temps	nettoyer

1. numéro _____

2. agiter _____

3. subalterne _____

4. faire le ménage _____

5. provisoire _____

6. nouveau _____

7. bien que _____

8. revenu _____

9. efficient _____

10. horaire _____

2 **Définitions.** Lisez les phrases et choisissez entre la colonne **A** et la colonne **B** les synonymes des mots en caractères gras.

	A	B
1. Non seulement la **charge** de l'éducation des enfants mais aussi...	*la responsabilité*	*la possibilité*
2. La plupart des **tâches ménagères** sont souvent la responsabilité de la femme, même si elle travaille en dehors de la maison.	*les ustensiles ménagers*	*les travaux ménagers*
3. Les femmes ont besoin de **congés** payés, de préférence...	*positions*	*vacances*
4. Pour **soulager** le « double travail » à l'entreprise et à la maison	*diminuer*	*compenser*
5. Dernière **étape**, en France, plusieurs textes ont été adoptés...	*phase*	*victoire*
6. Pour **favoriser** la place des femmes dans la vie politique...	*revendiquer*	*avantager*
7. Et malgré ces réformes, les salaires des femmes ne sont pas encore très **avancés**.	*améliorés*	*payées*
8. Bien que proportionnellement **plus nombreuses** que les hommes...	*en plus grande quantité*	*plusieurs fois*
9. À **accéder** aux études supérieures,...	*participer*	*rêver*
10. Les femmes **demeurent** moins présentes dans des postes à responsabilités *(high-level jobs)*.	*travaillent*	*restent*

Track 8B

De quoi parle-t-on?

À table. Paul et Virginie continuent à se disputer au sujet de la parité. Écoutez leur conversation et choisissez la réponse qui vous semble la plus juste.

1. Virginie parle de parité ... .

    a. politique

    b. économique

2. La réaction de Paul à l'argument de Virginie est plutôt ... .

    a. positive et sympathisante

    b. négative et blasée

3. Virginie pense que les femmes doivent ... .

    a. maintenir l'égalité déjà acquise

    b. continuer à se battre

Liens grammaticaux

LE COMPARATIF ET LE SUPERLATIF

Dans ce chapitre nous examinons la condition de la femme à travers l'histoire. Il est naturel de comparer la situation de la femme à celle de l'homme. Pour cela, on utilise le comparatif et le superlatif. Consultez le chapitre 3 du *Cahier d'activités* pour réviser les structures du comparatif et du superlatif et faites les exercices suivants.

1 **Le comparatif et le superlatif.** Survolez le texte ci-dessous (page 94) et essayez de trouver des formes du comparatif et du superlatif.
Au paragraphe 1 il y en a trois:

1) *mieux que les hommes*, **2)** _____ **3)** _____

Au paragraphe 2 il y en a deux: **4)** _____ **5)** _____

Au paragraphe 3 il y en a deux: **6)** _____ **7)** _____

2 **Les hommes et les femmes: une comparaison.** Lisez les déclarations suivantes et complétez-les par des comparatifs ou des superlatifs (**plus**, **le plus**, **moins, le moins, autant** etc.), suivant le sens que vous voulez donner aux déclarations.

1. La parité désigne une égalité générale entre les hommes et les femmes; mais elle s'applique uniquement à la vie politique, elle prend un sens _____ restreint.

2. En règle générale, les femmes restent _____ minoritaires dans les gouvernements de l'Union européenne.

3. Ce sont souvent les pays nordiques qui se rapprochent _____ de la parité.

4. À la tête du classement des États membres de l'UE ayant _____ de femmes élues, la Suède a _____ de femmes représentées dans la vie politique (46% des membres du parlement suédois sont des femmes).

5. Les femmes sont encore _____ nombreuses que les hommes à faire partie du gouvernement français.

6. Malgré la loi sur la parité en politique de 2000, la présentation des candidats aux élections demeure _____ en faveur des hommes.

7. Les femmes sont _____ nombreuses que les hommes à accéder aux études supérieures.

8. L'Assemblée nationale impose aux partis de présenter _____ de femmes que d'hommes.

9. L'histoire politique et sociale depuis 1789 reflète un mouvement d'émancipation _____ progressif des femmes.

10. Les Français subissent _____ le chômage que les Françaises.

Lecture

Remue-méninges

Pourquoi les postes les plus importants dans la vie politique, dans les affaires et dans d'autres domaines sont-ils traditionnellement accordés aux hommes? Qu'est-ce qui, selon vous, explique la sous-représentation des femmes? Est-ce que c'est par choix que les femmes ne sont pas aussi nombreuses que les hommes en politique par exemple? Est-ce que les femmes essayent généralement d'obtenir des postes à responsabilités? S'agit-il des attitudes traditionnelles sur les rôles attendus des femmes? Que faut-il faire pour corriger la sous-représentation des femmes dans la vie politique et dans les affaires?

IL FAUT CHANGER LA SITUATION DE LA FEMME FACE À LA NOUVELLE RÉALITÉ

Selon les Nations unies, la situation des femmes continue à être inférieure à celle des hommes dans tous les pays du monde. Ce texte parle tout particulièrement de la situation en France.

Aujourd'hui, majoritairement, et avec une sûre évidence, les femmes travaillent. Les femmes font des études, comme les hommes, mieux que les hommes, et la grande majorité d'entre elles se présentent sur le marché du travail et continuent – même avec un ou plusieurs enfants – de travailler. Certes°, pas tout à fait autant que les hommes, mais au moins aussi efficacement que les hommes.[1] Certes, mais pas dans les conditions actuelles. Pas dans un système

bien sûr

---

[1] On dira que les femmes ont *toujours* travaillé.

où le lieu de travail est totalement distinct du lieu d'habitation, pas en étant totalement séparées de leurs enfants. Pas en conciliant tous les rôles à la fois.

La situation actuelle est inédite°: les femmes travaillent, … [et] elles veulent tout: du temps pour le travail, pour leurs enfants, pour leurs conjoints°, pour elles et, aujourd'hui, elles prennent en charge toutes ces tâches en même temps. Or, pour accompagner cette révolution silencieuse [, …] notre société ne s'est pas adaptée. Nos structures sociales et nos conceptions traditionnelles du partage des rôles sont restées les mêmes, nos mentalités ont peu évolué, nos institutions n'ont pas été révisées. Tout se passe… comme si nous nous trouvions aujourd'hui dans des structures sociales archaïques, dans un habit° trop petit pour nous, qui ne nous va décidément plus. Les pouvoirs publics nationaux et locaux ne se sont adaptés ni en matière fiscale, ni en matière de garde d'enfants, ni en matière de politique familiale. Les entreprises, quant à elles, n'ont aucunement évolué: certes, elles se sont modernisées pour s'adapter à la globalisation et à la nouvelle économie, mais pas à la transformation en profondeur de l'activité des hommes et des femmes. Elles n'ont revu ni leurs horaires de travail ni leur organisation du travail afin de les rendre plus compatibles avec cette situation moderne qu'est la biactivité des couples. Et il semble bien°, statistiquement du moins, que les hommes soient ceux qui se sont le moins adaptés à cette nouvelle situation: ils paraissent n'avoir en rien évolué. Quand leurs femmes ne travaillaient pas et prenaient en charge l'entretien de la maison et les enfants, les hommes étaient d'abord Monsieur-Gagne-pain°, *pater familias* responsable du revenu et des relations avec le monde extérieur. Leurs femmes travaillent aujourd'hui quasiment° autant qu'eux: ils ne se chargent pas pour autant davantage des tâches parentales ou domestiques.

[L]es femmes assument aujourd'hui tous les rôles. Elles en sont fières, mais cela n'est pas toujours très facile. Pourquoi devraient-elles être seules à avoir parcouru° tout le chemin? Elles ont voulu travailler, elles ont voulu choisir le moment de leur maternité, elles ont voulu faire des études, comme les hommes. Aujourd'hui, elles réussissent aussi bien que les garçons à l'école et à l'université, elles ont fait la preuve qu'elles étaient aussi «intelligentes», elles ont montré qu'elles pouvaient apporter toutes leurs compétences à l'entreprise. Mais, autour d'elles, le monde n'a pas changé, [et il faut qu'il change.] Désormais, nous pouvons en être sûres, les femmes travailleront comme les hommes et elles feront tout pour que leurs conditions de travail, leurs rémunérations, leurs responsabilités soient les mêmes que celles des hommes.

Face à cette nouvelle réalité, la société française n'a pas su très bien comment réagir durant les trente dernières années. Entre ceux qui étaient franchement contre [le travail des femmes] … et ceux qui n'en pensaient pas grand-chose, la société française n'a trouvé que des solutions provisoires aux problèmes que font naître les couples biactifs chargés d'enfants. … Une telle situation n'est plus possible. Il faut tout remettre à plat°, accompagner° ces évolutions, revoir l'ensemble de nos institutions sociales et de nos fonctionnements, revoir nos modes d'imposition, revoir l'organisation du travail,

Margin glosses:

unusual
époux

vêtement

It truly seems

breadwinner

almost

(ici) traveled

to start all over / *(ici)*
   to pay attention to,
   help along

measures
to get in synch with

retombent (sur)

to patch
balking
attacked on all fronts
at the same time

at the slightest blow,
these (old) models
will crumble

revoir enfin entièrement nos dispositifs° traditionnels pour nous mettre en phase° avec les évolutions sociales.

Pour aider les femmes dans cette évolution essentielle, il aurait fallu deux changements majeurs: déspécialiser les rôles – ou mettre en place les mesures qui y auraient aidé, c'est-à-dire reconnaître que, si les hommes et les femmes travaillent, alors, les tâches parentales, les activités de soins et les tâches ménagères incombent° également aux hommes et aux femmes; et revoir l'ensemble de nos institutions sociales. Nous ne l'avons pas fait. L'habit craque de partout. Il faut cesser de le rapiécer° et passer à une autre étape. D'autres pays européens l'ont fait très tôt, sans rechigner°, poussés par les mouvements féministes qui ont fait feu de tout bois° – investissant syndicats, partis politiques, associations – et [ont] modernisé du même coup° la société. Nous n'en sommes pas là en France. Nous vivons appuyés sur de vieilles croyances et de vieux modèles auxquels nos syndicats eux-mêmes n'osent pas toucher, comme si nous ne savions pas que, à la moindre chiquenaude, ces modèles s'écrouleront°.

———————

Source: Le temps des femmes: pour un nouveau partage des rôles
Dominique Méda, Champs actuel, Flammarion, Paris 2008 *(révision de l'édition 2001)*

Avez-vous compris?

Juste ou faux, d'après le texte? Si la phrase est fausse, corrigez-la.

1. Le travail d'une femme moderne est différent du travail qu'une femme faisait autrefois, parce que les femmes ont plus de diplômes et plus de postes à responsabilités aujourd'hui.   J _____   F _____

2. L'auteur compare les vieilles structures sociales françaises à un vêtement qui est trop large *(loose)* pour la France d'aujourd'hui.   J _____   F _____

3. L'inégalité la plus évidente entre les hommes et les femmes dans la société française est le salaire: les femmes ont des salaires inférieurs à ceux des hommes.   J _____   F _____

4. Les entreprises se sont mieux adaptées à la globalisation qu'à la présence croissante *(growing)* des femmes dans la vie active.   J _____   F _____

5. Les hommes participent équitablement aux soins et à l'éducation de leurs enfants, mais ils n'assument pas leur part des tâches ménagères.   J _____   F _____

6. Bien que la situation du couple biactif n'y soit pas parfaite, la France gère *(is handling)* la situation mieux que les autres pays européens.   J _____   F _____

Qu'en pensez-vous?

1. Pourquoi, à votre avis, est-ce qu'il y a plus de femmes qui travaillent actuellement qu'il n'y en avait il y a soixante-quinze ans? Comment la société a-t-elle évolué depuis 1944?

2. L'auteur dit que les femmes d'aujourd'hui doivent concilier tous les rôles. De quels rôles parle-t-elle? Pourquoi n'est-il pas bon que la femme assume toutes ces responsabilités?

3. Si une femme (ou un homme) cherche une personne ou une crèche pour garder ses enfants, quels sont les problèmes qu'elle ou il pourrait rencontrer?

4. Essayez d'imaginer quelles sortes de changements «en matière fiscale, … en matière de garde d'enfants,… en matière de politique familiale », ou en matière d'horaires de travail pourraient aider les familles monoparentales ou les couples biactifs à mieux concilier leurs différentes responsabilités?

5. À votre avis, pourquoi est-ce qu'il semble toujours vrai que les hommes ne font pas autant de tâches ménagères et ne s'occupent pas autant de leurs enfants que les femmes? Quelle est la situation dans votre propre famille concernant le partage de ces responsabilités?

6. Pensez-vous préférable que ce soit les femmes qui s'occupent des bébés et des jeunes enfants? Est-ce qu'un homme est moins capable de s'occuper d'eux?

7. Connaissez-vous des pays où le partage de ces responsabilités semble plus équitable? Qu'est-ce qui explique cette différence, à votre avis?

8. Pour vous, quelles seraient les conditions idéales pour un couple biactif?

LIENS INTERDISCIPLINAIRES

LE DEUXIÈME SEXE, EXTRAITS

Simone de Beauvoir

Plus de soixante ans après sa publication, l'ouvrage de Simone de Beauvoir (1908–1986), **Le Deuxième Sexe,** *paru en 1949, est devenu une référence principale du mouvement féministe. Dans ce livre Simone de Beauvoir analyse la condition de la femme et dénonce certains mythes qui la concernent. En voici quelques extraits.*

[La petite fille] n'accepte pas sans regret le destin qui lui est assigné; en grandissant, elle envie aux garçons leur virilité. Il arrive que parents et grands-parents cachent mal qu'ils eussent préféré un rejeton mâle à une femelle; ou bien ils marquent plus d'affection au frère qu'à la sœur: des enquêtes° ont montré que la majorité des parents souhaitent avoir des fils plutôt que des filles. On parle aux garçons avec plus de gravité, plus d'estime, on leur reconnaît° plus de droits; eux-mêmes traitent les filles avec mépris°, ils jouent entre eux, ils n'admettent pas de filles dans leur bande, ils les insultent… En France, dans les écoles mixtes, la caste des garçons

studies

(ici) to grant

disdain

LIENS INTERDISCIPLINAIRES (Suite)

distinguish themselves

to climb [on] trees, ladders, on roofs

summit, topmost point
the kind of thing boys often dare each other to do
body and soul

high jump / a fight
kept away, excluded

bercer = to rock (in a cradle); *ici*: [the stories] she's told as a child

pride

crushing
so many men for just one Joan of Arc / archangel

are enveloped in the shadow

[made of material] taken from [Adam's] side
kneeling down

steals

formidable / frightening power

attractive
fairies, mermaids and water spirits / escape, are not subjected to
privileges, freedoms

opprime et persécute délibérément celle des filles. Cependant, si celles-ci veulent entrer en compétition avec eux, se battre avec eux, on les réprimande. Elles envient doublement les activités par lesquelles les garçons se singularisent°: elles ont un désir spontané d'affirmer leur pouvoir sur le monde et elles protestent contre la situation inférieure à laquelle on les condamne. Elles souffrent entre autres de ce qu'on leur interdise de monter aux arbres, aux échelles, sur les toits°. Adler remarque que les notions de haut et de bas ont une grande importance, l'idée d'élévation spatiale impliquant une supériorité spirituelle, comme on voit à travers nombre de mythes héroïques; atteindre une cime°, un sommet, c'est [devenir] comme sujet souverain; c'est entre garçons un prétexte fréquent de défi°. La fillette à qui ces exploits sont interdits et qui, assise au pied d'un arbre ou d'un rocher, voit au-dessus d'elle les garçons triomphants, s'éprouve corps et âme° comme inférieure. De même si elle est laissée en *arrière* dans une course ou un concours de saut°, si elle est jetée *par terre* dans une bagarre° ou simplement tenue à l'écart°. *(page 37)*

Tout contribue à confirmer aux yeux de la fillette cette hiérarchie. Sa culture historique, littéraire, les chansons, les légendes dont on la berce° sont une exaltation de l'homme. Ce sont les hommes qui ont fait la Grèce, l'Empire romain, la France et toutes les nations, qui ont découvert la terre et inventé les instruments permettant de l'exploiter, qui l'ont gouvernée, qui l'ont peuplée de statues, de tableaux, de livres. La littérature enfantine, mythologie, contes, récits, reflète les mythes créés par l'orgueil° et les désirs des hommes : c'est à travers les yeux des hommes que la fillette explore le monde et y déchiffre son destin. La supériorité mâle est écrasante°: Persée, Hercule, David, Achille, Lancelot, Duguesclin, Bayard, Napoléon, que d'hommes pour une Jeanne d'Arc°; et derrière celle-ci se profile la grande figure mâle de saint Michel archange°! Rien de plus ennuyeux que les livres retraçant des vies de femmes illustres: ce sont de bien pâles figures à côté de celles des grands hommes; et la plupart baignent dans l'ombre° de quelque héros masculin. Ève n'a pas été créée pour elle-même mais comme compagne d'Adam et tirée de son flanc°; dans la Bible il y a peu de femmes dont les actions soient notoires: Ruth n'a fait que se trouver un mari. Esther a obtenu la grâce des Juifs en s'agenouillant° devant Assuérus, encore n'était-elle qu'un instrument docile entre les mains de Mardochée… Les déesses de la mythologie sont frivoles ou capricieuses et toutes tremblent devant Jupiter; tandis que Prométhée dérobe° superbement le feu du ciel, Pandore ouvre la boîte à malheur. Il y a bien quelques sorcières, quelques vieilles femmes qui exercent dans les contes une puissance° redoutable°…

Mais ce ne sont pas là des personnages attrayants°. Plus séduisantes sont les fées, sirènes et ondines° qui échappent° à la domination du mâle; mais leur existence est incertaine, à peine individualisée […].

Si dès l'âge le plus tendre, la fillette était élevée avec les mêmes exigences et les mêmes honneurs, les mêmes sévérités et les mêmes licences° que ses frères, participant aux mêmes études, aux mêmes jeux, promise à un même avenir,

LIENS INTERDISCIPLINAIRES (Suite)

entourée de femmes et d'hommes qui lui apparaîtraient sans équivoque comme des égaux, le sens du « complexe de castration » et du « complexe d'Œdipe » seraient profondément modifiés. [La fillette n'aurait pas] un « complexe d'infériorité »; corrélativement, le garçon n'aurait pas spontanément un « complexe de supériorité » si on ne le lui insufflait° pas et s'il estimait les femmes autant que les hommes. La fillette ne chercherait donc pas de stériles compensations dans le narcissisme et le rêve, elle ne se prendrait pas pour donnée°, elle s'intéresserait à ce qu'elle *fait,* elle s'engagerait sans réticence dans ses entreprises.

If people weren't always encouraging him to believe [in his superiority]

she would not feel taken for granted

DISCUSSION

1. Mentionnez deux ou trois facteurs qui ont contribué à la conception de la femme comme inférieure, selon Simone de Beauvoir. Quel facteur est le plus intéressant pour vous et pourquoi?

2. Quelles sont les différences entre les jeux des filles et les jeux des garçons selon de Beauvoir? Toujours selon elle, pourquoi ces différences sont-elles importantes?

3. L'histoire présentée dans certains manuels scolaires français raconte les exploits héroïques de beaucoup d'hommes. Par contre, peu de femmes sont mentionnées. Même dans le cas de Jeanne d'Arc, une des plus grandes héroïnes de France, de Beauvoir estime que ses accomplissements sont décrits différemment. Dans quelle mesure? Qu'est-ce qui explique pour vous le fait qu'on décrit les exploits des femmes différemment de ceux des hommes?

4. Dans *Le Deuxième Sexe,* Simone de Beauvoir discute quelques théories de Sigmund Freud parmi lesquelles celle qui postule que les petites filles ont souvent le désir d'avoir un pénis comme les garçons, et que c'est cette « envie » qui explique le complexe d'infériorité qu'on retrouve chez les femmes adultes. Que pensez-vous de cette théorie appelée en anglais «*penis envy*»? Est-ce qu'on la discute dans vos cours de psychologie ou de « Women's Studies »? Qu'est-ce qu'on en dit?

5. Quels genres de livres est-ce que vous avez lus quand vous étiez jeunes? Quelles impressions est-ce que ces livres vous ont données sur les rôles attribués aux hommes et aux femmes dans la société? Que pensez-vous des contes de fées *(fairy tales)* en particulier ? Quels livres qui résistent aux stéréotypes sexistes ou qui les dénoncent pourriez-vous recommander aux parents et aux enfants d'aujourd'hui ? Lesquels ne voudriez-vous pas recommander et pourquoi?

Réplique et synthèse

A Un sondage en France

Un sondage *(survey)* représentant les opinions de 1002 personnes âgées de 18 ans et plus a été réalisé en 2000 par un institut français d'études de marketing et d'opinion *(CSA)* et publié par ***La Tribune***, un journal français d'économie.

    a. Lisez les questions posées dans ce sondage.

    b. Examinez les résultats.

    c. Donnez vos impressions sur les résultats dans la colonne intitulée *Réactions personnelles*.

    d. Préparez-vous à justifier vos réactions en répondant aux questions à la fin de l'exercice.

Question 1: Vous savez que les députés *(legislators)* ont adopté un projet de loi visant à favoriser l'égal accès des femmes et des hommes aux mandats électoraux *(elected offices)* et aux fonctions électives *(elected offices)*. Personnellement, diriez-vous que le vote d'une loi est plutôt efficace *(effective)* ou pas vraiment efficace pour assurer l'égalité hommes-femmes dans la vie politique?

Résultats			
	hommes %	femmes %	Réactions personnelles
Plutôt efficace	47	46	
Pas vraiment efficace	48	51	
Ne se prononcent pas	5	3	

Discussion 1: Les Français ne semblent pas très convaincus qu'une loi soit efficace pour assurer l'égalité hommes–femmes dans la vie politique. Êtes-vous d'accord avec eux? Pourquoi ou pourquoi pas? Vous attendriez-vous aux mêmes résultats dans votre pays ou à des résultats différents?

Question 2: Qu'est-ce qui selon vous explique le mieux la sous-représentation des femmes dans la vie politique?

	hommes %	femmes %	Réactions personnelles
La misogynie des hommes politiques	41	42	
La difficulté pour les femmes de concilier vie publique et vie familiale	38	42	
La dureté *(hardship)* **de la vie politique**	29	29	
Le manque *(absence)* **d'intérêt des femmes pour la politique**	17	19	
Ne se prononcent pas	5	3	

Discussion 2: Êtes-vous surpris(e) par les réponses à la question 2? Comment expliquez-vous ces réponses?

Question 3: Vous-même, êtes-vous tout à fait prêt(e) *(ready)*, assez prêt(e), peu prêt(e) ou pas prêt(e) du tout à voter pour qu'une femme obtienne la présidence de la République?

	hommes %	femmes %	Réactions personnelles
Tout à fait prêt(e)	72	67	
Assez prêt(e)	20	21	
Peu prêt(e)	2	3	
Pas prêt(e) du tout	5	7	
Ne se prononcent pas	1	2	

Discussion 3: Comment expliquez-vous les différences entre les réponses des hommes et celles des femmes à la question 3?

Question 4: Pour chacun des points suivants dans l'entreprise *(in the corporate world, in business)*, pouvez-vous dire si l'égalité hommes-femmes est assurée *(has been accomplished)* ou non?

a. Le respect de la personne

	hommes %	femmes %	Réactions personnelles
Oui	60	44	
Non	34	52	
Ne se prononcent pas	6	4	

b. L'accès aux postes à responsabilités à niveau de qualification égal (quand les hommes et les femmes ont les mêmes qualifications)

	hommes %	femmes %	Réactions personnelles
Oui	49	33	
Non	47	63	
Ne se prononcent pas	4	4	

c. L'égalité des salaires à poste égal et niveau de qualification égal

	hommes %	femmes %	Réactions personnelles
Oui	37	23	
Non	60	74	
Ne se prononcent pas	3	3	

Discussion 4: Est-ce que les femmes et les hommes partagent les mêmes opinions sur la question 4? Où y a-t-il des différences? Et dans votre pays, dans quels domaines du secteur privé l'égalité hommes-femmes est-elle assurée? Pourquoi l'égalité hommes-femmes semble-t-elle assurée dans certains domaines mais pas dans d'autres?

Source: D'après les enquêtes effectuées et publiées par le Groupe CSA

B Conversations

1. D'après votre expérience, quels sont les avantages et les inconvénients de votre sexe? Racontez une anecdote qui illustre un avantage dont vous avez bénéficié ou un obstacle que vous avez rencontré à cause de votre sexe.

2. Si vous avez des enfants un jour, des garçons ou des filles, comptez-vous les élever de la même façon? Est-ce possible? Désirable?

3. Il y a des gens qui préfèrent les établissements scolaires (écoles, lycées, universités) qui ne sont *pas* mixtes *(co-ed)*. Quels pourraient être les avantages et les inconvénients des établissements scolaires et universitaires uniquement réservés aux garçons ou aux filles?

4. Pensez-vous que la biologie influencera toujours le destin des hommes et des femmes? Expliquez votre réponse.

5. Malgré d'importants changements dans la société, quels emplois semblent être restés « masculins » ou « féminins »? Pourquoi, à votre avis? Dans quels domaines est-ce que la parité semble atteinte? Pourquoi y a-t-il toujours si peu de femmes dans les sciences et si peu d'hommes infirmiers ou instituteurs, par exemple?

6. Presque tout le monde serait d'accord pour dire que les statuts de l'homme et de la femme ont évolué considérablement. Selon vous, est-ce que ces changements sont positifs ou négatifs? Est-ce que la vie était plus simple quand les deux membres d'un couple (hétérosexuel traditionnel) avaient des rôles sexuels bien définis?

7. Pensez-vous que tous les couples devraient être biactifs? Pourquoi ou pourquoi pas? Si les deux membres du couple travaillent, y a-t-il des problèmes? Si un membre du couple doit rester à la maison, comment devrait-on décider lequel va rester à la maison et lequel va travailler? Quand un membre du couple « ne travaille pas » (c'est-à-dire, qu'il reste à la maison avec les enfants), quels sont les risques pour cet individu?

8. Quelles activités de loisir sont associées aux hommes en particulier? Et aux femmes? Que pense-t-on si on rencontre une femme qui joue au hockey, par exemple? Et que pense-t-on d'un homme qui fait du tricot *(knits)*? Si vous pensez que les attitudes seraient différentes dans ces deux situations, expliquez pourquoi.

9. Faites des recherches sur la lutte contre la violence faite aux femmes. Ce genre de violence est-il fréquent dans votre pays? Comment peut-on expliquer cela? Que peut-on faire pour sensibiliser les coupables et les pousser à abandonner ce genre de comportement? Comment les hommes en général, ceux qui ne commettent pas ce genre de violence, peuvent-ils aider à l'enrayer *(to stop it)*?

C Comparaisons

1. Demandez à une personne plus âgée que vous son opinion sur la parité dans le domaine de son choix: sport, éducation, scolarité, travail, rôles définis en fonction du sexe *(gender roles)*, vie de couple, vie de famille, politique, situation économique, etc. Demandez-lui de vous donner des exemples de sa propre expérience qui montrent comment les choses ont (ou n'ont pas) changé. Qu'est-ce qui choque ou surprend le plus cette personne aujourd'hui? Résumez ses commentaires pour la classe.

2. En faisant quelques recherches, comparez le développement physique, intellectuel et psychologique des garçons et des filles (y compris l'incidence des maladies, les difficultés d'apprentissage, le taux de délinquance juvénile, le taux de suicides etc.). Comment les scientifiques et les sociologues expliquent-ils ces différences?

3. De même *(likewise)*, comparez la santé des hommes et des femmes (en ce qui concerne les maladies, l'espérance de vie, le tabagisme *(smoking)*, l'alcoolisme, etc.). Quelles sont les conséquences de ces différences?

4. Trouvez quelques statistiques pour comparer l'emploi du temps *(schedule)* des hommes et des femmes dans votre pays. Qui passe le plus de temps au bureau? Qui s'occupe le plus des travaux ménagers? Qui dort le plus?... Quelles sont les conséquences de ces différences?

D Conceptions culturelles de l'homme et de la femme

1. Choisissez un sujet à propos des hommes et/ou des femmes lié à votre domaine d'études *(your major)* ou à un de vos intérêts et faites un petit exposé pour votre classe. (Par exemple sur une femme qui est chef d'orchestre, sur la représentation de la femme dans la Bible ou dans un autre texte religieux, sur les congés payés accordés aux pères après la naissance d'un enfant, etc.)

2. Lisez les expressions anglaises suivantes qu'on entend parfois aux États-Unis et choisissez-en quelques-unes que vous trouvez intéressantes. Imaginez que vous allez « traduire » *(translate)* ces phrases pour un(e) ami(e) français(e). Expliquez le sens (et les origines, si possible) de ces expressions. Ensuite, faites des commentaires sur les implications de ces phrases pour l'image de l'homme et de la femme dans la société. Est-ce que les expressions que vous avez choisies sont utilisées couramment aujourd'hui? Expliquez.

---

a. *There are three ways to communicate information: telegraph, telephone and tell-a-woman.*

b. *The way to a man's heart is through his stomach.*

c. *Women who seek to be equal to men lack all ambition.*

d. *When a woman is depressed, she eats or goes shopping. When a man is depressed, he invades another country.*

e. *A man may work from sun to sun, but woman's work is never done.*

f. *Men make houses; women make homes.*

g. *A woman needs a man like a fish needs a bicycle.*

h. *A man is as old as he feels. A woman is as old as she looks.*

i. *The hand that rocks the cradle rules the world.*

j. *Sugar and spice and everything nice — that's what little girls are made of.*

k. *Big boys don't cry.*

l. *Real men don't eat quiche.*

Modèle: « Boys will be boys. »

Cette expression suggère qu'il y a des comportements typiques des hommes (par exemple, le fait de boire beaucoup d'alcool, la promiscuité sexuelle, etc.) et qu'il faut tolérer cela parce que c'est « naturel » ou « normal » pour les hommes. Moi, personnellement, je trouve que cette expression cherche à excuser le comportement des hommes et suggère que la « faiblesse des hommes » leur permet de faire des choses qu'on ne pardonnerait pas à une femme. Heureusement, on n'utilise pas beaucoup cette phrase aujourd'hui et quand on l'utilise, c'est pour critiquer ces attitudes sociales.

E Ouvertures créatives

1. Lors d'un débat à la télévision, un(e) féministe et le rédacteur / la rédactrice d'un magazine féminin se disputent. Le / La féministe se sent insulté(e) par l'image de la femme présentée dans les illustrations et les articles de ce magazine et il/elle montre des exemples; le rédacteur / la rédactrice défend son magazine. L'animateur / L'animatrice de l'émission *(The host)* pose des questions et dirige la discussion.

2. Créez une version féministe d'un conte de fées ou d'un film célèbre (comme la version du *Petit Chaperon rouge* que vous avez lue au chapitre 1 du *Cahier d'activités.* Ou bien créez une nouvelle version d'une histoire familière dans laquelle l'héroïne est transformée en héros — ou vice-versa.

3. Un grand-père ou une grand-mère très « vieux jeu » *(old-fashioned)* explique comment un garçon / une fille bien élevé(e) doit s'habiller, se comporter,... . Son petit-fils / Sa petite-fille n'est pas du tout d'accord.

4. Des extraterrestres venant d'une planète où il n'existe qu'un seul sexe voyagent vers la Terre où ils vont essayer de se faire passer pour des êtres humains. Imaginez la séance d'orientation qui a lieu dans la soucoupe volante *(flying saucer),* pendant laquelle leur sociologue leur explique comment se comporter comme « un terrien » *("earthling")* ou « une terrienne ».

Liens communautaires

Une manif. Y a-t-il un sujet lié à la parité qui vous tient à cœur *(that's dear to your heart)*? Allez-y, organisez une manifestation *(demonstration)*! Inventez des slogans, faites des posters et préparez un petit discours pour accompagner votre poster. Le jour de la « manif », chaque étudiant(e) va présenter son poster et faire son discours en classe. Bien sûr, les autres vont faire des remarques, applaudir ou même huer *(to boo)* — tout en respectant le droit de chaque personne de s'exprimer! Après la manif, trouvez un endroit où vous pouvez exposer vos posters au public — dans une salle de classe, dans les couloirs d'un bâtiment universitaire, dans le centre étudiant de votre campus ou sur le site Internet de votre Club de français, par exemple.

Rédaction guidée

Peer Review

Plan pour présenter la thèse et l'antithèse

A **Sujet.** Doit-on promouvoir la parité légalement ou individuellement?

B **Orientation.** Pour discuter la parité d'une manière spécifique et intéressante, il est nécessaire de délimiter la discussion et de redéfinir le sujet de façon plus précise. Il faut toujours éviter les généralités qui sont souvent des clichés qui n'apprennent rien de nouveau *(don't teach anything new)* au lecteur. Nous avons choisi ici de centrer la question sur le domaine légal. Voici la nouvelle question proposée ici: Est-ce que la parité doit être promue par des lois?

Dans ce chapitre, nous allons nous concentrer seulement sur l'opposition entre la thèse et l'antithèse et produire un plan de notre devoir qui s'arrêtera après l'antithèse. Dans une rédaction complète, nous devrions ajouter la synthèse (voir le chapitre 4) et la conclusion. Nous y reviendrons plus tard.

C **Avant d'écrire.** Avant de commencer à écrire, vous devez faire quelques recherches sur la parité (ou bien vous pouvez utiliser ce que vous avez appris dans ce chapitre de ***Controverses***) et vous demander si vous pouvez soutenir trois arguments majeurs en faveur de chaque perspective, c'est-à-dire, à la fois du point de vue de la thèse et de l'antithèse.

D **Exemple.**

INTRODUCTION. Le sujet proposé est d'autant plus intéressant que la législation sur la parité est d'actualité en France et déchaîne des débats passionnés.

- Comme pour le suffrage universel, la parité est fondée sur le principe de l'égalité entre les hommes et les femmes.

- Depuis quelques années, beaucoup de livres, d'articles, de discours et de manifestations soulignent le fait que plus de soixante ans après le suffrage universel en France les inégalités entre hommes et femmes subsistent.

- Que faut-il faire pour résoudre ces inégalités? Créer des lois pour assurer l'accès des femmes à des postes à responsabilités et à des salaires équitables ou est-ce que la parité doit rester un engagement volontaire, une décision individuelle à résoudre personnellement?

THÈSE: La parité imposée par des lois est inutile.

- Les lois qui forcent la parité limitent la liberté individuelle.

  Si le suffrage universel est fondé sur le principe qu'il ne devrait pas y avoir de discrimination basée sur des critères de couleur, de sexe, d'âge, ou d'origine, alors il ne faut pas imposer des lois, de parité ou autres, qui favorisent un sexe sur l'autre. En contournant un article de la Constitution, on risque d'établir un précédent dangereux.

- Les systèmes de quota (50% de femmes pour 50% d'hommes), comme l'exigent les lois de parité, sont des mesures trop simples pour des problèmes très sérieux.

On court le risque d'éliminer un candidat sérieux pour favoriser une candidate qui ne l'est pas, juste pour atteindre le quota.

- La parité forcée par des lois est humiliante et sera vite dévalorisée.

  Les femmes peuvent et doivent prouver leur valeur en politique par leurs actions, pas en se réfugiant derrière une loi arbitraire.

Mini-conclusion de la thèse: La parité forcée par la loi mènera à une parité de façade. La vraie parité doit être définie d'une manière individuelle et l'engagement à un contrat paritaire doit être un acte volontaire. Sensibiliser les citoyens aux inégalités entre hommes et femmes à travers l'éducation et à travers les médias mènera plus efficacement au bien-être social.

ANTITHÈSE: La parité ne peut être assurée que par des lois.

- Sans lois, rien ne change.

  Les femmes n'ont obtenu le droit de vote en France qu'en 1945. Les lois ont été conçues par les hommes et représentent principalement les besoins des hommes. Ces lois ne prennent pas en compte la situation des femmes et si elles évoluent, ce n'est que très lentement.

- La situation historique de la femme a changé, il faut que la réalité salariale change aussi.

  Historiquement, ce n'est que quand on a commencé à envoyer les hommes au front pendant les deux guerres mondiales, que les femmes sont sorties de leur rôle de femme au foyer et de mère, par nécessité, et ont obtenu des emplois traditionnellement réservés aux hommes. Après les guerres, les femmes n'ont eu accès qu'aux emplois les moins qualifiés, à des emplois à temps partiel et à des salaires inférieurs à ceux des hommes, même à travail égal. Seule la loi peut établir la justice salariale.

- Que cela soit juste ou non, les hommes continuent de dominer.

  Les femmes sont minoritaires aux postes à responsabilités dans le gouvernement aussi bien que dans le secteur privé parce que les hommes ont toujours dominé la politique et comptent préserver ce statu quo.

Mini-conclusion de l'antithèse: À voir le décalage entre les intentions affichées par les hommes politiques et la réalité de la condition de la femme, il est évident qu'il faut promouvoir des lois pour assurer que la parité devienne réelle.

E **À votre tour!** Maintenant, à vous d'écrire le plan de la thèse et de l'antithèse d'une composition hégélienne. Suivant le modèle ci-dessus, développez un thème de votre choix sur la parité. Voici quelques sujets possibles:

1. Françoise Giroud affirmait, en 1999, que la parité est un fait presque accompli. Avait-elle raison? [Choisissez de parler soit de la France, soit des États-Unis, soit de votre pays d'origine, si ce n'est ni l'un ni l'autre.]

2. Selon Simone de Beauvoir, dans *Le Deuxième Sexe*, la femme est vouée, depuis sa plus tendre enfance et à travers sa culture, à un complexe d'infériorité. Cela est-il vrai aujourd'hui?

3. ??? [Sujet de votre choix, à discuter avec votre professeur.]

4 Le bien collectif et la liberté individuelle

© dbimages / Alamy

Objectifs communicatifs

COMMUNICATION
- **Point** Il faut interdire le foulard islamique dans les écoles publiques pour préserver le caractère laïc des espaces publics
- **Contre-point** Il faut permettre le foulard islamique au nom du droit de l'individu à la différence

LIENS GRAMMATICAUX
- Le futur
- Le conditionnel

LIENS SOCIOCULTURELS
- La religion en France: Quelques statistiques

LIENS COMMUNAUTAIRES
- Publicité d'intérêt général

LIENS INTERDISCIPLINAIRES
- Hélène Berr, *Journal* [Extraits]

Freedom consists of being able to do anything that does not hurt others.

conspicuous

*C*ontroverse: Selon l'article 3 de la Déclaration des droits de l'homme et du citoyen du 26 août 1789, « la liberté consiste à pouvoir faire tout ce qui ne nuit pas à autrui° ». En d'autres termes, je suis libre de faire ce que je veux tant que je ne cause pas de problèmes aux autres. Le rôle du gouvernement sera donc de s'assurer que chaque individu ne nuit pas aux autres. Nous allons examiner dans ce chapitre des situations où la liberté individuelle semble être en conflit avec le bien collectif.

En 2004, l'État français a promulgué une loi interdisant dans les écoles publiques tout signe religieux « ostensible° ». Cette loi a surtout été votée parce que certaines jeunes filles musulmanes portaient le foulard pour se couvrir les cheveux. Au nom d'un pays laïc qui observe une séparation stricte entre le pouvoir temporel et le pouvoir spirituel, entre l'État et l'Église, le gouvernement estime que le bien collectif exige qu'on fasse des lieux publics et collectifs un espace neutre, libre de professions ouvertes d'une foi religieuse.

Cette loi a déclenché un grand débat en France. Nombreux (y compris certains musulmans) sont ceux qui la soutiennent, mais d'autres disent que les raisons de porter le foulard sont nombreuses, et que la décision de le porter devrait être, de toute façon, un choix personnel.

À vous de décider de quelle façon une société peut, ou même *doit*, promulguer des lois sur le comportement personnel des individus.

Premières pensées

Les mots pour le dire

noms

athée	*atheist*
christianisme (m)	*Christianity*
l'Église (f)	*the Church*
église (f)	*a Catholic church (building)*
enseignant(e)	*teacher, instructor*
islam (m)	*Islam*
jour (m) de repos	*day of rest*
jour (m) ouvrable	*working day*
judaïsme (m)	*Judaism*
loi (f)	*law*
religion (f)	*religion*
séparation (f)	*separation*
texte (m) juridique	*legal text*

verbes

gêner	*to disturb, to bother*
imposer qch à qqn	*to impose something on someone*
interdire à qqn de faire qqch	*to forbid someone to do something*
jeûner	*to fast*
nuire à	*to harm, injure*
pratiquer (une religion)	*to practice (a religion)*
prier	*to pray*
protéger qch/qqn contre qch	*to protect something/someone from something*

adjectifs

catholique	*Catholic*
chrétien(ne)	*Christian*
culturel(le)	*cultural*
illégal(e)	*illegal*
juif (juive)	*Jewish*
légal(e)	*legal*
musulman(e)	*Muslim*
nuisible	*harmful*
protestant(e)	*Protestant*

pronom

autrui	*others, other people*

expressions

avoir la liberté de + *infinitif*	*to have the freedom to + infinitive*
avoir le droit de + *infinitif*	*to have the right to + infinitive*
avoir un effet négatif sur	*to have a negative effect on*

1. Beaucoup des premiers colons européens en Amérique du Nord sont venus pour éviter qu'on leur impose une religion d'État. Que dit la Constitution américaine sur le statut de la religion aux États-Unis?

2. Pensez-vous que l'on devrait pouvoir prier dans les écoles publiques? Que les enseignants devraient avoir le droit de parler de leurs croyances religieuses? Pourquoi, ou pourquoi pas?

3. Quelles sont les principales religions pratiquées aux États-Unis? Est-ce qu'il y a des pratiques liées à ces religions qui ont été si institutionnalisées qu'elles influencent tous les membres de la société américaine, même ceux qui ne pratiquent pas cette religion (par exemple, Noël comme jour férié, le fait de manger du poisson dans les cantines des écoles le vendredi)?

4. Nommez quelques actes qui pourraient nuire à autrui. (Par exemple, l'acte de dépasser la limitation de vitesse, ou l'acte de conduire après avoir consommé de l'alcool). Lesquels sont les plus dangereux et les moins dangereux, à votre avis? Est-ce qu'il y a des lois contre ces actes? Dans quelles circonstances pensez-vous qu'une société devrait limiter les droits et préciser les devoirs *(duties)* d'un individu? Donnez des exemples précis.

5. Dressez une liste de droits ou de libertés que tout le monde devrait avoir (qui ne nuisent pas à autrui.) Y en a-t-il que vous n'avez pas actuellement dans votre pays, mais que vous devriez avoir, à votre avis? Lesquel(le)s et pourquoi?

Point

Il faut interdire le foulard islamique dans les écoles publiques pour préserver le caractère laïc des espaces publics

Les mots pour le dire

noms

but (m)	*goal, objective*
citoyen(ne)	*citizen*
croyance (f)	*belief*
crucifix (m)	*crucifix*
égalité (f) (des chances)	*equality (of opportunity)*
espace (m)	*space*
esprit (m)	*(here) mentality, way of thinking*
foi (f)	*faith*
foulard (m)	*headscarf*
intégriste (m/f)	*fundamentalist*
kippa (f)	*yarmulke*
laïcité (f)	*secularism, lay status*
liberté (f) (de culte)	*freedom (of worship)*
minorité (f)	*minority*
peur (f)	*fear*
port (m)	*(here) wearing*
savoir (m)	*knowledge*
terrorisme (m)	*terrorism*
valeur (f)	*value*

verbes

s'assimiler à	*to assimilate*
l'emporter sur	*to win out over, to prevail over*
former	*to educate, make (someone) into*
rester	*to remain*

adjectifs

laïc / laïque	*secular*
minoritaire	*minority*
neutre	*neutral*
réglementé(e)	*regulated*
seul(e)	*alone, only, sole*

adverbes

contrairement à	*unlike, as opposed to*

expressions

au sein de	*within*
d'ordre (culturel)	*of a (cultural) nature*
par-dessus tout	*above all*
terre d'accueil (f)	*country of asylum (lit. welcoming country)*

Étude de vocabulaire

A **Synonymes.** Reliez les mots de la colonne A à ceux de la colonne B qui ont le même sens. Attention! Il y a plus de mots dans la colonne B.

A	B
1. au sein de	a. à l'intérieur de
2. le but	b. la crainte
3. l'esprit	c. créer
4. former	d. le fait de mettre un vêtement, un bijou sur soi
5. imposer	e. forcer
6. laïc	f. l'emporter sur
7. par-dessus tout	g. la mentalité
8. la peur	h. neutre
9. le port	i. l'objectif
10. seul	j. religieuse
	k. surtout
	l. unique
	m. la valeur

B **Familles de mots.** Complétez le tableau suivant avec les mots (noms, verbes ou participes passés/adjectifs) qui leur correspondent.

Nom	Verbe	Participe passé/ Adjectif
Ex: la gêne	*gêner*	*gêné*
	savoir	
assimilation		
		interdit(e)
	porter	
	réglementer	

C Les États-Unis, terre d'accueil. Complétez le texte avec les mots de la liste suivante qui conviennent au contexte. Faites les changements nécessaires.

> **(le) citoyen, contrairement à, d'ordre, (l') égalité des chances, (l') espace, (la) liberté de culte, rester, (la) terre d'accueil, (le) terrorisme**

De nombreux immigrés viennent aux États-Unis pour profiter de

_____ qui fait partie du « grand rêve américain ». Souvent

_____ la situation dans leur pays d'origine, ils jouissent ici de

_____, qui leur permet de pratiquer n'importe quelle religion

de n'importe quelle façon – ou de ne pratiquer aucune religion du tout.

C'est pour cette raison que beaucoup d'entre eux veulent _____

aux États-Unis et devenir _____. Malgré leurs différences

_____ culturel, la majorité arrive à bien s'intégrer à la société dans

leur nouvelle _____.

 Track 10A

De quoi parle-t-on?

À la sortie du lycée. Deux amis, Alexandre et Leïla, se retrouvent après l'école, et discutent de leur journée sur le chemin de la maison. Écoutez leur conversation puis dites si les affirmations suivantes sont justes (J) ou fausses (F) ou non-mentionnées (NM). Si elles sont fausses, corrigez-les.

Vocabulaire: l'entraînement de basket = *basketball practice*; la chorale = *choir*; les paroles = *lyrics*

1. Alexandre n'aime pas le lundi. J _____ F _____ NM _____

2. Cela dérange Leïla de chanter un chant chrétien. J _____ F _____ NM _____

3. Alexandre pense qu'un chant représente une culture. J _____ F _____ NM _____

4. Alexandre n'aime pas la musique musulmane, parce qu'il ne comprend pas les paroles. J _____ F _____ NM _____

5. À la fin de la conversation, les deux amis ne sont pas tout à fait d'accord. J _____ F _____ NM _____

Liens grammaticaux

LE FUTUR SIMPLE

Le futur simple est un temps utilisé pour décrire des actions qui vont avoir lieu *(that **are going** to take place)*. Par exemple, pour dire « *I'll go to the library* », on dit « J'**irai** à la bibliothèque ».

Mais pour dire « *I **will have** finished* » en français, il faut utiliser le futur antérieur *(future perfect)*, un temps composé d'un verbe auxiliaire et un participe passé. Par exemple, « J'**aurai fini** mes devoirs quand tu arriveras » veut dire *I **will have finished** my homework by the time you get here.*

Consultez le chapitre 4 du *Cahier d'activités* pour réviser la formation et l'usage du futur et du futur antérieur, et faites l'exercice suivant.

1. Mettez les verbes entre parenthèses au futur simple ou au futur antérieur, en fonction du contexte.

    a. En 2025, il est toujours probable que tous les élèves des écoles françaises _____ *(étudier)* les mêmes points de grammaire en classe, pratiquement le même jour, qu'ils vivent à Paris, Lille, Marseille, à Pointe-à-Pitre ou à Nouméa, comme c'est le cas depuis un siècle déjà.

    b. De même, ils _____ *(étudier)* les mêmes concepts mathématiques à peu près en même temps, tant la centralisation est importante en France.

    c. Une fois qu'ils _____ *(terminer)* leurs études, ils _____ *(pouvoir)* tous aller à n'importe quelle université parce qu'ils _____ *(recevoir)* la même éducation au lycée.

    d. Quoi qu'on fasse, la laïcité _____ *(être)* toujours un principe clé de la Constitution française.

    e. On _____ *(avoir)* toujours des problèmes en France avec les situations qui la _____ *(remettre)* en question.

Lecture

© Lisa Marcelja / Photoshot

Remue-méninges

Est-ce qu'il y a/avait des règles sur la façon de s'habiller *(a dress code)* dans votre lycée? Lesquelles? Comment est-ce que l'administration de l'école explique/justifie ces règles? Est-ce que vous êtes d'accord avec son raisonnement?

La séparation entre la religion et l'État est-elle controversée aux États-Unis? De quelle façon?

ÉDITORIAL: POURQUOI FAUT-IL DIRE « NON » AU FOULARD ISLAMIQUE

La laïcité est une des valeurs fondamentales de la civilisation française depuis 1789. Le souci d'effectuer une séparation complète entre le pouvoir temporel (l'État) et le pouvoir spirituel (l'Église) a été l'une des idées « révolutionnaires » qui ont transformé les anciennes structures de « l'Ancien Régime »° en une république laïque, démocratique et sociale.

En effet, si les rois de France cumulaient° les pouvoirs temporels et spirituels, la création et l'évolution de l'État laïc en France ont établi qu'aucune autre autorité ne régirait° l'ensemble des citoyens que celle de la République française elle-même, dont l'autorité l'emporte sur n'importe quel intérêt personnel ou minoritaire. Contrairement à l'exemple des États-Unis, où chaque État peut avoir des lois différentes (sur la peine de mort,° par exemple), il n'existe en France qu'une seule loi pour *tous* les citoyens. Cette culture centraliste se manifeste dans tous les aspects de la civilisation française.

Fournir une instruction obligatoire, laïque et gratuite° consiste depuis son origine en une des préoccupations de la République française, si bien que dans toutes les écoles, les élèves suivent le même cursus. On va même jusqu'à dire que, fidèle à la centralisation extrême des origines, le programme scolaire du 12 octobre 2050, par exemple, prévoira le subjonctif au programme des classes de sixième° de la France entière, ou encore que ce même jour, les élèves des classes de quatrième° travailleront sur le théorème de Pythagore. Ce système a pour but d'offrir une instruction égale et une égalité des chances à tous ses citoyens, quelles que soient° leurs origines ethniques ou sociales.

Si on considère l'histoire européenne, il est facile de comprendre l'importance que les Français attachent à la laïcité. Étant donné l'immense pouvoir que le Pape et l'Église catholique ont exercé en Europe pendant plusieurs siècles, la France s'est souciée de créer un État dans lequel chaque citoyen a le droit d'avoir ses propres croyances religieuses, mais aussi dans lequel l'État reste strictement impartial. Après la Révolution, la France a

---

the political and social structures of pre-Revolutionary France combined

would not govern

the death penalty

mandatory, lay and free education

the sixth grade
the eighth grade

whatever ~ may be

promoted

(church) bell / the sound

city hall

the mayor or his representative / established, set up
to make sure they are upheld / faith

aim to

the subjects they study

the profession of faith

conspicuous

distance learning

parochial schools

to be subjected to

professional life

promulgué° progressivement des lois pour que l'autorité de l'Église et sa présence dans l'espace public en France soient strictement limitées, comme la loi de 1905 sur la séparation de l'Église et de l'État. Par exemple, la sonnerie des cloches° des églises est réglementée, parce que le son° qu'elles émettent représente une intrusion de la religion dans l'espace public. De plus, pour qu'un mariage soit légal, on ne peut pas simplement se marier dans une église; il faut être marié à la mairie° par un représentant du gouvernement, le maire ou son adjoint°. Normalement, les lois sont érigées° pour le bien de tous, et c'est la responsabilité des représentants de la République de veiller à ce qu'elles soient respectées,° et qu'aucune confession° religieuse ne vienne s'imposer dans les écoles.

Les lois sur la création des écoles publiques en France visent donc à° créer un espace neutre dans lequel tout individu peut développer son propre esprit critique, sans qu'aucune opinion religieuse lui soit imposée, ni par les matières que l'on aborde,° ni par les enseignants qui les présentent. Bien que tout citoyen possède la liberté de pensée, ce qui est *croyance* (à distinguer de *savoir*) doit rester dans la sphère privée. Bien sûr, il reste toujours quelques vestiges des vieilles traditions catholiques en France (comme le fait qu'il n'y ait pas d'école le mercredi), mais ces vestiges sont plutôt d'ordre culturel; l'instruction religieuse et la profession de foi° sont absentes des écoles publiques depuis longtemps.

Suivant cette logique, une loi a été votée en 2004, interdisant le port de tout signe « ostensible »° d'une croyance religieuse dans les écoles publiques françaises. Cette interdiction affecte entre autres les jeunes filles musulmanes qui souhaitent porter le foulard islamique à l'école. Un élève peut porter un petit symbole religieux, comme une petite croix « discrète » sur une chaîne autour de son cou, mais le foulard est tellement plus « visible » qu'on estime qu'il ne peut pas être toléré dans une institution publique qui a la responsabilité de préserver le caractère laïc des espaces publics.

Le gouvernement n'entend pas empêcher les musulmanes de porter le voile en dehors de l'école, et si elles ne peuvent pas accepter de l'enlever, elles peuvent suivre des cours d'enseignement à distance.° Autre solution: la communauté musulmane pourrait même envisager de créer ses propres écoles confessionnelles.° Mais au sein de l'école publique, on a plusieurs soucis: 1) de ne pas autoriser le prosélytisme à l'école; 2) de créer un « espace libre » pour s'assurer que les jeunes musulmanes ne subissent° pas trop de pression de la part de leur famille, de leur communauté ou de groupes de musulmans intégristes en France ou dans d'autres pays; 3) de donner accès à *tous* les élèves à une école à l'esprit ouvert—le port du foulard indique pour certains une fermeture d'esprit chez celles qui le portent; 4) de ne pas encourager la communauté musulmane à penser que les jeunes filles qui portent le voile sont de « meilleures » musulmanes que celles qui ne le portent pas; 5) de faciliter l'intégration des musulmanes dans la vie active° et dans la société française.

La France a toujours été reconnue comme une terre d'accueil, qui reçoit des réfugiés et d'autres immigrés du monde entier. La République française offre à chacun l'opportunité de rechercher la liberté et une vie meilleure au sein de ses frontières. Mais la politique d'immigration de la société française

to call attention to

from now on

a toujours été une politique assimilatoire. Du point de vue français, afficher° sa différence et se regrouper en communautés minoritaires menacent l'unité de la République française. Les Français non-musulmans – et certains musulmans aussi -- s'inquiètent de voir un groupe distinct dans un pays où tous les citoyens sont censés avoir les mêmes valeurs républicaines. Il semble évident que les musulmans doivent accepter les normes de la société dont ils font désormais° partie: après tout, à Rome, il faut vivre comme les Romains…

Avez-vous compris?

1. Historiquement, en quoi est-ce que la séparation entre l'Église et l'État est différente en France et aux États-Unis?

2. D'après les valeurs républicaines françaises, quel est le but de l'école, et pourquoi est-il important que l'école reste un espace laïc?

3. Quelle justification l'État français donne-t-il pour interdire le port du foulard islamique à l'école?

4. Pourquoi est-ce que les Français non-musulmans semblent être plus gênés (*disturbed*) par la présence des musulmans que par la présence d'immigrés espagnols, portugais, italiens, etc.?

Qu'en pensez-vous?

1. La loi de 2004 interdit les « signes ostensibles » (= visibles, qui se font remarquer) d'affiliation religieuse, mais permet des signes « discrets », comme une petite croix ou un petit Coran sur une chaîne autour du cou entre peau et vêtement. Quelles sortes de problèmes est-ce que cette distinction peut provoquer?

2. Beaucoup de féministes français s'opposent fortement au port du foulard islamique par les jeunes filles musulmanes. Pourquoi, à votre avis? Serait-il contradictoire d'accepter le port du foulard tout en légiférant en faveur de la parité?

3. Il n'y a pas de règles concernant les vêtements dans les universités françaises, qui sont pourtant, elles aussi, des institutions d'État. Pourquoi, à votre avis?

4. Pour vous, est-ce que le port du foulard représente un refus de la part des musulmans de s'assimiler à la société française? Quelle différence voyez-vous entre « intégration » et « assimilation »? L'une semble-t-elle préférable à l'autre? Expliquez votre réponse.

5. En 1999, on a demandé aux organisations musulmanes de France de signer un document écrit par *la Convention européenne de sauvegarde des droits de l'homme et des libertés fondamentales* concernant la liberté du culte. Avant de signer ce document, ces organisations en ont fait supprimer la phrase affirmant "le droit de changer de religion ou de conviction". Que pensez-vous de cette stipulation? Quelles en sont les implications?

LIENS SOCIOCULTURELS

LA RELIGION EN STATISTIQUES

Dans un pays où les religions organisées sont en déclin, il faut peut-être lire les statistiques suivantes sur la France contemporaine en se demandant si elles seront semblables dans vingt ans.

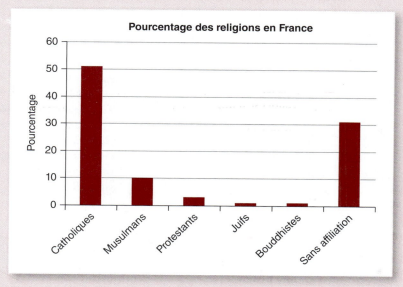

Pourcentage des religions en France

Note: En accord avec la définition de la séparation de l'État et l'Église, le gouvernement français ne maintient pas de statistiques sur l'affiliation religieuse des Français. En conséquence, les sondages varient considérablement les uns des autres. Les chiffres ci-dessus sont cités du Département d'État américain (http://www.state.gov/g/drl/rls/irf/2007/90175.htm).

DISCUSSION

1. Quelle est la principale religion en France? Pourquoi, à votre avis?

2. Si on ajoute que 4,5% des catholiques français sont pratiquants, contre 71% des musulmans, comment est-ce que ces informations changent votre perception des statistiques précédentes?

3. On sait que les 71% des musulmans pratiquants ont 18 ans ou plus, mais que 43% des catholiques pratiquants ont 65 ans ou plus. Quel effet l'âge des pratiquants aura-t-il sur les statistiques de l'année 2020? De quelle façon pensez-vous que la société française va évoluer?

4. Un autre sondage a établi que 43% des Français croient qu'il n'y a rien après la mort. Qu'est-ce que cela indique sur les valeurs religieuses des Français?

Contre-point

Il faut permettre le foulard islamique au nom du droit de l'individu à la différence

Les mots pour le dire

noms

amertume (f)	*bitterness*
banlieue (f)	*suburb*
bouc émissaire (m)	*scapegoat*
choix (m)	*choice*
chômage (m)	*unemployment*
cité (f)	*(here) low-income high rise housing (« projects »)*
concitoyen(ne)	*fellow citizen*
école (f) confessionnelle	*religious-affiliated school*
étranger (étrangère)	*foreigner, stranger*
fossé (m)	*gap, gulf*
harcèlement (m)	*harrassment*
Hexagone (m)	*metropolitan France*
Maghrébin(e)	*North African (from Algeria, Morocco, Tunisia, Lybia and Mauritania) person*
malaise (m)	*discomfort*
mode (f)	*fashion*
pression (f)	*pressure*
prosélytisme (m)	*proselytizing*
racine (f)	*root*
statut (m)	*status*
voile (m) islamique	*(literally) « islamic veil »*
volonté (f)	*will*

verbes

aborder	*to approach*
s'accrocher	*to cling to*
agresser	*to attack, be aggressive towards*
avouer	*to admit*
éviter	*to avoid*
focaliser	*to focus*
fréquenter	*to frequent, go often to, hang out with regularly*
lutter (contre)	*to fight, struggle (against)*
mener à	*to lead to*
oser	*to dare*
résoudre	*to resolve*
tenir à	*to be attached to, have one's heart set on*

adjectifs

asiatique	*Asian*
honteux (-euse)	*shameful*
occidentalisé(e)	*westernized*
oriental(e)	*Middle Eastern*
périmé(e)	*outdated*
subventionné(e)	*subsidized*

adverbes

fortement	*strongly*
ouvertement	*openly*
vigoureusement	*vigorously*

expressions

à moins que … (ne)*	*unless*
ainsi	*thus, in this way*
avoir le souci de	*take care to*
être mal à l'aise	*to be ill at ease, uncomfortable*
poser problème	*to be a problem; to cause a problem*
remettre en question	*to call into question*
tandis que	*while, whereas*
vis-à-vis de	*concerning, in regard to*

Étude de vocabulaire

A **Synonymes.** Reliez les mots de la colonne A à ceux de la colonne B qui ont le même sens. Attention! Il y a plus de mots dans la colonne B.

A	B
1. aborder	a. approcher
2. le choix	b. avouer
3. fortement	c. par rapport à
4. le fossé	d. condamnable
5. honteux	e. la préférence
6. ouvertement	f. le désir
7. périmé	g. la distance
8. les racines	h. franchement
9. vis-à-vis de	i. le harcèlement
10. la volonté	j. les origines
	k. s'accrocher (à)
	l. vieilli
	m. vigoureusement

---

*occasionally used with **ne** where the **ne** is not a negative and adds no meaning. When **ne** is used alone with **à moins,** it's for stylistic reasons, and carries no negative meaning. When **pas** is added, the meaning becomes negative.

B **Définitions.** Quel mot de la liste ci-dessous correspond à la définition donnée plus bas?

> **le bouc émissaire / le chômage / étranger / mener à / occidentalisé /**
> **le prosélytisme / s'opposer (à) / subir une pression / subventionner**

1. effort de convertir =

2. personne blâmée pour exonérer les autres =

3. une personne qui vient d'un autre pays =

4. soutenir *(support)* financièrement =

5. être contre =

6. situation où beaucoup de gens n'ont pas de travail =

7. transformé(e) par l'influence de l'Ouest =

8. avoir comme résultat de =

9. être l'objet sur lequel s'exerce une force =

C **Question de contexte.** Lisez les phrases suivantes et décidez si elles sont logiques. Si elles ne le sont pas, gardez les mots en italiques et changez le reste de la phrase pour qu'elle soit logique.

1. *À force* d'étudier, il n'a rien appris.

2. Elle ira à l'école publique, *à moins que* son père ne lui donne la permission d'enlever son foulard.

3. Si tu continues à travailler *ainsi*, tu auras une augmentation de salaire.

4. J'aime la cuisine *orientale*, mais je suis *mal à l'aise* quand je mange avec des baguettes *(chopsticks)*.

5. Chloé et moi *fréquentons* le même café. C'est pourquoi nous ne nous voyons jamais.

Track 10B

De quoi parle-t-on?

Au bureau. Deux collègues de bureau, Sébastien et David, parlent de leurs régimes alimentaires. Écoutez leur conversation puis répondez aux questions qui suivent.

Vocabulaire: la viande = *meat*; les abattoirs = *slaughterhouses*; insalubre = *insanitary, unhealthy*; casher = *kosher*; la nourriture = *food*; les produits laitiers = *milk products*; pendant un même repas = *at the same meal*; dans une vaisselle différente = *in / on different dishes*; observer le Ramadan = *to keep Ramadan (to fast, for example)*; athée = *atheist*

1. Pourquoi Sébastien est-il végétarien?

2. Lesquelles des cinq affirmations suivantes sont fausses?

    a. David ne mange pas de porc.

    b. David ne mange pas certains types de poisson.

    c. David ne mélange pas certains produits.

    d. David observe le Ramadan.

    e. David est Juif.

3. Quelles raisons David donne-t-il à son ami pour manger casher?

4. Comment Sébastien explique-t-il sa curiosité?

📕 Liens grammaticaux

LE PRÉSENT DU CONDITIONNEL, LE CONDITIONNEL PASSÉ

Le présent du conditionnel sert principalement à exprimer 1) la politesse, 2) une hypothèse, 3) un doute, ou 4) un évènement futur dans le passé (comparez: « Il dit qu'il viendra. » *[He **says** that he **will come**.]* et « Il a dit qu'il viendrait. » *[He **said** that he **would come**.]*).

Le conditionnel passé indique un degré supérieur de politesse. On l'utilise aussi pour dire ce qui se *serait* produit *(what* would have *happened)* si les circonstances avaient été *(had been)* différentes.

De plus, on utilise le présent du conditionnel et le conditionnel passé pour parler de choses qu'on n'a pas pu vérifier ou avec lesquelles on n'est peut-être pas d'accord.

Consultez le chapitre 4 du ***Cahier d'activités*** pour réviser la formation et l'usage du conditionnel.

Conditionnel présent ou passé? Mettez les verbes des phrases suivantes au temps du conditionnel qui convient le mieux au contexte.

1. L'auteur de la lettre du « courrier des lecteurs » (voir: Contrepoint « Lecture »)

   _____ *(aimer)* que les musulmans puissent porter ce qu'ils veulent.

2. Selon elle, le problème fondamental _____ *(avoir)* des origines

   coloniales. Cette idée n'est pas acceptée par tout le monde.

3. Selon beaucoup de Français de race blanche, si les musulmans de France

   voulaient vivre en harmonie avec leurs voisins, ils _____

   (s'adapter) aux normes de leur pays d'accueil.

4. De plus en plus de musulmans français sont nés en France de parents maghrébins. Les historiens d'extrême droite pensent souvent qu'il _____ *(falloir)* limiter l'immigration maghrébine après la Seconde Guerre mondiale et qu'il _____ *(être)* préférable de ne pas coloniser l'Afrique du Nord en premier lieu *(in the first place)*.

5. Certaines jeunes musulmanes _____ *(vouloir)* porter le foulard, malgré le fait que leurs parents _____ *(préférer)* qu'elles s'assimilent à la culture française en sortant dans la rue tête nue *(uncovered)*.

Lecture

Remue-méninges

1. **Vive Guillaume le Conquérant!** Quand il a conquis l'Angleterre en 1066, Guillaume le Normand y a apporté la langue française. C'est pour cette raison que beaucoup de mots français et anglais se ressemblent aujourd'hui et ont le même sens. On les appelle des mots apparentés *(cognates)*. La difficulté est de savoir leur genre (s'ils sont masculins ou féminins), mais il y a quelques principes de base pour vous aider à décider.

Les mots qui finissent en - tion, en –té, ou en –e en français sont pour la plupart féminins. Pouvez-vous deviner *(guess)* le sens de ces mots féminins qui apparaissent dans la lecture Contre-point?

colonisation =	ségrégation =
désapprobation =	identité =
discrimination =	infériorité =
xénophobie =	islamophobie =

Les mots qui finissent en –eur, et en –isme sont généralement masculins. Quel est le sens des deux mots suivants?

colonisateur =	racisme =

Les mots qui finissent en –é sont souvent des participes passés qui sont devenus des adjectifs, comme c'est le cas des adjectifs en –*ed* en anglais (e.g. *tired*). Que peut donc vouloir dire « colonisé » qui est à la fois un nom et un adjectif?

Les verbes n'ont pas de genre, bien sûr, mais beaucoup ont gardé le même sens en français et en anglais, à quelques détails orthographiques près. Pouvez-vous deviner le sens des verbes suivants que vous rencontrerez dans le texte?

coloniser =	dénoncer =
effectuer =	imposer =
maintenir =	maîtriser =

obtenir =   s'opposer =

renoncer à =

De même, pouvez-vous deviner le sens des adjectifs suivants?

hypocrite =   injuste =

multiculturel(le) =   patriarcal(e) =

2. Conflits intra-culturels. Quelquefois, dans un pays, un groupe
social entre en conflit avec un autre. (Les protestants et les catholiques
en Irlande, par exemple.) Pouvez-vous penser à un autre exemple,
historique ou récent? Quelle est (ou a été) la cause de ce conflit?
Réfléchissez à cette question et discutez votre exemple en groupe ou avec
la classe.

COURRIER DES LECTEURS: UNE FRANÇAISE À LA DÉFENSE DE SES AMIES MUSULMANES

snide ways of refering
to conservative
French people
seeking to maintain
their cultural
identity

*J'ai lu avec intérêt l'éditorial dans lequel vous défendez la laïcité dans les écoles
publiques de France [voir la lecture* **Point** *de ce chapitre]. Bien que le texte
de cette nouvelle loi fasse allusion en général aux «signes ostensibles» d'une
croyance religieuse, je crois qu'il faut reconnaître qu'elle a été créée non pas
par un souci de maintenir une atmosphère impartiale dans les écoles publiques,
mais plutôt par la xénophobie et le racisme des soi-disant «Français de souche°»
vis-à-vis des «étrangers» musulmans en France.*

J'ai beaucoup de bons amis musulmans – dont la majorité sont français
de naissance depuis plusieurs générations, d'ailleurs – et je tiens à vous dire
que je trouve cette loi contre le foulard islamique à l'école tout à fait injuste.
La pratique de l'islam fait partie de l'identité culturelle aussi bien que religieuse
de certains musulmans, mais les «Franco-Français»° sont mal à l'aise avec leur
différence. La preuve? Vous ne demanderiez pas à une personne handicapée
de cacher son handicap, ni à un Africain de cacher la couleur de sa peau. En
interdisant le voile, vous transformez la différence en quelque chose de honteux
et vous encouragez la discrimination. Au lieu de cacher les différences, il faut
enseigner à nos citoyens que, dans une société multiculturelle, «différence» ne
veut dire ni infériorité ni séparatisme.

Il faut d'abord reconnaître que les jeunes filles musulmanes n'ont pas toutes
les mêmes raisons de porter le foulard. Pour certaines, il faut l'avouer, le voile est
imposé par leur père, leurs frères, ou d'autres figures d'autorité de la communauté
musulmane patriarcale. Mais pour d'autres, c'est le choix personnel d'une fille
qui a décidé d'observer ainsi sa foi en Allah; et ce choix est même parfois exercé
contre la volonté de la famille, qui préférerait que leur fille minimise sa différence,
reçoive une bonne éducation, et monte ainsi plus facilement l'échelle sociale°.
Il y en a aussi qui le portent pour éviter le harcèlement des jeunes gens dans les
cités de banlieue° qui agressent les filles musulmanes sans foulard parce qu'elles
semblent trop «occidentalisées». Dans d'autres cas encore, c'est presque un choix
de mode, motivé par le désir d'affirmer une identité culturelle unique.

climb the social ladder

'projects' in the
suburbs of French
cities

© Frederick Florin / AFP / Getty Images

Donc, ceux qui dénoncent le port du voile au nom de la libération de la femme commettent un acte beaucoup trop réducteur. Et d'ailleurs, étant donné le statut d'inégalité de la femme dans la société française majoritaire, n'est-ce pas un peu hypocrite de dénoncer la nature « oppressive » de la société musulmane?

À mon avis, les racines de ce problème sont à chercher dans notre passé colonial. Nous avons imposé notre volonté sur les Maghrébins quand ils étaient toujours chez eux, et nous sommes en train de reproduire ce même rapport d'oppresseurs / opprimés dans l'Hexagone° même. Les inégalités économiques et sociales ont créé des ghettos dans les banlieues où la marginalisation et le chômage mènent à la frustration et à la violence. Nous faisons du foulard le bouc émissaire de ces problèmes sociaux qu'aucune loi ne saurait résoudre. Si les musulmans ne sont pas bien intégrés à la société française, c'est parce que nous les avons ségrégués. Notre malaise avec le visage changeant de la France, avec l'européanisation et la globalisation de notre société, fait que nous nous accrochons à tout prix à une vieille conception nostalgique de «l'identité française» selon laquelle tout le monde était blanc et catholique…

C'est peut-être notre *interprétation* du foulard qui pose problème, plutôt que le foulard lui-même. Ce qu'une jeune fille peut voir simplement comme le fait de vivre sa foi ou d'exprimer son identité, nous voyons comme un acte d'agressivité, de prosélytisme, ou – et c'est bien pire – comme un premier pas vers l'intégrisme et le terrorisme. Nous devons maîtriser notre peur ou notre désapprobation de ce qui se passe en Iran ou au Pakistan, et nous focaliser sur ce qui se passe *en France*. Il faut remettre en question notre paranoïa, notre – oserai-je le dire? – notre islamophobie. Après tout, les Asiatiques aussi vivent souvent entre eux, mais nous ne les accusons pas de refuser l'assimilation.

Il me semble évident qu'on n'encouragera pas l'intégration et le développement de l'esprit critique de nos concitoyennes musulmanes portant le foulard en les envoyant dans des écoles privées musulmanes. Quelle drôle de façon d'assurer l'assimilation! En fait, si une jeune fille remet en question ses propres croyances, ce sera probablement à force de fréquenter des gens (et des livres!) qui expriment d'autres idées et en faisant appel à son propre esprit critique – et ce n'est pas une nouvelle loi qui va parvenir à une « conversion intellectuelle ou spirituelle » miraculeuse. Ce qui m'amène à poser la question peut-être la plus importante de ce débat: Allons-nous refuser de considérer nos frères et nos sœurs musulmans comme de « vrais Français » à moins qu'ils ne renoncent à l'islam?

Je trouve très ironique que nous voulions bannir de nos écoles celles qui veulent porter le foulard, tandis que dans d'autres pays elles sont bannies si elles ne le portent *pas*. Autrefois, une observation stricte de la laïcité était plus raisonnable en France, mais aujourd'hui nous faisons partie d'une société pluriculturelle de citoyens de plus en plus individualistes. Il faut nous laisser libres de faire ce que bon nous semble. Promulguer une loi, ce n'est pas la meilleure façon d'aborder les affaires de conscience.

Il est temps de résoudre les problèmes économiques et sociaux qui marginalisent les Français musulmans du XXe siècle. Il est aussi temps de parler

metropolitan France (so called because it is roughly the shape of a hexagon)

to dig

ouvertement de notre passé colonial et de tous les évènements qui ont aidé à creuser° un fossé d'amertume entre ex-colonisateurs et ex-colonisés. Il faut inviter les Français musulmans à participer à la création d'un cursus national qui enseigne l'histoire de *tous* les Français et qui permette à tout citoyen d'être lui-même et citoyen français en même temps.

Ceux qui s'opposent le plus vigoureusement au port du voile sont ceux qui tiennent le plus fortement à une image désuète de la France. Quelle image cette obstination donne-t-elle de nous aux yeux du reste du monde?

Avez-vous compris?

1. L'expression exacte utilisée dans le texte de la loi est « signes ostensibles…. ». Pourtant, l'auteur de notre lecture est-elle un peu vexée par cette expression. Pourquoi?

2. Pourquoi est-ce que l'auteur du texte met le mot *étranger* entre guillemets (« »)?

3. Pourquoi est-ce qu'elle trouve cette loi injuste?

4. Selon le texte, pourquoi le fait que les pays du Maghreb sont d'anciennes colonies de la France est-il important?

5. D'après l'auteur, pourquoi est-ce que les Français de souche sont plus choqués par les Français musulmans que par *d'autres* groupes minoritaires en France?

6. Pourquoi est-ce que l'auteur est contre l'enseignement à distance et les écoles privées musulmanes?

Qu'en pensez-vous?

1. Est-ce que les jeunes américains ont le droit de porter des signes religieux dans les écoles publiques? Comment est-ce que ces symboles sont perçus par les autres jeunes?

2. Les États-Unis n'ont jamais eu de colonies officielles, mais quels évènements historiques aux États-Unis ont aussi créé des problèmes sociaux? Expliquez.

3. Tous les Français ne sont pas de l'avis que le port du foulard islamique devrait être interdit dans les écoles. À votre avis, quelle est leur justification pour accepter le port du voile?

4. Dans cette lecture, l'auteur dit que le problème du foulard n'est pas le foulard en lui-même, mais plutôt l'interprétation qu'en font les gens. Pouvez-vous accepter cet argument? Si oui, pourrait-on dire la même chose pour le drapeau des États du Sud des États-Unis (*Confederate flag*) ou de la croix gammée (*swastika*), qui est aussi un élément décoratif de certains Amérindiens des États-Unis? Dans ces deux cas-là, est-ce plutôt l'intention (et pas l'interprétation) qui compte?

5. En quoi est-ce qu'un cursus qui enseigne «l'histoire de *tous* les Français» pourrait améliorer la situation actuelle en France? Faisons-nous/Avons-nous fait quelque chose de similaire aux États-Unis? Est-ce que nous avons obtenu les résultats souhaités? Expliquez votre réponse.

6. La Française qui a écrit cette lettre est en faveur du port du foulard dans les écoles publiques. Comment voit-on qu'elle n'est pas complètement objective?

LIENS INTERDISCIPLINAIRES

Mémorial de la Shoah / CDJC

Avant de lire

Imaginez que le gouvernement de votre pays force certains groupes qu'il estime «dangereux» (les athées, les malades atteints du SIDA, les intellectuels, etc.) à porter un brassard *(armband)* pour que les autres puissent les identifier *(recognize)*. Les membres de ce groupe qui ne portent pas ce brassard risquent la prison ou la mort.

1. Si vous faisiez partie de ce groupe visé *(targeted)*, porteriez-vous le brassard ou le refuseriez-vous? Expliquez vos raisons // votre raisonnement.

2. Comment pensez-vous que les gens (vos amis, vos connaissances, etc.) réagiraient s'ils vous voyaient soudain porter ce brassard?

3. Imaginez que vous dînez dans un restaurant. Assis à la table à côté de la vôtre, deux homosexuels s'occupent de leur fille, une enfant de trois ans. Le serveur arrive et refuse de servir le couple, à cause de son orientation sexuelle. Comment réagissez-vous?

LE JOURNAL D'HÉLÈNE BERR [EXTRAITS]

Dans les Liens interdisciplinaires de ce chapitre, nous allons considérer une *autre* situation dans laquelle un «signe ostensible» identifie ceux qui le portent comme pratiquants d'une certaine religion. Cette fois-ci, il s'agit de l'étoile jaune portée contre leur volonté par les juifs sous l'Occupation allemande…

Aujourd'hui, plus de soixante ans après l'armistice, la Seconde Guerre mondiale demeure une des périodes de l'histoire de France sur laquelle on écrit le plus et dont on parle le plus: l'Occupation allemande, la Résistance, le sort de millions de Juifs dénoncés par les autres Français et déportés en Allemagne dans les camps de concentration, ce sont encore des sujets qui hantent l'âme *(haunt the soul)* nationale. Depuis la série de romans de Patrick Modiano, à commencer par *La Place de l'étoile* (1968), jusqu'aux films français ou américains, comme *Inglorious Basterds* de Quentin Tarantino (2009), les artistes, les intellectuels, comme les gens de la rue *(people on the street)*, relancent le débat national sur cette sombre période de l'histoire sans jamais sembler s'en fatiguer.

C'est dans ce contexte que le journal d'Hélène Berr, récemment retrouvé et publié (2008), est rapidement devenu un best-seller national. La jeune Hélène, une juive française, étudiait l'anglais à la Sorbonne — d'où la présence de l'anglais dans son journal — dans les années quarante. Inévitablement, on l'a comparée à Anne Frank parce que toutes les deux sont mortes du typhus dans le même camp de Bergen-Belsen en 1945. Leurs journaux respectifs sont cependant très différents: là où Anne explique comment elle vit dans son appartement caché à Amsterdam, Hélène chronique l'évolution de sa vie quotidienne dans le Paris de l'Occupation de 1942 à 1944. Tragiquement, elle meurt cinq jours avant la libération de Bergen-Belsen, un mois après Anne Frank.

1942

Lundi 1er juin

Maman est venue m'annoncer la nouvelle de l'étoile jaune,[1] je l'ai refoulée, en disant « Je discuterai cela après. » Mais je savais que quelque chose de désagréable était *at the back of my mind* [me préoccupait confusément]. (p. 28) […]

Jeudi 4 juin […]

Il faisait une chaleur brûlante quand je suis repartie, j'ai pris le [bus] 92. Chez Mme Jourdan, j'ai rencontré [une connaissance] avec qui nous avons discuté la question de l'insigne.[2] À ce moment-là, j'étais décidée à ne pas le porter. Je considérais cela comme une infamie et une preuve d'obéissance aux lois allemandes.

(ici) act of cowardice

Ce soir, tout a changé à nouveau: je trouve que c'est une lâcheté° de ne pas le faire, vis-à-vis de ceux qui le feront.

dignified

Seulement, si je le porte, je veux toujours être très élégante et très digne°, pour que les gens voient ce que c'est. Je veux faire la chose la plus courageuse. Ce soir, je crois que c'est de le porter.

Seulement, où cela peut-il nous mener? […] (pp. 28-29)

Mardi 9 juin

Aujourd'hui, cela a été encore pire qu'hier.

très fatigué(e)
my face is tense
tears that gushed though I can't explain why

Je suis éreintée° comme si j'avais fait une promenade de cinq kilomètres. J'ai la figure tendue° par l'effort que j'ai fait tout le temps pour retenir des larmes qui jaillissaient je ne sais pourquoi°.

Ce matin, j'étais restée à la maison, à travailler du violon. Dans Mozart, j'avais tout oublié.

Mais cet après-midi tout a recommencé, [j'ai dû sortir]. Je ne voulais pas porter l'étoile, mais j'ai fini par le faire, trouvant lâche ma résistance. Il y a eu d'abord

---

[1] Note de l'auteur: Le 29 mai 1942, la huitième ordonnance allemande concernant les mesures contre les juifs: leur impose en public le port de l'étoile jaune dès l'âge de 6 ans: « L'étoile juive est une étoile à six pointes ayant les dimensions de la paume d'une main et les contours noirs. Elle est en tissu jaune et porte, en caractères noirs, l'inscription JUIF. Elle devra être portée bien visiblement sur le côté gauche de la poitrine et solidement cousue sur le vêtement. »

[2] l'étoile jaune

LIENS INTERDISCIPLINAIRES (Suite)

who pointed at me

(ici) a particular Paris subway stop

the rumor had it the rumor that had been going around / sudden and jarring

stare at something

deux petites filles Avenue de La Bourdonnais qui m'ont montrée du doigt°. Puis, au métro à l'École militaire° (quand je suis descendue, une dame m'a dit: «Bonjour, mademoiselle»), le contrôleur m'a dit: «Dernière voiture[3].» Alors, c'était vrai le bruit qui avait couru° hier. Cela a été comme la brusque° réalisation d'un mauvais rêve. Le métro arrivait, je suis montée dans la première voiture. Au changement, j'ai pris la dernière. Il n'y avait pas d'insignes. Mais rétrospectivement, des larmes de douleur et de révolte ont jailli à mes yeux, j'étais obligée de fixer° quelque chose pour qu'elles rentrent.

[Dans la cour de la Sorbonne, Hélène retrouve ses camarades de classe et ses professeurs. Elle a l'impression que tout le monde voit l'étoile qu'elle porte, et qu'ils sont tous gênés, mais qu'ils font un effort de ne pas en parler, et de se comporter normalement avec elle.] Mais s'ils savaient, eux, quelle crucifixion c'est pour moi. J'ai souffert, là, dans cette cour ensoleillée de la Sorbonne, au milieu de tous mes camarades. Il me semblait brusquement que je n'étais plus moi-même, que tout était changé, que j'étais devenue étrangère, comme si j'étais en plein dans un cauchemar°. Je voyais autour de moi des figures connues, mais je sentais leur peine et leur stupeur à tous. C'était comme si j'avais eu une marque au fer rouge sur le front°. Sur les marches, il y avait Mondoloni et le mari de Mme Bouillat. Ils ont eu l'air stupéfaits quand ils m'ont vue. Et puis, il y avait Jacqueline Niaisan, qui m'a parlé comme si de rien n'était°, et Bosc, qui avait l'air gêné, mais à qui j'ai tendu la main pour le mettre à son aise. J'étais naturelle, superficiellement. Mais je vivais un cauchemar. Tout le monde a été très gentil avec moi. … Mais je crois qu'aucune [des personnes présentes] ne comprenait ma souffrance. Si elles l'avaient comprise, elles auraient dit: «Mais alors, pourquoi le portez-vous?» Cela les choque peut-être un peu de voir que je le porte. Moi aussi, il y a des moments où je me demande pourquoi je le fais, je sais évidemment que c'est parce que je veux éprouver° mon courage. […]

(ici) test

as if I were right in the middle of a nightmare

I had had a brand burned into my forehead

like it was nothing

Maintenant, en racontant ma journée à Maman, j'ai été obligée de me précipiter dans ma chambre pour ne pas pleurer, je ne sais pas ce que j'ai°. […] (pp. 32–33)

I don't know what's wrong with me

Vendredi, 10 juillet […]

Nouvelle ordonnance aujourd'hui, pour le métro. D'ailleurs, ce matin, à l'École Militaire, je me préparais à monter dans la première voiture lorsque j'ai brusquement réalisé que les paroles brutales du contrôleur s'adressaient à moi: «Vous là-bas, l'autre voiture.» J'ai couru comme une folle pour ne pas le manquer, et lorsque je me suis retrouvée dans l'avant-dernière voiture, des larmes jaillissaient de mes yeux, des larmes de rage, et de réaction contre cette brutalité.

Les juifs n'auront plus le droit non plus de traverser les Champs-Élysées. […]

----

[3] Le 7 juin 1942, à la demande des autorités allemandes, le préfet de la Seine impose aux juifs de ne voyager dans le métro qu'en seconde classe et dans la dernière voiture de la rame. Pour éviter tout scandale, le préfet précise à ce sujet qu'aucune affiche ne sera apposée «ni aucun communiqué fait au public».

I was boiling over | Lorsque j'y ai pensé, je bouillonnais° tellement que je suis venue dans cette chambre me calmer. [...] (p. 51)

Lundi 14 septembre

Je suis allée avec lui [mon fiancé] à [l'église] Saint Séverin, puis nous avons erré sur les quais, nous nous sommes assis dans le petit jardin qui est derrière Notre-Dame. Il y avait une paix infinie.

Mais nous avons été chassés par le gardien, à cause de mon étoile.

Vendredi 18 septembre [...]

Le Dr Charles Mayer a été arrêté parce qu'il portait son étoile trop haut... Une de ces dames s'est exclamée: « Cela prouve vraiment leur mauvaise foi !!! » (p. 65) [...]

1943

Jeudi soir 28 octobre [...]

Après, je suis allée à Saint-Denis voir Keber. En portant les colis, [j'ai] parlé avec une femme du peuple, cela m'a fait si mal, car elle ne *savait* pas. Elle trouvait qu'il y avait beaucoup de juifs à Paris, évidemment, avec cette étiquette, on les remarque, et elle m'a dit: « Mais on n'ennuie pas les Français, et puis on ne prend que ceux qui ont fait quelque chose... » (p. 86)

DISCUSSION

1. Relevez au moins trois actions de Parisiens qui blessent *(hurt)* Hélène. Qu'est-ce qu'elles ont en commun? Comment Hélène les ressent-elle?

2. Quels arguments Hélène utilise-t-elle pour soit porter l'étoile jaune, ou soit pour ne pas la porter? Expliquez le conflit interne qui l'anime.

3. Hélène établit une distinction nette entre une loi et une réglementation. Quelle est la différence?

4. Quel type de discrimination de ce genre avez-vous connu dans votre pays?

5. Pensez-vous que la mémoire collective de l'étoile jaune influence le problème du foulard islamique aujourd'hui? Expliquez votre réponse.

Réplique et synthèse

1. **Qu'est-ce qu'une loi?** Pourquoi en avons-nous besoin? Existe-t-il des lois que vous trouvez ridicules? Ou encore, y a-t-il des lois qui n'existent pas, mais que nous devrions avoir, selon vous? Donnez des exemples précis pour chaque situation.

2. **Nous faut-il des lois? Cas spécifiques.** Voici une liste de quelques activités controversées. Remplissez ce tableau afin d'y réfléchir de façon plus systématique:

Activité	Légale aujourd'hui (au moins dans certains États)	Devrait être légale, selon vous?	Pourquoi (pas)?
Refus parental de vaccination ou de traitement médical pour les enfants			
Production, vente ou possession de pornographie infantile			
La consommation d'alcool avant l'âge de 21 ans			
La consommation de cannabis ou de drogues dites « douces »			
Le mariage homosexuel			
Le plagiat (*plagiarism*)			
La liberté d'opinion, même s'il s'agit d'un rassemblement du KKK, par exemple.			
L'utilisation des téléphones portables en voiture			

3. **Les lois — Êtes-vous fidele(s) à vos principes?** À quelles activités avez-vous donné votre approbation? votre désapprobation? Pratiquez-vous certaines de ces activités même si elles risquent de nuire aux autres — ou bien à vous-même (par exemple: envoyer des SMS en conduisant votre voiture). Y a-t-il d'autres activités qui vous rendent mal à l'aise, même si vous pensez qu'elles devraient être légales pour défendre la liberté d'expression (exemple: les rassemblements du KKK)? Expliquez ce qui détermine votre position sur ces différents problèmes.

DISCUSSION

1. Nous sommes biologiquement programmés pour avoir peur des créatures différentes de nous. Ce type de peur a probablement contribué à notre survie pendant les époques plus primitives de l'histoire de notre espèce. Cependant, cette peur n'est plus utile aujourd'hui, et elle est la cause de problèmes importants de la société moderne. Peut-on dépasser cette réaction instinctive et négative à la différence? Si oui, comment?

2. Quand a-t-on créé le nouveau jour férié en l'honneur du Dr Martin Luther King, Jr. aux États-Unis? Comment cet acte a-t-il été perçu? Comment est-ce que certains groupes ont expliqué leur résistance à cette action? Quelles (autres) mesures a-t-on prises dans votre pays pour reconnaître l'existence et les contributions d'autres minorités?

3. À votre avis, existe-t-il ici dans votre pays un phénomène semblable au problème du foulard islamique en France? Si oui, lequel? Quelles pratiques culturelles vous semblent aller à l'encontre *(run counter to)* de vos valeurs collectives? Que pourrait-on faire pour enrayer *(to eliminate)* ces problèmes?

4. Que penser de la circoncision, un acte rituel millénaire que certains estiment barbare ou unnecessary (inutile)? Bien que la *American Academy of Pediatrics* ne considère pas la circoncision nécessaire du point de vue médical ou hygiénique, 85% des bébés américains sont circoncis, contre 10% en Europe. À votre avis, la circoncision est-elle une pratique qu'on doit encourager? Dans quelle circonstances doit-on permettre la circoncision rituelle qui fait partie des pratiques de certaines religions? A-t-on le droit ou l'obligation de l'interdire?

5. De même, que penser de l'excision, ou «circoncision féminine», aussi nommée «mutilation génitale féminine»? On estime à 30 000 le nombre de femmes et de fillettes excisées vivant en France actuellement, et entre 10 à 20 000 jeunes filles d'origine africaine sont exposées au risque d'excision dans l'Hexagone, malgré les pénalités sévères prévues par la loi française. Cependant, comme la circoncision des garçons et le port du voile, l'excision est une pratique religieuse et culturelle millénaire. Doit-on l'accepter au nom de la liberté de religion? ou au nom du multiculturalisme?

6. Que penser aussi du mariage arrangé qui est pratiqué en Afrique du Nord et en Asie, et par conséquent en France, parmi les immigrés de ces diverses/ différentes communautés? Jusqu'à quel point la loi doit-elle laisser accepter ces pratiques culturelles et religieuses, et quand doit-elle intervenir pour les enrayer *(to stop them)*?

7. Pour les gens qui soutiennent le droit de la femme d'avorter, cette étude confirme leurs opinions. Mais si on s'y oppose, quelles autres solutions pourrait-on proposer? Pensez à d'autres situations où un certain nombre de gens continue(nt) à désobéir à une loi (en consommant de la drogue, en conduisant une voiture quand ils sont intoxiqués, etc.) *Si on s'oppose* au comportement de ces gens, quelles autres solutions pourrait-on proposer?

8. Le débat sur l'accès universel aux soins médicaux continue aux États-Unis. Dans quelle mesure pensez-vous que les pays développés doivent rendre possible pour tous l'accès à des soins médicaux de bonne qualité? Quelles exceptions, si c'est le cas, feriez-vous à cette politique inclusive?

9. Aux États-Unis, la sécurité sociale, certains soins médicaux, les écoles publiques, les bibliothèques municipales et les transports en commun, etc. sont en partie subventionnés par des gens qui ne les utilisent jamais. Cela vous semble-t-il juste? Expliquez votre réponse.

10. D'un point de vue strictement anthropologique, quel est le rôle de la religion dans la société? Partage-t-elle certaines fonctions semblables à celles du système légal? Faut-il parler de la religion à l'école? Si oui, quelle approche devrait-on prendre?

EXPOSÉS

1. Cherchez en ligne et lisez un article sur la cause des émeutes de 2005 dans les banlieues françaises et comparez-les aux événements survenus avec Rodney King ou Amadou Diallo aux États-Unis. Qu'est-ce que ces incidents révèlent sur la tension raciale et sociale dans notre société aujourd'hui? Que peut-on faire pour réduire cette tension?

2. Faites des recherches sur une religion que vous connaissez peu. Rapportez à la classe ses origines, ses croyances *(beliefs)* et ses pratiques. Cette religion présente-t-elle des aspects qui vous étonnent? des aspects qu'elle a en commun avec une autre religion que vous connaissez mieux?

3. En regardant un calendrier français (e.g. http://www.almanach.free.fr/), dites si les jours fériés catholiques correspondent aux jours fériés américains. Compte tenu du fait que la population catholique baisse en France, pensez-vous qu'il serait bon de remplacer quelques jours fériés *(holidays)* catholiques par des fêtes comme Yom Kippur ou Aïd el-Kébir (recherchez ces termes s'ils ne vous sont pas familiers). Quel jour férié proposeriez-vous et pourquoi? S'il y avait une certaine résistance à adopter des fêtes non-chrétiennes comment est-ce que le gouvernement devrait réagir?

Ouvertures créatives

A **Promulguez une nouvelle loi.** En groupes de trois ou quatre étudiants, créez une nouvelle loi—qui peut être sérieuse ou fantaisiste. Écrivez-la et présentez-la au reste de la classe. À la fin des présentations, votez pour la loi que vous voudriez voir passer. Vous pouvez voter pour votre propre loi et pour une autre. Pour que votre loi soit votée, il faut vous montrer persuasifs!

B **Créez une affiche.** Créez une affiche qui promeut *(promotes)* la tolérance religieuse ou adresse un autre problème social qui vous tient à cœur.

C **Écrivez un poème.** En imitant les exemples suivants, rédigez un poème de cinq lignes (un «cinquain»): 1) écrivez à la première ligne un mot lié à un problème social qui vous intéresse; c'est votre sujet et le titre *(title)* du poème. 2) À la deuxième ligne, écrivez deux adjectifs qui expriment vos impressions sur votre sujet, 3) à la troisième ligne trois verbes, 4) à la quatrième ligne une phrase de quatre mots et 5) à la cinquième et dernière ligne un mot récapitulant vos sentiments sur le sujet du poème.

Modèles:

La tolérance	**Le mariage entre personnes du même sexe**
Juste, équitable	*Complexe, controversé*
Respecte, émeut, valorise	*Intimide, surprend, choque,*
Elle soutient la diversité.	*Faut-il l'accepter?*
Fraternité	*Amour*

D **Le diseur/La diseuse de bonne aventure *(The fortune teller)***
Avec un(e) partenaire, préparez un sketch dans lequel un(e) enfant vient voir le diseur/la diseuse de bonne aventure et lui pose beaucoup de questions sur son avenir. Le diseur/La diseuse de bonne aventure regarde dans sa boule de cristal et lui répond de façon assez précise. En fait, l'enfant deviendra un(e) adulte célèbre! Les autres étudiants de la classe doivent écouter les questions et les réponses, et puis deviner de qui il s'agit *(guess who it is)*.

Modèle:
—*Est-ce que j'aurai une enfance heureuse?*
—*Non, tu auras pas mal de problèmes.*
—*Qu'est-ce que je ferai comme profession?*
—*Tu seras une vedette (star) de la télévision.*
—*Est-ce que je gagnerai beaucoup d'argent?*
—*Oui, tu seras très riche.*
—*Est-ce que je serai respectée?*
—*En général, oui. Tu encourageras beaucoup de téléspectatrices à lire des livres importants. Mais une autre personnalité de la télévision (qui s'appellera David Letterman) se moquera souvent de toi.*

Réponse: Oprah Winfrey

E **Si j'étais ministre...** Imaginez qu'on vient de créer un nouveau poste au gouvernement de votre pays — ministre de la Sécurité des enfants, ou un autre « ministère » de votre choix. Si vous étiez nommé(e) à ce poste, que feriez-vous? Identifiez les aspects de la sécurité des enfants que vous trouvez les plus importants et dites ce que vous feriez pour améliorer la situation actuelle. Utilisez le conditionnel quand c'est nécessaire.

Liens communautaires

Publicité d'intérêt général (*Public service announcement*). Écrivez une publicité qui va passer à la télévision ou à la radio pour promouvoir un aspect du bien collectif qui semble préférable à (or plus important que) la liberté individuelle. Voici une liste de sujets possibles, mais votre groupe peut choisir un autre sujet si votre professeur est d'accord avec votre choix: une publicité antitabac, une publicité pour les vaccins contre la grippe, une publicité sur le port de la ceinture de sécurité, sur la civilité et le respect de la diversité, etc. Filmez ou enregistrez votre publicité ou encore, jouez-la devant la classe. Si possible, partagez-la avec d'autres classes de français, votre club de français, etc.

Rédaction guidée

Peer Review ## Développez vos arguments

A **Sujet.** « La liberté de chacun s'arrête où celle de l'autre commence. »

B **Orientation.** Afin de considérer ce vaste sujet en termes concrets, il est essentiel d'en limiter le cadre *(frame)* et de l'appliquer à un exemple précis. Vous allez lire un plan possible pour discuter la question du foulard islamique qui est le thème central de ce chapitre. Ensuite, vous devrez développer votre propre plan sur un autre sujet de votre choix, en rapport avec le thème central de « la liberté individuelle et du bien collectif ».

C **Avant d'écrire.** Voici ci-dessous un plan possible sur le sujet général de déterminer où commencent et se terminent les libertés individuelles et collectives.

INTRODUCTION. Le sujet est vaste, il faut le délimiter. Le problème du foulard islamique est d'actualité en France et exemplifie très bien l'idée selon laquelle la liberté de chacun est limitée par celle de l'autre.

- La République française s'est bâtie sur les ruines de la monarchie. En éliminant la monarchie, la France a établi une séparation stricte entre les pouvoirs exécutifs et spirituels, autrefois détenus tous les deux par le roi.

- Les musulmans en France estiment avoir le droit de préserver leur culture et leurs observances religieuses.

- Avec la croissance de la population musulmane en France après la décolonisation des années soixante un problème d'origine culturelle est apparu: Comment maintenir la laïcité des écoles françaises si on autorise le port du foulard islamique, un signe clair d'affiliation religieuse? Autrement dit, quand l'intérêt d'un groupe mineur va à l'encontre de l'intérêt général (dans ce cas, le désir de maintenir le caractère laïque des écoles publiques), que doit-on faire?

THÈSE: Il faut dire « non! » au port du voile islamique dans les écoles.

- Depuis la Révolution, la France tient à créer un État neutre pour tous ses citoyens. Ce qui vaut pour l'un doit valoir pour tous les autres. Suivant cette logique, il faut que l'école publique, qui est obligatoire, demeure un espace neutre où // dans lequel aucun groupe ne peut afficher son affiliation religieuse.

- L'État français est très centralisé et ce qui se fait dans une école, doit se faire de la même façon dans *toutes* les écoles, toujours pour des raisons d'impartialité. Suivant cette logique, toutes les écoles publiques de France doivent avoir les mêmes règles concernant le foulard. Le port du foulard islamique n'est pas interdit partout en France; il l'est uniquement à l'école.

Quiconque veut pouvoir porter un signe «ostensible» de son appartenance à la religion catholique, par exemple, peut soit le faire après l'école, soit dans une école catholique. Ces mêmes options sont valables pour les jeunes musulmanes: elles peuvent soit porter leur voile après l'école, soit fréquenter une école confessionnelle.

Mini-conclusion de la thèse: «À Rome, il faut faire comme les Romains» dit un proverbe anglais. Si les musulmans veulent venir s'établir en France, ils doivent accepter de vivre comme les Français.

ANTITHÈSE: Il faut embrasser notre diversité actuelle et accepter le port du foulard islamique dans les écoles publiques.

- Le nouveau visage de la France, à l'aube du XXIe siècle est différent de celui qu'elle présentait en 1789. L'islam fait maintenant partie du paysage culturel français, il faut donc s'adapter à cette nouvelle réalité.

- Toutes les musulmanes ne portent pas le foulard pour des raisons religieuses, elles le font aussi pour des raisons culturelles ou personnelles – pour affirmer leur identité, par exemple; il ne s'agit donc pas nécessairement d'un choix d'ordre religieux.

- Il est clair que l'opposition au voile découle *(results in)* moins de soucis religieux que de l'intolérance et de la xénophobie, qui ont leurs origines dans l'héritage colonial de la France.

Mini-conclusion de l'antithèse: Sous le prétexte de maintenir une laïcité nationale, on refuse aux musulmans le droit d'exprimer leur personnalité et leur culture; le vrai problème, c'est l'intolérance et la xénophobie latentes.

SYNTHÈSE: Les temps changent et des conditions d'existence nouvelles imposent de nouvelles solutions. Cependant, une «exception musulmane» dans les écoles va contre l'idée de la justice pour tous. Par exemple, elle ne serait pas juste par rapport aux Français non musulmans pour qui le port du foulard n'est lié ni à leur religion, ni à leur culture, ni à leur identité.

- Les lois qui ont été promulguées pendant la Troisième République sur la séparation de l'état et de la religion ne visaient pas les musulmans, mais plutôt les pratiquants de la religion catholique, religion ancestrale – et donc royaliste – en France.

- Aujourd'hui, ce sont les musulmans qui courent le risque de souffrir les conséquences d'une loi qui ne les visait même pas, à l'origine.

- De même, la notion de la laïcité a changé, parce qu'elle ne vise plus, dans la France moderne, à protéger le pays contre un retour très improbable de la monarchie. La laïcité ne devrait pas se manifester aujourd'hui comme une opposition à la religion, elle devrait plutôt soutenir le principe de la liberté de culte pour tous.

Mini conclusion de la synthèse: La menace du passé à la laïcité—un retour éventuel à la monarchie— n'existe plus aujourd'hui. Peut-être est-il temps de réviser les lois pour qu'elles s'adressent à la réalité de notre temps?

CONCLUSION: « La liberté de chacun s'arrête où celle de l'autre commence. » Cette formule qui a le mérite d'être claire et de sembler autoritaire, se montre peut-être réductrice. On a vu avec cet exemple du foulard islamique en France que la réalité est plus complexe.

- D'un côté, on prétend que les musulmans de France devraient se conformer aux normes d'un pays extrêmement centralisé et pour lequel la notion de laïcité est intimement liée à l'identité nationale, au nom de l'intégration et des valeurs républicaines.

- De l'autre, on a vu que la question du foulard islamique cache peut-être plus la xénophobie qu'un problème de laïcité, la xénophobie étant le résultat regrettable de la colonisation.

- Somme toute, le vrai problème réside peut-être dans le fait que la notion même de laïcité est à redéfinir, non pas en opposition à la monarchie comme c'était le cas à l'origine, mais comme le droit de chacun à sa liberté de culte.

- La question est donc moins de préserver les normes périmées d'une laïcité caduque, que de les redéfinir. Puisque la peur du retour à la monarchie n'est plus en question, pourquoi ne pas laisser *à chacun et à chacune* le choix de porter les signes de son appartenance religieuse quelle qu'elle soit, même à l'école?

Cette solution a le mérite de traiter tous les citoyens de façon égale et d'éviter le problème épineux de « l'exception musulmane ». Cependant, s'il est vrai que l'interdiction du foulard islamique n'est qu'une manifestation d'une xénophobie latente, ne faudra-t-il pas plus de bonne volonté de part et d'autre pour que le pays vive en harmonie?

D **À votre tour!**   Maintenant, à vous d'écrire le plan d'une composition hégélienne. En vous basant sur le modèle ci-dessus, rappelez-vous le sujet (point A), et adaptez-le à un thème de votre choix (e.g. la circoncision rituelle, l'excision, le refus du traitement médical, etc.)

5 La mondialisation: Est-ce une réalité inévitable ou une cause à combattre?

Objectifs communicatifs

COMMUNICATION

- **Point** La mondialisation – une aubaine *(godsend)* pour tous.
- **Contre-point** La mondialisation à quel prix?

LIENS GRAMMATICAUX

- Le présent du subjonctif
- Le passé du subjonctif

LIENS SOCIOCULTURELS

- Mondialisation: le cas des enfants

LIENS COMMUNAUTAIRES

- Signes de mondialisation? La présence de la France dans mon pays

LIENS INTERDISCIPLINAIRES

- *New York Fantasy* (extrait), Olivier Jacquemond

*C*ontroverse: Au début du nouveau millénaire, ce qu'on appelle «la mondialisation» touche tous les aspects de la vie humaine. Plusieurs facteurs ont contribué à l'apparition de ce phénomène. On peut citer, par exemple, des transformations politiques (comme la fin de la guerre froide), la prolifération de compagnies «multinationales» ou «transnationales», l'internationalisation du commerce et du secteur économique et l'expansion des médias de communication, y compris l'Internet. Le terme de «mondialisation» (ou «globalisation») possède une forte charge émotionnelle et provoque un débat animé: D'un côté, il y a les défenseurs de la mondialisation. Pour eux, la libéralisation et l'expansion des marchés facilitent les partenariats commerciaux, les alliances politiques et autres collaborations globales bénéfiques, et créent des emplois pour les peuples du tiers monde en même temps. De l'autre côté du débat, il y a les «antimondialistes» ou «altermondialistes» (*alter* veut dire «autre» en latin) qui voient surtout dans ce phénomène des inégalités économiques, des conséquences environnementales catastrophiques et l'homogénéisation des cultures. Et vous? De quel côté penchez-vous *(do you lean)*?

Premières pensées

Les mots pour le dire

noms

actionnaire (m/f)	*stockholder*
barrière (f)	*barrier*
bien-être (m)	*well-being*
chômage (m)	*unemployment*
multinationale (f)	*(multinational) company*
coopération (f)	*cooperation*
crime (m)	*crime*
croissance (f)	*growth*
droits (de l'homme) (m)	*human rights*
écart (m)	*gap, discrepancy*
libre-échange (m)	*free trade*
maladie (f)	*illness*
main-d'œuvre (f)	*labor*
ouverture (f)	*opening*
revenu (m)	*income, salary, earnings*
solidarité (f)	*solidarity*
tribunal (m)	*court*

verbes

engendrer	*to generate, cause*
épuiser	*to exhaust, use up*
lutter	*to fight, struggle*
marginaliser	*to marginalize*
menacer	*to threaten*
partager	*to share*
réglementer	*to regulate*
s'unir	*to unite, band together*

adjectif

efficace	*efficient*

expressions

créer des emplois	*to create jobs*
externalisation (f)	*outsourcing*
faire concurrence à	*to compete with*
niveau (m) de vie	*standard of living*
pays (m) en voie de développement, pays en développement	*developing country*
poursuivre en justice	*to try, to bring to justice*
ressources (f) naturelles	*natural resources*
savoir-faire (m) technologique	*technological know-how*

A **Des slogans.** Lisez chacun des slogans suivants et exprimez son message avec vos propres mots. Êtes-vous d'accord avec leurs messages? Pourquoi ou pourquoi pas?

Modèle: **LA MONDIALISATION: L'ÉVÉNEMENT DU SIÈCLE**

Ce slogan suggère que la mondialisation, c'est la chose la plus importante qui soit arrivée pendant le XXIe siècle.

La terre n'est qu'un seul pays et tous les hommes en sont les citoyens.

L'Union européenne: Une réponse à la mondialisation

Nos vies valent plus que leurs profits

B **Réflexion**

1. D'après ce que vous savez déjà, citez deux phénomènes positifs et deux phénomènes négatifs engendrés par la mondialisation.

2. Souvent, quand on parle de la mondialisation, c'est dans le sens économique du terme. Pourtant, ce phénomène s'observe dans beaucoup d'autres domaines. Donnez des exemples des effets de la mondialisation (positifs ou négatifs) pour chacune des catégories suivantes:

la santé *(health)*	la culture	le crime / la justice
les langues	la politique	

3. Voici une liste de six secteurs de l'économie. Quatre des six catégories figurent parmi les exportations les plus importantes de la France. À votre avis, quels sont les deux secteurs dans lesquels la France n'est pas très compétitive sur le marché mondial? (*Vous trouverez les réponses au bas de cette page*). Quelles caractéristiques les secteurs qui ont du succès ont-ils en commun? À votre avis, pourquoi la France n'est-elle pas très compétitive dans les deux autres domaines?

l'automobile	l'informatique	les produits pharmaceutiques
les textiles	l'énergie	les télécommunications

4. Certaines personnes prétendent *(claim)* que la mondialisation pourrait influer sur le sens de l'identité nationale des peuples. Si c'est vrai, quelles pourraient être les conséquences positives et négatives de cette évolution?

Les deux secteurs dans lesquels la France a moins de succès économique sont les textiles et l'informatique.

Point

La mondialisation – une aubaine

Les mots pour le dire

noms

concurrence (f)	*competition*
consommateur (~trice)	*consumer*
développement (m)	*development*
économies (f pl)	*savings*
efficacité (f)	*efficiency*
exportateur (~trice)	*exporter*
importateur (~trice)	*importer*
libre-échange (m)	*free trade*
lutte (f)	*struggle*
marché (m)	*market*
ouvrier (~ ière) spécialisé(e)	*(unskilled, semi-skilled) worker*
pauvreté (f)	*poverty*
production (f)	*production*
(dé)réglementation (f)	*(de)regulation*
subvention (f)	*subsidy*
tarif (m) douanier	*customs tariff*
taux (m) d'intérêt	*interest rate*
transport (m)	*shipping, transport*

verbes

aider (qqn à faire qch)	*to help (someone do something)*
élargir	*to broaden*
emprunter	*to borrow*
exporter	*to export*
freiner	*to slow (to put the brakes on)*
importer	*to import*
imposer (des conditions)	*to impose (conditions)*
prêter	*to lend*
produire	*to produce, manufacture*
promouvoir	*to promote*

adjectifs

avantageux (-euse)	*advantageous*
bénéfique	*beneficial*
concurrentiel(le)	*competitive*
conservateur (-trice)	*conservative*
de gauche	*leftist, liberal*
disponible	*available*

expressions

avoir les moyens (de)	*to have the means (to)*
le coût (m) de la vie	*cost of living*
être dépourvu(e) de (quelque chose)	*to be lacking (something)*
prise de (f) conscience	*realization, awakening*
produits (m) pétroliers	*petroleum products*
tirer bénéfice	*to make a profit*

Études de vocabulaire

1 **Des définitions.** Reliez chaque mot de la colonne A à sa définition ou à un synonyme dans la colonne B.

A

1. élargir
2. freiner
3. emprunter
4. consommateur
5. subvention
6. concurrence
7. lutte
8. disponible

B

a. trouvable
b. promouvoir
c. importateur
d. aide financière
e. compétition
f. acheteur
g. concurrentiel
h. rendre plus large, étendre
i. bataille
j. ralentir
k. accepter de l'argent en promettant de le rembourser plus tard

2 **Des sigles** *(acronyms)*

A Quand on parle de développement et de mondialisation, plusieurs organisations s'imposent. Lisez le nom de chaque organisme et écrivez le sigle qui le désigne en français. Ensuite, écrivez entre parenthèses le sigle anglais équivalent en anglais.

Modèle: Organisation du traité de l'Atlantique Nord = **l'OTAN (NATO)**

1. Fonds monétaire international =

2. Organisation non gouvernementale =

3. Organisation des Nations unies =

Pourquoi est-ce que les lettres des sigles anglais et français n'apparaissent souvent pas dans le même ordre?

Courtesy NATO

B Quel est l'équivalent anglais des sigles français suivants?

le SIDA   l'UE   l'ADN   l'OGM

C Trouvez dans la liste ci-dessous le sigle français qui désigne les noms suivants: World Health Organization; Doctors Without Borders; Gross National Product; High Speed Train; Women's Liberation Movement; Post Office Box; World Trade Organization et — juste pour rire — Unidentified Flying Object

MSF   OMS   OVNI   BP   MLF   OMC   PNB   TGV

✎ **Liens grammaticaux**

LE PRÉSENT DU SUBJONCTIF

Dans ce chapitre nous allons lire et exprimer des opinions assez fortes sur la mondialisation. On utilise **le subjonctif** pour exprimer la volonté, la nécessité, des sentiments, des regrets et d'autres jugements personnels. Consultez le chapitre 5 du *Cahier d'activités* pour réviser **le subjonctif** et faites l'exercice suivant.

Réactions.   Kevin vient de se renseigner *(get information)* sur la production et la distribution des produits alimentaires *(foods)* et il a des réactions assez fortes. Reprenez les phrases ci-dessous, en commençant chacune par une expression impersonnelle (**Il est choquant que, Il faut que,** etc.) ou avec une expression d'émotion (**Je regrette que, J'ai peur que,** etc.). Attention! Il faudra que vous utilisiez le subjonctif.

> **Modèle:**   L'agriculteur reçoit seulement un petit pourcentage du prix de vente de ses récoltes *(harvests)*.
> Il est choquant que l'agriculteur *reçoive* seulement un petit pourcentage du prix de vente de ses récoltes.

1. Les distributeurs tirent un grand bénéfice de la vente des fruits et légumes qu'ils achètent à ces agriculteurs.

2. Les supermarchés peuvent ensuite vendre très cher ces marchandises qu'ils commandent *(order)* aux distributeurs.

3. Les consommateurs savent d'où vient leur nourriture et dans quelles conditions elle est produite.

4. Nous comprenons le fonctionnement du cycle production/consommation.

5. L'écart entre les plus riches et les plus pauvres devient de plus en plus grand.

6. La politique des grandes compagnies transnationales détruit l'environnement.

7. Les multinationales décident souvent ce que les paysans du tiers monde vont cultiver!

8. Les agriculteurs dans les pays en développement sont encouragés à utiliser des engrais *(fertilizers)* chimiques.

9. Le public doit prendre des décisions responsables vis-à-vis de ses achats au supermarché.

10. Tu écris un éditorial sur ce sujet.

Track 12A

De quoi parle-t-on?

Au Carrefour.   Éric et Maxime se rencontrent par hasard au centre commercial *(at the mall)*. Écoutez leur conversation et répondez aux questions suivantes.

1. Quel est le nom du nouveau magasin dont on parle dans la conversation?

2. Lequel des deux amis aime ce magasin? Expliquez pourquoi.

3. Quelle raison principale l'autre ami donne-t-il de ne pas l'aimer?

4. De quoi a-t-il peur?

Lecture

Remue-méninges

Quels sont les risques, les dangers, les obstacles et les tentations *(temptations)* qu'un organisme peut rencontrer quand il lance un projet destiné à aider un pays — particulièrement un pays pauvre? (Cela peut être Le *Peace Corps*, le FMI, un organisme subventionné par un groupe religieux, etc.)

© Gary Blakeley / Shutterstock.com

LE MONDE CHANGE, NOUS DEVONS CHANGER AVEC LUI

L'Organisation mondiale du commerce (OMC) est une des agences internationales qui encourage et applaudisse la mondialisation. L'objectif principal de l'OMC est d'aider les producteurs, les exportateurs et les importateurs de marchandises et de services à élargir leur marché en éliminant toutes les pratiques — tarifs douaniers, subventions gouvernementales, etc. — qui freinent le commerce mondial. L'OMC veut voir accélérer encore plus le rythme de la mondialisation dans les années à venir, car l'ouverture des marchés et l'expansion du commerce global offrent plus de choix aux consommateurs et élargissent ainsi la variété et la qualité des produits disponibles sur les marchés qui les importent. Maintenant, grâce aux accords commerciaux passés avec d'autres pays, on peut:

- acheter des fruits frais et des fleurs de n'importe quelle variété à n'importe quel moment de l'année

- acheter des produits artisanaux° – souvent faits avec des motifs exotiques et des matériaux uniques (le bois tropical, la soie°, etc.)

- contacter quelqu'un par téléphone en plein milieu de la nuit (en Inde, par exemple) pour du service après-vente° ou de la résolution de problèmes techniques

Et les économies que les entreprises réalisent en externalisant le travail° dans d'autres pays résultent souvent en des prix très avantageux pour les consommateurs.

handcrafted items
silk

customer service

labor

L'OMC et les autres défenseurs de la mondialisation du commerce décrivent ainsi ses avantages pratiques:

- La mondialisation du commerce stimule la croissance économique, accroît les revenus et diminue le coût de la vie.

including

- De plus, elle crée de nouvelles opportunités sur les marchés commerciaux et sur les marchés du travail, y compris° ceux des pays en voie de développement.

De plus, sur un plan plus abstrait ou philosophique, la libéralisation du commerce suscite entre différents pays des discussions et des négociations qui mènent à des accords et à des prises de conscience bénéfiques pour le bien commun de tous les peuples.

Un autre organisme international, le Fonds monétaire international, (FMI), affirme aussi qu'il faut promouvoir et non ralentir la mondialisation des marchés car c'est le meilleur moyen de stimuler la croissance, le développement et la lutte contre la pauvreté. Pour le FMI, cela est possible parce que l'ouverture et la libéralisation du commerce favorisent l'efficacité grâce à la concurrence et à la distribution du travail: dans un système économique mondial, chaque pays peut se spécialiser et se consacrer aux travaux qu'il fait le mieux. Ceci ne peut que stimuler l'économie mondiale, assurer l'égalité des chances de chaque

on a planetary level, a worldwide scale

pays de développer ses propres marchés à l'échelle planétaire° et offrir aux consommateurs les meilleurs produits aux prix les plus compétitifs.

Enfin, selon ces organismes, cette évolution économique pourrait aussi mener à d'autres sortes de modifications positives dans notre façon de « vivre ensemble »:

- La mondialisation du commerce peut engendrer d'*autres* sortes de coopérations globales.

- La mondialisation peut faciliter la coopération multilatérale pour lutter contre le terrorisme, le trafic de drogue et d'armes.

- La mondialisation peut contribuer à maintenir la paix.

Le rythme de la croissance s'est déjà accéléré, grâce à la privatisation et à la dérégulation de certains secteurs de l'économie par le gouvernement de plusieurs pays et à l'extension rapide des technologies de l'informatique et de la communication; tout ceci signifie pour les défenseurs de la mondialisation que nous faisons des pas importants vers le « meilleur des mondes possibles ».

Avez-vous compris?

1. Que signifie le sigle OMC? Quel est le but principal de cet organisme?

2. Juste ou faux? Selon les défenseurs de la mondialisation, le libre-échange contribue à la croissance économique et donc au bien-être des pays qui y participent.

3. Juste ou faux? Le Fonds monétaire international (FMI) veut freiner la mondialisation.

4. Expliquez en vos propres termes ce que sont qu'un tarif douanier et une subvention. Connaissez-vous des produits fabriqués ou cultivés dans votre région qui bénéficient de ces genres de protection?

5. Toujours selon l'article, comment est-ce que la mondialisation peut engendrer l'efficacité? Donnez des exemples qui illustrent cette idée.

6. Selon ce texte, quels sont les avantages de la mondialisation pour les consommateurs?

Qu'en pensez-vous?

1. Que savez-vous de l'OMC, du FMI et de la Banque mondiale? Comment ces institutions aident-elles les peuples des pays en voie de développement? Avez-vous jamais entendu des critiques de ces organismes? Lesquelles?

2. De tous les avantages de la mondialisation cités dans ce texte, lesquels sont ceux que vous trouvez les plus importants? Expliquez votre réponse.

3. En principe, la mondialisation est aussi très bénéfique pour le consommateur. Considérez les trois exemples spécifiques de bénéfices pour le consommateur qui sont cités dans le texte (la disponibilité de fruits et de fleurs hors saison, d'objets faits de matériaux exotiques et la disponibilité d'assistance technique à n'importe quelle heure) – est-ce que ces phénomènes ont aussi des côtés négatifs? Lesquels?

4. L'article suggère que la mondialisation suscite «des prises de conscience bénéfiques pour le bien commun de tous les peuples». À votre avis, qu'est-ce que cela veut dire? Pouvez-vous citer des exemples qui confirment ou contredisent cette idée?

5. L'idée que la mondialisation peut aider à maintenir la paix et la stabilité est assez étonnante. Expliquez comment cela pourrait être le cas.

LIENS SOCIOCULTURELS

MONDIALISATION – LE CAS DES ENFANTS

Le travail des enfants

À peu près 158 millions d'enfants de 5 à 14 ans (soit 1 sur 6) sont engagés à l'heure actuelle dans le travail des enfants (en Afrique subsaharienne, le nombre est de 69 millions et en Asie du sud-est, 44 millions d'enfants travaillent). Ces enfants travaillent souvent, par exemple,

© Finbarr O'Reilly / Reuters / Landov

- dans les mines
- avec des produits chimiques comme des pesticides agricoles
- avec des machines parfois dangereuses dans l'industrie ou dans l'agriculture
- comme domestiques
- comme prostitués

Bien que le travail des enfants soit un phénomène assez répandu *(widespread)*, ces enfants sont souvent «invisibles», cachés aux yeux du monde dans des usines, dans des maisons particulières, dans des maisons closes *(brothels)*, dans des champs loin des villes, sous la terre, etc.

Les enfants et le SIDA:

Plus de 2,1 millions d'enfants dans le monde sont séropositifs, et plus de 400.000 le deviennent chaque année.

Bien que le nombre d'enfants recevant des antirétroviraux augmente, la majorité des enfants qui en ont besoin n'en reçoivent pas.

Le trafic d'enfants:

Jusqu'à 1,2 millions d'enfants sont exploités chaque année, surtout forcés au travail peu rémunéré ou à l'exploitation sexuelle. Malheureusement, quand ces enfants sont enlevés de chez eux, ils croient souvent (et leurs familles aussi) qu'ils partent vers une vie meilleure.

Quelques exemples:

Entre 1.000 et 1.500 bébés et jeunes enfants sont enlevés chaque année, adoptés par des couples en Europe et en Amérique du Nord.

Des jeunes filles de 13 ans ou plus (souvent d'Asie ou d'Europe de l'Est) sont exploitées comme «mariées par correspondance».

Au Mexique, plus de 16.000 enfants sont prostitués, surtout dans les lieux touristiques.

En Lettonie, les orphelinats *(orphanages)* fournissent des enfants pour apparaître dans des films pornographiques.

Source: l'UNICEF

DISCUSSION

1. À votre avis, quelles conditions expliquent le fait qu'il y a tant d'enfants qui travaillent?

2. À quels dangers ces enfants sont-ils exposés?

3. Quelles sont les conséquences personnelles ou sociales pour les enfants qui travaillent?

4. Le travail des enfants existe-t-il (et / ou a-t-il existé) aux États-Unis? Expliquez.

5. Qu'est-ce que les consommateurs peuvent faire pour lutter contre le travail des enfants?

6. Pourquoi est-ce que tant d'enfants du tiers-monde contractent le SIDA? Comment le contractent-ils? Quels risques est-ce qu'ils courent à cause de cette maladie?

7. Quels sont les problèmes que peuvent rencontrer les mariées par correspondance *(mail order brides)*?

8. Qu'est-ce que le tourisme sexuel? Dans quels pays le rencontre-t-on? Pourquoi?

9. Pourquoi les Américains et les Européens adoptent-ils beaucoup d'enfants étrangers? Peut-on qualifier ce phénomène de délocalisation? Expliquez pourquoi certains pays semblent avoir beaucoup d'enfants à adopter. À votre avis, est-ce que tous ces pays sont reconnaissants *(grateful)* envers les pays développés qui adoptent leurs enfants? Pourquoi ou pourquoi pas? Au lieu d'adopter leurs enfants, quel autre type d'« aide » pourrions-nous leur apporter?

Contre-point

La mondialisation à quel prix?

Les mots pour le dire

noms

culture (f)	*culture, crop*
classe (moyenne) (f)	*(middle) class*
commerce équitable (m)	*fair trade*
conséquence (f)	*consequence, result*
déchets (m pl)	*waste, garbage*
écart (m)	*gap*
éloignement (m)	*distancing, creation of distance*
émission (f)	*emission*
épuisement (m)	*draining, exhaustion*
équilibre (m)	*balance, equilibrium*
gestion (f)	*management*
grippe (f) (A, aviaire, etc.)	*flu (H1N1, avian, etc.)*
lieu (pl. lieux) (m)	*place*
malnutrition (f)	*malnutrition*
milliard (m)	*billion*
misère (f)	*abject poverty*
ordures (f pl)	*garbage*
pandémie (f)	*pandemic*
pollution (f)	*pollution*
productivité (f)	*productivity*
réchauffement climatique (m)	*global warming*
recyclage (m)	*recycling*
syndicat (m)	*(labor) union*

verbes

affaiblir	*to weaken*
boycotter	*to boycott*
se débarrasser de	*to get rid of*
découler	*to ensue, follow*
entraîner	*to lead, bring about*
gérer	*to manage*
s'opposer (à)	*to be opposed (to)*
plaire (à quelqu'un)	*to please (someone)*
profiter à	*to benefit, to be profitable for*
se débarrasser de	*to dispose of*

adjectifs

chimique	*chemical*
désastreux (-euse)	*disastrous*
toxique	*toxic*
urbain(e)	*urban*

expressions

au détriment de	*at the expense of*
à vos risques et périls	*at your own risk*
effet de serre (m)	*greenhouse effect*
gaz carbonique (m)	*carbon dioxide*

Études de vocabulaire

A **Des synonymes.** Choisissez le mot ou l'expression de la colonne B qui correspond à celui/celle de la colonne A.

A

1. gérer _manage_
2. affaiblir
3. toxique
4. écart
5. entraîner _lead_
6. syndicat
7. le savoir-faire
8. goût

B

a. groupe organisé de travailleurs
b. organiser, contrôler, surveiller
c. rendre moins fort
d. qui empoisonne
e. trouver important
f. engendrer
g. distance entre deux choses
h. augmentation
i. habileté acquise par l'expérience
j. préférence

B **Tout le monde a des soucis. *(Everybody has worries.)*** Quelques étudiants expriment leurs inquiétudes à propos de l'avenir de la planète. Complétez leurs phrases en utilisant un mot de la liste suivante. Faites les changements nécessaires.

au détriment de	désastreux
pandémie	gaz carbonique
s'opposer	recyclage
déchets	effet de serre
équilibre	grippe
pollution	

1. Aïcha: J'en ai marre! Je n'achète plus de produits avec un emballage *(packaging)* inutile. Les entreprises essaient de plaire aux consommateurs en leur offrant un beau paquet, mais c'est _____ l'environnement. _____ s'accumulent – bientôt il n'y aura plus de place où les mettre. Et _____ n'est pas vraiment une solution. Il ne faut pas acheter des produits inutiles, c'est tout simple!

2. Thierry: Moi, c'est la prolifération des voitures qui m'enrage. Les émissions de _____ contribuent beaucoup à _____ de l'air et à _____. Si la Terre continue à se réchauffer, cela va avoir des conséquences _____ sur le climat.

3. Julie: Ce qui me préoccupe, moi, c'est la transmission mondiale des maladies. On peut bien imaginer comment _____ de grippe ou d'autre chose – peut être difficile à enrayer dans un monde où tout le monde se déplace constamment. Et quant au SIDA, je comprends la position des gens qui _____ à la distribution gratuite de préservatifs *(condoms)*, mais il y a tant de gens qui prennent trop de risques dans la vie. C'est vraiment difficile de trouver un juste _____ entre les principes et les contraintes de la réalité.

Liens grammaticaux

SUBJONCTIF, INDICATIF OU INFINITIF? LE PASSÉ DU SUBJONCTIF.

Après avoir appris la forme et l'usage du présent du **subjonctif**, il faut maintenant apprendre à utiliser aussi le passé du subjonctif. De plus, il faut savoir quand utiliser **le subjonctif,** quand utiliser **l'indicatif** et quand utiliser un **infinitif.** Consultez le chapitre 5 du *Cahier d'activités* pour réviser ces questions concernant **le subjonctif** et faites l'exercice suivant.

La survie de la culture française. *(The Survival of French Culture)*

Alain et Bernard partagent leurs opinions sur l'influence de la culture américaine sur la culture française. Combinez les phrases suivantes en faisant les changements nécessaires dans la deuxième partie de la phrase. Attention! Faut-il utiliser l'indicatif ou le subjonctif?

> **Modèle:**   Je ne pense pas   Tu as raison
> *Je ne pense pas que tu aies raison.*

ALAIN:

Je crois que / La culture américaine a déjà commencé à menacer la culture française.

Il faut la protéger, avant que / La culture des jeunes devient tout à fait homogène.

BERNARD:

Écoute, Alain, je trouve que / Nous exagérons le danger que la culture américaine peut représenter.

Ce n'est pas vrai que / La culture française disparaît.

Je ne nie pas que / Certains mots anglais ont remplacé des mots français.

Mais il faut rester optimiste, parce que / La culture française est toujours bien vivante.

ALAIN:

Tu peux dire cela, bien que / Les jeunes sont devenus obsédés par tout ce qui est américain?

La culture d'Hollywood va s'imposer, sans que / Nous pouvons faire quoi que ce soit pour nous défendre.

BERNARD:

Mais, calme-toi, mon vieux. La fin du monde, ce n'est pas pour demain, quand même!

Track 12B

De quoi parle-t-on?

Dans le tram.   Monsieur et Madame Garnier prennent le tram pour se rendre au centre-ville. Écoutez leur conversation et répondez aux questions suivantes.

1. Pourquoi les Garnier prennent-ils le tram?

2. Pourquoi les agriculteurs manifestent-ils?

3. Quelle est l'attitude de Monsieur Garnier vis-à-vis de la mondialisation?

4. Qu'est-ce que Madame Garnier pense de la position de son mari?

Lecture

Remue-méninges

Pour vous, la mondialisation comprend-elle des risques? Lesquels?
Malgré ces risques, est-ce que c'est réaliste ou raisonnable de s'y opposer?
Aujourd'hui, certains préfèrent le label d'« altermondialiste » plutôt que
d'« antimondialistes ». Comment comprenez-vous la différence entre ces deux
termes? Quels seraient les objectifs des « altermondialistes »?

> **locavore**
> nom et adjectif
> (de local et de-*vore,* du latin *vorare,* manger)
>
> »   Personne qui décide de ne consommer que des fruits et des légumes
> locaux et de saison, dans un but de développement durable.

Encyclopédie Larousse.fr © Larousse 2010

LA MONDIALISATION: À NOS RISQUES ET PERILS!

La mondialisation est l'objet de critiques de sources diverses: Les syndicats, les
écologistes, certains partis politiques et encore d'autres entités voient dans
l'influence mondialiste une menace à l'équilibre de la planète. Le danger de la
mondialisation, disent-ils, est très concret, et est à prendre au sérieux, avant
que ce ne soit trop tard. Parmi les phénomènes engendrés par ce processus
d'expansion et d'intégration de l'économie transnationale, ils citent:

- La destruction de la nature et l'épuisement des ressources naturelles: la pollution
  de l'air et de la mer; la déforestation; les dégâts° causés par l'extraction du
  charbon et des produits pétroliers; la présence croissante de produits chimiques
  dans la nappe phréatique°; le nombre d'espèces animales menacées par
  le manque d'habitat et par l'ingestion de divers éléments toxiques; notre
  incapacité à gérer les déchets ménagers, industriels et nucléaires, etc.

- Toutes les conséquences des transports: les émissions de gaz carbonique
  générées par les voitures et autres véhicules; la consommation de carburant
  pour les déplacements des êtres humains ainsi que le transport des produits
  vendus loin de leur lieu de production; la pollution de l'air et de la mer; les
  dégâts engendrés par les marées noires°, etc.

- Le manque de travail dans les régions rurales, qui oblige beaucoup de
  gens à se diriger vers les grandes villes ou même dans un autre pays. Ils
  y vivent souvent dans des conditions déplorables et contribuent à des
  concentrations démographiques malsaines. Bien sûr, ceci peut entraîner la
  séparation des familles, la disparition des modes de vie traditionnels et la
  perte des identités régionales et ethniques.

damage

water table

oil spills (lit. "black
    tides")

- Les conflits politiques causés par les disputes autour de l'eau, des terres, des produits pétroliers, des pierres et métaux précieux, des armes nucléaires, etc.

- La mondialisation des marchés impose aux pays du Sud de produire selon les goûts et les habitudes des consommateurs du Nord. Cela élimine des milliers de techniques de production qui utilisaient autrefois les ressources et les savoir-faire locaux, et peut perturber l'équilibre des structures traditionnelles. Par exemple, le changement d'un système de polyculture à un système de monoculture peut causer la dégradation du sol. En cas d'imprévu climatique (un orage, une sécheresse°, etc.), la seule culture (et, donc, le seul revenu) de la famille paysanne peut être perdue et la famille peut vite se retrouver dans la misère.

drought

- Le fait que la mondialisation profite surtout aux nations riches et, donc, qu'elle augmente l'écart entre les pays industrialisés et les pays en voie de développement. Par exemple, il arrive souvent que les pays du Sud produisent les produits de base (par ex. céréales, sucre, etc.) qu'on ne paie pas cher, et que ce soient les pays industrialisés qui tirent profit de l'augmentation en valeur dues aux transformations effectuées sur ces produits (en fabriquant des gâteaux ou des sodas, par exemple). Dans d'autres cas, les travailleurs des pays en développement sont très mal payés pour leur travail, et ce sont encore les pays développés qui profitent de cette situation.

- À cause du privilège accordé à la lutte contre l'inflation au détriment de la lutte anti-chômage, les politiques et les mécanismes anti-chômage sont devenus quasi impossibles à mettre en vigueur°. Depuis 25 ans, le chômage n'a cessé de croître vers des niveaux de plus en plus intolérables.

to apply, implement

- Ceux qui détiennent le pouvoir économique accordent la primauté° absolue à la productivité, à la croissance et au souci de générer des bénéfices importants pour les actionnaires. Selon les critiques de la mondialisation, ces préoccupations affaiblissent la démocratie et amoindrissent les conditions de vie des pauvres et des gens de la classe moyenne.

priority

- Par l'uniformisation et par la domination des cultures des pays les plus puissants (surtout les États-Unis), la mondialisation menace la diversité des cultures.

Le message des antimondialistes est clair: La mondialisation est un phénomène à redouter°! Car sous couvert d'améliorer la situation du consommateur et de fournir des revenus intéressants° aux actionnaires, les forces de la mondialisation ne font que détruire l'environnement, appauvrir les pays en voie de développement et provoquer des crises d'identité culturelle sans précédent. Seules les compagnies transnationales en profitent.

to be feared, reckoned with

financially advantageous

Source: Adapté de l'article «Desserrer l'étau de la mondialisation économique» de la Confédération des écologistes indépendants

Avez-vous compris?

Indiquez si les affirmations sont justes ou fausses, selon le texte. Si elles sont fausses, corrigez-les.

1. Les pires effets de la mondialisation retombent sur les pays du Sud.   J ✓   F _____

2. L'efficacité des transports d'aujourd'hui a presqu'éliminé leurs effets pollueurs.   J _____   F ✓

3. Le fait d'avoir des marchés établis avec les pays du Nord rend enfin la vie des paysans du Sud plus stable.   J _____   F _____

4. Les goûts des consommateurs du Nord peuvent entraîner des mouvements migratoires dans le Sud.   J ✓   F _____

5. Selon le texte, le chômage est une partie regrettable mais inévitable de la mondialisation.   J _____   F ✓

Qu'en pensez-vous?

1. Des conséquences négatives de la mondialisation mentionnées dans le texte, lesquelles sont les plus dangereuses à votre avis? Expliquez votre choix.

2. Comment est-ce que le fait de privilégier l'économie pourrait affaiblir la démocratie?

3. Selon ce texte, un grand nombre des actions de multinationales seraient destinées à faire baisser les prix des biens et des services afin de plaire aux consommateurs. Est-ce que le prix est le seul critère qui vous pousse à acheter un produit plutôt qu'un autre? Quels autres facteurs influencent votre décision? Accepteriez-vous de payer plus cher pour un produit issu du commerce équitable ou un aliment bio *(organic)*?

4. Pensez-vous que les consommateurs peuvent exercer une vraie influence sur les actions des grandes entreprises? Si oui, comment? Si non, pourquoi pas?

5. Que pensez-vous de l'externalisation *(outsourcing)*? Donnez des exemples de produits qui se fabriquaient autrefois aux États-Unis mais qui sont fabriqués aujourd'hui à l'étranger. Pourquoi est-ce le cas? Est-ce que la région où vous vivez a été touchée par les délocalisations? Si oui, quels en ont été les effets sur votre communauté?

6. Trouvez-vous cela normal que la plupart des bénéfices de la vente d'un produit alimentaire reviennent aux industriels, aux distributeurs et aux supermarchés plutôt qu'aux agriculteurs qui ont cultivé les produits de base? Pourquoi, ou pourquoi pas?

7. Quels sont les effets de la mondialisation sur l'environnement et sur la santé des habitants de la Terre? Peut-on dire que la plupart des effets négatifs retombent sur les pays du Sud? Expliquez votre réponse.

LIENS INTERDISCIPLINAIRES

NEW YORK FANTASY

Dans New York Fantasy, *le jeune narrateur raconte une période de sa vie où il ne savait pas trop bien quoi faire. C'est alors qu'il a décidé d'aller faire un séjour à New York. Quand il y est arrivé, il a constaté qu'il n'était pas le seul à avoir ce « réflexe ». La ville était pleine de jeunes gens de partout au monde qui cherchaient tous… quelque chose. Dans cet extrait, il découvre que, bien que New York ne soit pas une ville imaginaire, elle est bien une ville imaginée. Les jeunes « créent » New York avec leurs rêves, mais New York les « crée » aussi, les baignant dans une ambiance qui les dirige tous dans le même sens. Le narrateur comprend aussi que son attitude vis-à-vis de New York et des Américains a changé depuis le 11 septembre…*

New York était le lieu où les gens venaient non pas afin de vivre ou de concrétiser leurs rêves, mais plutôt pour s'inventer les rêves qu'ils n'avaient pas. Mus° par un même désir, une même volonté, ils finissaient tous par se ressembler: impossible de trouver une serveuse qui ne rêvait pas de tourner pour Woody Allen ou Ridley Scott, de sortir avec Colin Farrell ou de faire un duo avec Mariah Carey, Beyoncé ou Gwen Stefani. Oui, New York était bien d'une certaine façon la ville de l'égalité des chances car chacun était à égalité devant ses rêves. Tout le monde était riche d'une vie fantasmée. C'était ça le ressort° de l'*American dream.* Et les États-Unis avaient même réussi à faire des rêves une industrie surpuissante: Hollywood. Ce pays avait construit sa grandeur sur les rêves, en réussissant à faire des délires° de chacun un délire commun: l'*American way of life.* Nulle nation, en dehors de° la France de la Révolution de 1789, n'avait su traduire la folie°, le solipsisme°, en étalon universel de valeur°. Pour les Américains, le rêve était le remède au réel, un point c'est tout°.

J'étais venu à New York sur la foi° d'un rêve, d'un vrai rêve. Mon corps s'était mis à rôder° dans la lumière souple de Manhattan et de ses larges avenues. Je n'avais pas le sou°, ne maîtrisait [sic] pas la langue, mais j'étais parfaitement heureux, et dès que j'entrais dans une boutique, dans un café, un accueil° très chaleureux m'était réservé. Je n'avais nulle part° où dormir, où aller, et un homme, dans un magasin de tapis°, me proposa une chambre pour me dépanner°. C'était si simple… Cette ville m'aspirait°, elle me rappelait à elle, comme un de ses enfants perdus. … Je me suis aperçu que je n'étais pas le seul dans ce cas, puisque, comme je l'ai lu dans *The New Yorker,* cinq cent mille personnes avaient fait, comme moi, ce trajet° depuis le 11-Septembre. Cela signifiait que mon acte, dicté° par des raisons extrêmement intimes, répondait aussi à des lois générales. Ce fut un choc considérable.

Le film *Shortbus* m'apporta un éclairage° intéressant sur cet étrange phénomène migratoire. S'il y avait autant de gens prêts à vivre à New York, parfois dans des conditions matérielles difficiles, sinon déplorables, c'était parce que le 11-Septembre était le seul événement réel qui s'était produit au cours de leur vie. Ce n'était peut-être pas tout à fait convaincant mais c'était déjà un début d'explication, ça lançait une piste de réflexion. Car il y avait une relation indéniable

Moved

driving force

fantasies
except for
personal reality / craziness
universal standard of value / Period! It's that simple!
evidence
prowl around
I didn't have a penny
welcome
nowhere
rugs / help out

sucked in
journey
inspiré

(ici) insight

LIENS INTERDISCIPLINAIRES (Suite)

fall stood up	entre ces statistiques et la chute° du World Trade Center. En ce qui me concernait, le spectacle offert par le site du Ground Zero où se dressaient° autrefois les Twin Towers était absolument fascinant. C'était en quelque sorte mon voyage au centre
twin / *vues*	de la Terre. Si les tours jumelles° étaient perçues° comme le symbole du capitalisme triomphant, à la fois par les Américains et par leurs ennemis, elles étaient pour
twin-ness sank into	moi, dans leur gémellité°, le symbole d'une Amérique qui ne regardait pas vers l'extérieur mais qui, tournée sur elle-même, s'abîmait° dans la contemplation narcissique de son succès. Je ne serais certainement pas venu à New York si le
taunt gaping hole	World Trade Center avait continué à nous narguer° ainsi dans cette posture de sublime suffisance. Ce trou béant° ouvert en plein cœur de Manhattan rendait la ville plus humaine, plus fragile et, en définitive, plus attractive. J'aimais assister
cranes / calmed me void that ate away at me	au spectacle de ces grues°, de ces bulldozers, ça me touchait et ça m'apaisait°. Je voyais ça comme une parfaite allégorie du vide qui me rongeait°.

Source: *New York Fantasy,* Olivier Jacquemond, Mercure de France, 2009

DISCUSSION

1. Que représente la ville de New York pour le narrateur et pour les autres jeunes qui s'y sont installés? Selon l'interprétation du narrateur, pourquoi est-ce que tous les jeunes finissent par rêver de la même chose?

2. Selon le texte, qu'est-ce qui explique le succès d'Hollywood et des films américains?

3. Qu'est-ce que les États-Unis d'aujourd'hui et la France de 1789 ont en commun?

4. Quand le narrateur arrive à New York, il n'a pas d'argent, il ne parle pas bien l'anglais, et il ne connaît personne. Comment vit-il? Pensez-vous que tous les jeunes qui arrivent à New York sont accueillis de la même façon? Pourquoi ou pourquoi pas?

5. Que représentent les Twin Towers pour les jeunes étrangers qui se sont installés à New York depuis le 11 septembre, mais *aussi* pour les terroristes qui sont responsables de leur destruction?

6. Le narrateur dit qu'il ne serait pas venu à New York – lui et jusqu'à 500 000 autres personnes — si les Twin Towers n'avaient pas été détruites. Pourquoi? Discutez de cette idée. Décrivez la conception des États-Unis du narrateur avant et après le 11 septembre.

7. Le trou à Ground Zero et les travaux qu'on y fait ont une importance métaphorique pour le narrateur. Laquelle?

8. Dans quel sens peut-on dire que ce texte parle de la mondialisation?

Réplique et synthèse

Si le monde est représenté par un village de cent habitants...

Le professeur Donella Meadows a eu l'idée de représenter la population du monde comme un village de cent personnes. Cela rend les statistiques démographiques plus faciles à comprendre. Pour mieux apprécier les tendances d'ordre global, nous allons regarder notre planète de plus de 6 milliards d'habitants comme si elle était un petit village de cent personnes. Dans un premier groupe d'exercices *(Testez-vous),* vous allez deviner *(to guess)* quelques chiffres et quelques dates; et dans un deuxième groupe d'exercices *(Discussion),* vous comparerez vos réponses aux réponses correctes que vous donnera votre professeur.

TESTEZ-VOUS

1. **Population**

   ### Modèle:

   a. **La répartition de la population du village.** Quel serait le nombre d'habitants provenant des régions suivantes? Distribuez les chiffres suivants selon le cas: 1, 5, 8, 12, 13, 61.

      __13__ Afrique

      __61__ Asie

      __8__ Amérique du Sud, Amérique centrale et Caraïbes

      __5__ États-Unis et Canada

      __12__ Europe

      __1__ d'Océanie

   b. **La croissance de la population.** Si aujourd'hui notre « village global » a une population de 100 personnes, quelle était la population...?

      _____ en l'an 1000 avant J.C.

      _____ en l'an 1 après J.C.

      _____ en l'an 1000 après J.C.

      _____ en l'an 2000 après J.C.

   c. **La population maximale du village.** Certains scientifiques estiment que le nombre maximal d'êtres humains qui peuvent cohabiter dans notre « village global » est de 250. En quelle année atteindrons-nous ce chiffre, à votre avis?

2. **Niveau de vie** (Rappelez-vous que vous imaginez dans chaque cas un village de 100 habitants.)

   a. Dans notre monde, _____ personnes doivent passer la plus grande partie de chaque journée à aller chercher de l'eau potable pour leur famille. _____ n'ont pas de système sanitaire suffisant et _____ doivent respirer de l'air qui est très pollué.

b. Actuellement, chaque personne dans le village a besoin de $4.000–$5.000
par an pour mener une vie correcte (pour avoir les nécessités de base).
Si tout l'argent du monde était réparti *(distributed)* également, chaque
personne aurait $6.200, mais ce n'est pas le cas. Actuellement, les _____
personnes les plus riches ont $9.000 par an et les _____ personnes les plus
pauvres ont moins de $1 par jour (soit moins de $365 par an).

c. Si toute la nourriture de la planète était partagée également, tout le monde
aurait assez à manger. Mais aujourd'hui, seulement _____ personnes ont
toujours assez à manger. _____ ont faim de temps en temps ou tout le
temps et _____ souffrent de malnutrition grave.

3. Alphabétisation

a. Le taux d'alphabétisation *(literacy rate)* de notre « village global » est en
train de monter. Des 38 habitants du village âgés de 5 à 24 ans, _____ vont à
l'école et il y a _____ enseignant(e)(s) *(teacher[s])* pour ce nombre d'élèves.

b. Des 88 adultes qui sont assez âgés pour savoir lire, _____ ne savent pas
du tout lire. Il y a plus de femmes et de filles qui ne savent pas lire que
d'hommes et de garçons.

Exercice inspiré de: *If the World Were a Village: A Book about the World's
People,* 2002.

DISCUSSION

1. Quelles réponses avez-vous devinées correctement? Qu'est-ce qui vous a
permis de deviner les bonnes réponses? Quelles réponses est-ce que vous
n'avez pas correctement devinées? Est-ce que vos réponses étaient trop
optimistes ou trop pessimistes? Quelles réponses sont pour vous les plus
surprenantes ou attristantes?

2. Selon vous, quel est le problème global le plus grave qui mérite
une intervention immédiate? La surpopulation? la pollution? la
destruction de l'environnement? l'analphabétisme? la redistribution des
richesses?Quelles sont les causes et les conséquences du problème que vous
avez identifié?

À votre avis, quel organisme (l'Unesco, le Peace Corps, etc.) peut le mieux
améliorer le problème que vous avez mentionné? Que peuvent faire les
individus pour améliorer la situation?

Si cela vous intéresse de découvrir votre propre empreinte écologique, vous pouvez visiter le site Web, http://www.myfootprint.org. Cliquez sur la langue française et répondez à leur questionnaire. Vous y trouverez aussi d'autres idées pour réduire votre empreinte écologique.

A **Notre empreinte écologique.** *(Our ecological footprint.)* Beaucoup d'écologistes s'inquiètent au sujet de l'avenir de notre planète. Ils disent que certains d'entre nous consomment trop — et trop vite — les ressources de la Terre. Ils ont créé des questionnaires pour mesurer «la quantité de terre et d'eau qui vous sont nécessaires pour produire ce que vous consommez et pour absorber ce que vous jetez». Certaines personnes dans les pays développés auraient besoin de *plus d'une planète à eux seuls!*

1. Si vous mangez des produits d'origine animale (de la viande, du poisson, des œufs, des produits laitiers), vous consommez plus de ressources que si vous étiez végétarien(ne). Pourquoi est-ce que c'est le cas? Êtes-vous végétarien(ne)? Sinon, pourriez-vous le devenir?

2. Quel pourcentage de la nourriture que vous mangez a été traité *(processed)*, emballé *(packaged)* ou importé *(not locally produced)*? Quel impact est-ce que cela a sur la planète?

3. Bien sûr, plus vous jetez, plus vous polluez la Terre. Par rapport à vos voisins, combien de déchets générez-vous, vous et votre famille? (Plus? la même quantité? moins?) Que pourriez-vous faire pour réduire cette quantité? Y a-t-il des objets «jetables» dont vous pourriez vous passer *(do without)*? des objets qui ont trop d'emballages que vous pourriez refuser d'acheter? Lesquels? Qu'est-ce que vous pourriez réutiliser, recycler, emprunter ou louer? Est-ce qu'il y a eu une prise de conscience vis-à-vis du recyclage sur votre campus? Expliquez.

4. Comment pourrions-nous vivre pour être moins «gaspilleurs» *(wasteful)* en ce qui concerne le logement? Qu'est-ce que nous pourrions faire pour économiser l'eau et l'électricité, par exemple? Quelles autres suggestions pourriez-vous donner pour réduire le gaspillage?

B **Sujets de discussion**

1. **La coopération entre pays.** Les pays du monde ont maintenant la capacité de partager des informations sur les progrès technologiques et scientifiques, sur la progression des maladies transmissibles, sur les activités financières des individus et des compagnies et sur les poursuites des criminels et des terroristes. Quels sont les avantages et les aspects négatifs de ces échanges? Y a-t-il d'autres sortes de collaborations que vous aimeriez voir?

2. **Les médias.** Les médias et surtout la télévision et Internet ont aujourd'hui beaucoup d'influence sur nos pensées, nos habitudes et nos comportements. À votre avis, quelle devrait être la responsabilité morale des médias?

3. **La publicité.** Dans tous les médias, nous sommes constamment bombardés de publicités. Quels sont les objectifs des « pubs »? À votre avis, quels sont les produits qui figurent le plus souvent dans les pubs? Êtes-vous sensibles aux messages que transmettent les publicités? Y a-t-il des pratiques publicitaires que vous n'approuvez pas? Lesquelles, et pourquoi? Trouvez une pub (dans un magazine ou un journal, sur Internet, etc.), et montrez-la à vos camarades de classe, expliquant *comment* les créateurs de cette pub essaient de vous convaincre que vous avez besoin de leur produit.

4. **Une langue internationale?** L'espéranto (dont le nom vient du verbe « espérer ») est une langue universelle artificielle qui a été créée en 1887 par le Polonais Ludwik Zamenhof pour promouvoir la paix en facilitant la compréhension mutuelle. Malgré sa simplicité, l'espéranto n'a jamais atteint le statut d'une langue universelle et très peu de gens l'utilisent aujourd'hui. À votre avis, pourquoi la mondialisation de l'espéranto n'a-t-elle pas réussi? Est-ce que l'anglais est en train de devenir une langue universelle? Si oui, pourquoi est-ce qu'il réussirait là où l'espéranto a échoué *(failed)*? À votre avis, est-ce que la domination mondiale de l'anglais est inévitable? Est-ce que nous allons voir diminuer le statut et le prestige du français en particulier et des autres langues nationales en général?

5. **L'effet papillon.** Sur Internet, cherchez les paroles de la chanson « L'effet papillon », chantée par Bénabar. D'abord, quel est « l'effet papillon »? Le message général de la chanson est, donc, « Réfléchissons bien avant d'agir, parce que toutes nos actions… ». Vous pourrez probablement regarder sur Internet le clip vidéo de cette chanson. Regardez bien les images. De quels dangers, de quelles conséquences Bénabar nous avertit-il? Pouvez-vous penser à d'autres actions qui peuvent entraîner des conséquences plutôt dangereuses?

6. Est-ce que l'État doit maintenir de très hauts niveaux de qualité de l'air et de l'eau, même si c'est mauvais pour l'économie, même si ça conduit à la perte d'emplois, même si on finit par perdre des usines au profit de pays étrangers dont les normes sont moins rigoureuses? Est-ce qu'il devrait y avoir des taxes encore plus élevées sur les produits pétroliers et des avantages fiscaux pour les gens qui n'ont pas de voiture (et qui se servent d'un vélo ou des transports en commun pour se déplacer)?

C **Ouvertures créatives: Les effets du tourisme sur la culture et l'environnement (jeu de rôles)** L'action se passe sur une île tropicale d'une beauté sans pareille. Un vrai paradis, elle a beaucoup d'animaux, d'oiseaux et de plantes exotiques, des plages magnifiques, des fruits, des légumes et des poissons délicieux. Colonisée il y a longtemps par les Français, cette île a été très peu visitée par les étrangers depuis le départ des colons, mais ses habitants parlent français.

Les ressources de l'île sont très limitées et ses habitants sont très pauvres. Une agence de voyages française veut amener de grands groupes de touristes sur l'île. Elle est sûre que ces touristes vont dépenser beaucoup d'argent pendant leur visite. Malgré cela, il y a des gens qui s'opposent à cette proposition.

LES ACTEURS: (Il faut avoir le même nombre de personnes dans le groupe « pour » et le groupe « contre ».)

Ceux qui sont POUR le tourisme:

- des représentants de l'agence de tourisme
- le ministre des Finances de l'île
- quelques-uns des professeurs et des étudiants de l'île
- des habitants de l'île (d'âge et de sexe différents, exerçant diverses professions, etc.)
- la Chambre de Commerce de l'île

Ceux qui sont CONTRE le tourisme:

- des organisations environnementales internationales et locales
- quelques-uns des professeurs et des étudiants de l'île
- d'autres habitants de l'île (d'âge et de sexe différents, exerçant diverses professions, etc.)
- les citoyens les plus âgés de l'île
- les personnalités religieuses de la communauté
- les artistes expatriés qui se sont installés sur l'île

N.B.: Le gouverneur de l'île n'a pas encore pris de décision. Au début du débat, il est plutôt neutre.

Votre professeur va distribuer des rôles à tous les membres de la classe. Ensuite, vous allez préparer votre rôle en faisant quelques recherches sur l'Internet à propos de l'impact du tourisme sur la culture et l'environnement en pensant à ce que votre personnage dirait probablement pour justifier sa position. Un jour, tous les acteurs vont se réunir (en classe) pour discuter de ce sujet. Chaque personne doit expliquer ou défendre son point de vue et le groupe doit ensuite discuter afin de trouver une solution qui soit acceptable à tous. Si vous n'en trouvez pas, il faut voter — quel point de vue gagnera? Le gouverneur décidera en cas d'un vote *ex æquo (tie)*.

Utilisez le subjonctif pendant votre débat:

expressions impersonnelles	Il est essentiel que…	Il est dommage que…	Il est inadmissible que…
expressions d'émotion	Je suis choqué(e) que…	Je regrette que…	J'ai peur que…
expressions de volonté et de préférence	J'exige que…	Je ne veux pas que…	Je préférerais que…
expressions de doute	Je doute que…	Je ne crois pas que…	Il n'est pas du tout sûr que…
phrases contenant des conjonctions	Il faut [+ *infinitif*] afin que…	Je m'oppose à cette idée bien que…	Il faut protéger notre île avant que…
phrases contenant des propositions relatives	C'est la pire décision que…	Il faut absolument développer des structures qui…	

Liens communautaires

Signes de mondialisation: La présence de la France dans mon pays. Dans cette activité, vous allez travailler en dehors *(outside)* de la classe (y compris sur Internet) et vous allez préparer un rapport *(report)* sur la présence de la France dans votre pays. Déterminez si, d'après vos recherches, la France est un acteur de la mondialisation, et comment elle est représentée dans le monde. Voilà quelques questions pour vous guider dans la préparation de votre rapport.

1. D'abord, considérez les noms des villes dans votre région et les noms des rues dans votre ville. Y a-t-il des noms français parmi eux? Sinon, quels noms de villes ou de rues français connaissez-vous? (Détroit, Racine, etc.) Qu'est-ce qui a motivé le choix de ces noms-là?

2. Y a-t-il eu des événements historiques liés à la France qui ont eu lieu dans votre région? Sinon, pour quelles régions est-ce le cas?

3. Dans quelles parties de votre pays y a-t-il eu un grand nombre d'immigrés français ou francophones?

4. Quels Français — auteurs, compositeurs, cinéastes, philosophes, couturiers *(fashion designers)*, athlètes, hommes ou femmes politiques, etc., — sont connus dans votre pays?

5. Quelle est l'image que les gens de votre pays ont de la langue française? Quels mots français utilise-t-on dans votre pays? («cuisine»? «mode»? etc.)

6. Si vous pensez aux produits fabriqués en France et disponibles dans votre pays, à quels produits pensez-vous?

7. Connaissez-vous des entreprises françaises dans votre pays? Lesquelles? Est-ce qu'elles fournissent des produits ou des services? S'il s'agit de produits, sont-ils des produits du quotidien? de luxe? de haute technicité?

Rédaction guidée

Conclure une composition hégélienne

A **Sujet.** La mondialisation: Pour ou contre?

B **Orientation.** Cette fois, c'est à la rédaction de la conclusion que nous allons nous intéresser. Imaginez que le plan qui suit est celui que vous avez établi pour votre rédaction sur les bienfaits et les méfaits de la mondialisation. En quoi va consister votre conclusion?

C **Avant d'écrire.** La difficulté de conclure…

Ce qui rend la conclusion difficile à écrire est le fait qu'elle représente le point culminant de la rédaction. C'est par là que s'achève la lecture de la rédaction, la conclusion mérite donc d'être particulièrement soignée. De plus, une autre difficulté de la conclusion tient au fait que l'étudiant(e) est tenté(e) de reproduire la synthèse dans sa conclusion ou de faire de la synthèse la conclusion du devoir. Pour éviter ce problème, il faut s'assurer que le contenu de la conclusion ne répète pas celui de la synthèse.

La conclusion contient les éléments suivants:

- un résumé du contenu de la rédaction, **si la synthèse ne propose pas de résumé;** si votre synthèse en contient un, il est alors impératif de ne pas le répéter. Vous pouvez soit résumer votre devoir très brièvement (en ajoutant, par exemple, l'acquis de la synthèse), soit transposer le résumé de la synthèse à la conclusion.

- au moins un élément de réponse à la question qui dirige votre rédaction, qu'elle soit explicite ou non

- votre opinion personnelle sur le sujet (opinion que vous avez jusqu'à présent évité de mentionner, par souci d'objectivité)

- Il est aussi possible d'ajouter une autre question, qui ouvre la discussion dans une nouvelle direction. Cet élément de la conclusion est efficace et esthétique, mais il n'est pas obligatoire.

D **Plan du devoir.**

INTRODUCTION

- Définition du sujet. La maison d'édition Grasset a publié un livre intitulé *Pour ou contre la mondialisation libérale* dans lequel les auteurs, Susan George et Martin Wolf, débattent des bienfaits de la mondialisation. Pour Susan George, «la mondialisation est une machine à concentrer la richesse et le pouvoir en haut de l'échelle sociale », alors que pour Martin Wolf, c'est « un processus d'intégration des marchés pour les biens, les services, les capitaux et peut-être même la main d'œuvre ».

- Focalisation du sujet: La question essentielle à se poser est la suivante: « Qui bénéficie de la mondialisation? »

THÈSE: Les sociétés capitalistes et hautement industrialisées bénéficient le plus de la mondialisation. (Pouvez-vous trouver, dans ce chapitre et sur le Net, trois arguments en faveur de la thèse?) Résumez-les ci-dessous:

1. _____
2. _____
3. _____

ANTITHÈSE: La mondialisation bénéficie aussi aux pays en voie de développement. Résumez vos trois arguments ci-dessous:

1. _____
2. _____
3. _____

SYNTHÈSE. En quoi la mondialisation est-elle inéluctable (unavoidable)? Est-il possible de retourner à un monde pré-mondialiste, compte tenu de l'explosion des technologies de communication, par exemple?

CONCLUSION. À vous! Pour rédiger votre conclusion, vous devez vous poser les questions suivantes:

- Avez-vous choisi de résumer l'opposition « pour » et « contre » dans votre synthèse? Si oui, ne la résumez pas dans la conclusion. Si non, résumez les deux positions ici, ainsi que la synthèse (le dépassement des deux positions: A-t-on le choix?).

- Pouvez-vous répondre à la question posée dans l'introduction: « Qui bénéficie de la mondialisation? » À votre avis, cette réponse est-elle claire et nette? (Ajoutez votre point de vue personnel dans la discussion.)

- Maintenant que vous êtes arrivé(e) à une conclusion (peut-être provisoire) sur le sujet, pouvez-vous ouvrir le débat sur une question différente (plus abstraite que celle du point de départ et à laquelle vous n'allez pas essayer de répondre)?

AU TRAVAIL! Vous êtes maintenant prêt(e) à vous attaquer à la dernière partie d'une rédaction hégélienne.

6 L'immigration est-elle une menace ou un enrichissement?

© Benoit Tessier / Reuters / Landov

Objectifs communicatifs

COMMUNICATION

- **Point** L'immigration met en péril l'identité nationale: il faut expulser les immigrants
- **Contre-point** L'intégration des immigrants est une réalité nécessaire et préférable à l'expulsion

LIENS GRAMMATICAUX

- Les déterminants
- Les pronoms démonstratifs
- Les adjectifs et les pronoms possessifs

LIENS SOCIOCULTURELS

- Soixante ans de dispositifs législatifs sur l'immigration
- Les Maghrébins

LIENS COMMUNAUTAIRES

- La vie, le défi et les sentiments d'un immigré de ma communauté

LIENS INTERDISCIPLINAIRES

- Didier Van Cauwelaert: *Un aller simple* (extrait)

*C*ontroverse: L'immigration est un phénomène universel suscité ordinairement par deux besoins: Le besoin de travailleurs migrants vers les pays d'économie forte et de natalité faible et le besoin de main-d'œuvre des pays développés. Aujourd'hui environ 150 millions de personnes vivent dans un pays autre que leur pays d'origine. Ces flux migratoires, dont les origines géographiques sont de plus en plus lointaines, sont souvent au premier plan des débats politiques.

C'est le cas en France où un nombre considérable de citoyens s'inquiètent des conséquences d'une immigration incontrôlée, telles que le chômage, la baisse des salaires et la hausse des dépenses de sécurité sociale. Ceux qui s'opposent à l'immigration voient généralement dans la présence de nombreuses communautés étrangères, particulièrement si elles sont d'une origine ethnique et religieuse différente, un péril à l'identité française et la source majeure des difficultés de la société; et ils proposent, parmi d'autres mesures législatives, l'expulsion.

D'autres citoyens français estiment que l'immigration présente un avantage pour la France et que la diversité joue un rôle important dans la création de la richesse économique et culturelle. Ils s'interrogent sur le motif de la controverse liée à l'immigration, soupçonnant *(suspecting)* que derrière la polémique se cache une forme de racisme, de xénophobie et de discrimination. À vous de juger!

Premières pensées

Les mots pour le dire

noms

carte (f) de résident	*resident (identification) card*
citoyen(ne)	*citizen*
clandestin(e)	*illegal immigrant*
défi (m)	*challenge*
étranger(-ère)	*foreigner, stranger*
immigré(e)	*immigrant*
irrégulier(-ière)	*irregular (here: person whose immigration status is irregular)*
Maghreb (m)	*the region in North Africa consisting of five countries: Morocco, Algeria, Tunisia, Lybia, and Mauritania*
Maghrébin(e)	*person from the Maghreb*
main (f) d'œuvre	*labor, workforce*
menace (f)	*threat*
parti (m) politique	*political party*
péril (m)	*danger*
prestation (f) sociale	*money paid out by the federal government for unemployment benefits, retirement pensions, healthcare, assistance to families, etc.*
racisme (m)	*racism*
ressortissant(e)	*national, citizen of a country*
séjour (m)	*stay*

verbes

accueillir	*to welcome; to receive*
expulser	*to expel*
héberger	*to host, house*
intégrer	*to integrate*
rapatrier	*to repatriate (to send back to country of origin)*
résoudre	*to solve*

Première partie: Lisez les citations suivantes.

1. Selon le *Dictionnaire des symboles,* «Le terme *étranger* symbolise la situation de l'Homme. Adam et Ève, chassés du Paradis, quittent leur patrie et possèdent dès lors *(ever since)* un statut d'étranger, d'émigré.»

2. «La France, terre d'accueil? Ce qui fut vrai pendant des siècles ne l'est plus aujourd'hui.» *L'Humanité,* le 20 février 1997

3. «Attention à l'abandon de la tolérance, du respect de l'étranger, de l'élémentaire fraternité.» Isabelle Adjani (actrice française)

4. «Une société peut vivre sans difficulté avec 10% d'étrangers. Au-delà, on entre dans une zone dangereuse». Pierre Chaunu, historien

5. «Les ouvriers étrangers viennent en France manger le pain des ouvriers français.» Le dirigeant d'un syndicat français

Deuxième partie: Quel est le message principal de chaque citation? Examinez les phrases de la colonne de gauche et décidez quelle citation s'applique à la phrase. Certaines citations peuvent avoir plus qu'un message.

Dans cette citation, il est question de…	citation n°1	citation n°2	citation n°3	citation n°4	citation n°5
justifier l'immigration					
reconnaître que chaque personne est dans un certain sens un «étranger»					
mettre en garde contre l'absence de la tolérance					
signaler que les étrangers prennent le travail des Français					
indiquer une certaine proportion au-delà de laquelle l'immigration devient une menace					

Point

L'immigration met en péril l'identité nationale: il faut expulser les immigrants

Les mots pour le dire

noms

aide (f) sociale	*social welfare (help provided by the state)*
centre (m)	*the (political) center*
contrôle (m)	*surveillance*
dirigeant(e)	*leader*
droite (f)	*the (political) right*
durée (f)	*duration*
emploi (m)	*employment, job*
francité (f)	*Frenchness*
gauche (f)	*the (political) left*
logement (m)	*housing*
(in)sécurité (f)	*(in)security, (lack of) safety*
tiers-monde (m)	*Third World*

verbes

(s')accrocher	*to hang on to, cling to*
avertir	*to warn*
contrôler	*(here) to keep under surveillance*
estimer	*to believe, estimate*
établir	*to establish*
médiatiser	*to place, keep, in the public eye through the media*
ressortir	*to stand out*
souligner	*to underline, emphasize*

adjectif

pénal(e)	*penal*

expressions

à la une	*on the front page*
en couverture	*on the cover*
des poursuites pénales (f)	*punitive action, prosecution*
être de + *chiffre*	*to be + number (e.g., La population de la France est de 65 millions d'habitants.)*
prendre (qqch) au sérieux	*to consider (sthg) seriously; think seriously about (sthg)*

Étude de vocabulaire

1 **Synonymes.** Choisissez le mot de la colonne **B** qui correspond à celui de la colonne **A**. Attention, il y a plus de mots dans la colonne **B** que dans la colonne **A**.

A	B
1. le péril	a. avertir
2. le séjour	b. le centre
3. la durée	c. le chef
4. l'emploi	d. le citoyen
5. estimer	e. le danger
6. le logement	f. établir
7. expulser	g. l'habitation
8. le ressortissant	h. penser
9. pénal	i. punitif
10. le dirigeant	j. renvoyer
	k. le temps
	l. le travail
	m. la visite

Track 14A

De quoi parle-t-on?

À la fac. Deux étudiants boivent un café à la suite d'un cours d'histoire contemporaine du professeur Jacquard qui portait sur l'immigration. Écoutez ce qu'ils disent et dites si les phrases suivantes sont **justes** ou **fausses**. Si les déclarations sont fausses, corrigez-les.

1. Le taux d'immigration augmente en France depuis vingt ans.   J _____   F _____

2. Monsieur Jacquard est un professeur très objectif.   J _____   F _____

3. La proportion d'Européens qui immigrent en France est en baisse.   J _____   F _____

4. Gilbert est membre du Front national.   J _____   F _____

✎ Liens grammaticaux

LES DÉTERMINANTS

Les **déterminants** sont des mots qui précèdent le nom et qui «déterminent» ou précisent parmi d'autres choses le genre (masculin ou féminin) et le nombre (singulier ou pluriel) du nom. Dans le chapitre 6 du *Cahier d'activités*, nous allons examiner plusieurs catégories de **déterminants**: les **articles** (**un**, **le**, etc.), les **chiffres** (**3**, **5**, etc.), les **adjectifs possessifs** (**ma**, **votre**, etc.) et les **adjectifs démonstratifs** (**ce**, **ces**, etc.). Consultez le *Cahier d'activités* pour réviser l'usage des **déterminants** et faites les exercices suivants.

1 **Jean-Marie Le Pen: Une biographie.** Complétez le texte suivant par les articles, les adjectifs possessifs ou les adjectifs démonstratifs qui conviennent. Plusieurs solutions sont quelquefois possibles.

1. Jean-Marie Le Pen, né en Bretagne _____ 20 juin 1928, suit _____ études (f) de droit et de sciences politiques.

2. Il écrit _____ mémoire (m) sur _____ courant (m) anarchiste en France.

3. Ancien soldat, il a participé (à) _____ guerres (f) d'Indochine et d'Algérie.

4. Attaqué souvent pour _____ idées (f) choquantes, comme lorsqu'il déclare avoir pratiqué _____ torture (f) en Algérie par nécessité et lorsqu'il déclare que _____ chambres (f) à gaz sont «_____ point (m) de détail de l'Histoire» *(minor detail)*.

5. Appelé en 1972 à _____ (f) tête du Front national, un parti politique d'extrême droite, Jean-Marie Le Pen a pour mission de populariser _____ idées du parti, notamment celles qui touchent à l'immigration.

6. Dans _____ années (f) soixante-dix, Le Pen hérite *(inherits)* de _____ fortune (f) d'un magnat du ciment, Hubert Lambert. _____ fortune facilite _____ mission (f) politique.

7. (À) _____ élections (f) européennes de 1994, le Front national récolte *(garners)* 11% des votes.

8. Aujourd'hui, Le Pen est _____ (m) emblème de l'extrême droite politique en France.

2 **L'immigration au XXᵉ siècle en chiffres.** Lisez ce tableau sur le recensement *(census)* de la population en France au cours du XXᵉ siècle et répondez aux questions qui suivent.

Modèle: Quelle était la population totale de la France en 1901?
La population en mille neuf cent un était de trente-huit millions quatre cent cinquante et un mille personnes.

Année de recensement	Population totale	Étrangers
1901	38 451 000	2,7%*
1911	39 192 000	3,0%
1921	38 798 000	3,9%
1931	41 228 000	6,6%
1946	39 848 000	4,4%
1954	42 781 000	4,1%
1968	49 655 000	5,3%
1975	52 599 000	6,5%
1982	54 296 000	6,8%
1990	56 625 000	6,3%
2000	58 796 000	5,82%
2006	63 185 000	5,61%

Source: Gérard Mermet, *Francoscopie 2009*

1. Quelle était la population totale de la France en 1990?

2. La population totale de la France a augmenté de combien de personnes entre 1901 et 2006?

3. En quelle année le pourcentage des étrangers était-il le plus élevé en France?

4. En quelle(s) année(e) la population totale de la France a-t-elle diminué? De *(By)* combien d'habitants? Pourquoi, à votre avis?

5. Est-ce qu'il y avait plus d'étrangers en France en 1931 ou en 1990? Expliquez votre réponse.

*2,7% se lit « deux virgule sept pour cent » et est l'équivalent anglais de « 2.7% ».

Lecture

Remue-méninges

Lisez les slogans ci-dessous et répondez aux questions suivantes: Est-ce que ces slogans sont issus d'un parti politique de « gauche » ou de « droite »? Que pensez-vous de leur message?

A

> Réussir la renaissance d'une France française dans une Europe européenne.

B

> Les étrangers prennent le travail des Français et sont la cause du taux élevé du chômage.

C

> Quand nous arriverons [au pouvoir], ils partiront.

LE FRONT NATIONAL, UN PARTI POLITIQUE POUR LA DÉFENSE DE L'IDENTITÉ NATIONALE FRANÇAISE

En 1985, Le Figaro Magazine *a publié un article intitulé « Serons-nous encore français dans trente ans? » avec en couverture la photo de Marianne° voilée en musulmane. L'article, rédigé par Gérard-François Dumont, démographe, et Jean Raspail, auteur de plusieurs romans apocalyptiques, prédit, avec inquiétude, que 90% des immigrés seront en 2015 de culture et de religion islamiques et que leur nombre menacera la préservation des valeurs françaises traditionnelles.*

an imaginary woman, symbol of the French Republic (like Uncle Sam for the U.S.)

Une grande partie des Français est de plus en plus sensible aux inquiétudes exprimées dans cet article. Un sondage Ifop° de 2007 indique que 51% des Français ne considèrent pas l'immigration comme « une chance pour la France » contre seulement 49% qui pensent que l'immigration présente un avantage pour la France. La proportion des Français qui considèrent l'immigration comme excessive n'a pas cessé d'augmenter depuis l'arrivée en 1972 sur la

Ifop = *Institut français d'opinion publique*

scène politique de Jean-Marie Le Pen, président du Front national, un parti politique d'extrême droite. Le Pen et d'autres dirigeants du Front national ont médiatisé les problèmes associés à l'immigration pour les mettre à la une des journaux français et au centre des débats électoraux. Depuis plusieurs années, ils avertissent le public que la France changera de visage° si « elle continue de se couvrir de mosquées et si les enfants français sont élevés au sein des mélopées arabes ou africaines° ».

will change face, appearance

surrounded by Arab or African chants, melodies

Marine Le Pen, vice-présidente du Front national et fille de Jean-Marie, soutient que l'immigration menace l'identité française, et elle souligne de plus qu'« [i]l y a un lien important entre l'immigration et l'insécurité, à partir du moment où on laisse une immigration massive s'installer, où on laisse des ghettos se constituer, on crée les conditions d'une bombe à retardement° ».

time bomb
claim

Les dirigeants du Front national prétendent° que c'est un acte « d'honneur et de courage » de « vouloir rester Français, en France ». Ils insistent que pour défendre la France, la francité et la culture nationale face à l'invasion des immigrés du tiers-monde, il faut:

- accélérer le retour des immigrés dans leur pays d'origine,
- expulser immédiatement tous les immigrés en situation irrégulière,
- contrôler les réseaux des réfugiés politiques,
- réduire la durée du permis de séjour des immigrés à un an,
- supprimer toute possibilité d'acquisition de la nationalité française aux immigrés,

networks

- initier des poursuites pénales sévères contre les organisateurs et les utilisateurs de filières° de travailleurs clandestins, et
- favoriser, dans tous les domaines (logement, emploi, aide sociale), les Français et les Européens.

L'immigration n'est pas la seule préoccupation du Front national qui voit aussi dans la mondialisation et dans l'Union européenne des liens et des raisons de s'alarmer. Selon le Front national, l'Europe ne doit pas construire à Bruxelles « un super État européen » qui détruit les nations et qui ouvre l'Europe aux immigrés du tiers-monde et aux produits américains, chinois et japonais.

Un grand nombre de Français partagent les inquiétudes politiques du Front national. Ce nombre continue à grandir et à confirmer son soutien au FN. Lors des élections présidentielles de 1974, 0,75% des électeurs ont voté en faveur de Jean-Marie Le Pen. Au second tour des élections présidentielles de 2002, le score de Le Pen a augmenté de façon très significative à 16,6 %. Aux élections régionales de mars 2010, les électeurs français ont continué à accorder une place importante au Front national dans le jeu politique, ce qui a été reconnu comme un grand succès pour le Front national et sa position sur l'identité nationale. Le score du Front national a augmenté de deux à quatre points dans les douze régions où il était présent. Désormais, on doit prendre au sérieux la politique du Front national, sa défense de l'identité nationale, sa lutte contre l'immigration et son opposition sans équivoque à « l'islamisation » de la France.

Avez-vous compris?

1. Selon l'article du *Figaro Magazine* mentionné dans le texte, quelle sera la religion principale des immigrés en 2015? Quel sera le pourcentage des immigrés de culture et de religion islamiques, cette année-là?

2. En quoi consiste le programme électoral du Front national? (Résumez-le.)

3. L'immigration est une source importante d'inquiétudes pour les dirigeants du Front national. Est-ce qu'ils ont d'autres problèmes en tête? Lesquels?

Qu'en pensez-vous?

1. En pensant à l'immigration dans votre pays, êtes-vous pour ou contre les propositions du Front national sur l'immigration? Expliquez votre réponse.

2. Est-ce que le programme du Front national sur l'immigration pourrait inciter les gens à la xénophobie et à la haine raciale? Pourquoi et de quelle manière?

3. Que démontrent les succès électoraux des dix dernières années des candidats du Front national aux élections françaises? Y a-t-il des gens dans votre pays qui soutiendraient les propositions du Front national?

4. À votre avis, y a-t-il des conditions où l'immigration en masse d'un pays vers un autre devrait être interdite? Si oui, quelles sont ces conditions et comment interdire l'immigration? Sinon, pourquoi pas?

5. La France a besoin de travailleurs immigrés. Les peuples des pays en voie de développement ont besoin de travail. Peut-on satisfaire ces deux exigences sans provoquer un choc de cultures ou une crise d'« identité nationale »? Comment?

6. Quelle est la situation de l'immigration dans votre communauté? Y a-t-il beaucoup d'immigrés près de chez vous? De quelle(s) nationalité(s)? Où vivent-ils? Quels types d'emplois occupent-ils? Sont-ils bien accueillis?

7. Comparez la diversité ethnique en France à celle de votre pays. Y a-t-il des ressemblances? Y a-t-il des différences? Lesquelles?

LIENS SOCIOCULTURELS

SOIXANTE ANS DE DISPOSITIFS LÉGISLATIFS SUR L'IMMIGRATION

Depuis 1945, la France a adopté, en fonction des différents gouvernements de droite ou de gauche qui étaient au pouvoir, diverses lois pour améliorer les procédures de contrôle, régulariser les conditions des étrangers déjà installés en France, identifier les étrangers clandestins et mieux contrôler les frontières. Voici un court résumé de ces lois.

1945 Création de l'Office national de l'immigration pour recruter de la main-d'œuvre dans les colonies françaises en Afrique noire, en Asie et surtout au Maghreb.

1974 Suivant l'exemple d'autres pays européens, le gouvernement français met en place une loi pour punir plus sévèrement les employeurs d'immigrants illégaux.

1977 Le gouvernement français propose dix mille francs (à peu près 1000 dollars) à tout étranger qui désire retourner dans son pays natal.

1981 Pour favoriser l'intégration des étrangers déjà en France, l'autorisation administrative jusqu'alors *(up until then)* nécessaire au mariage mixte est supprimée.

1982 Instauration du « certificat d'hébergement » pour accueillir en France des invités étrangers. Pour la plupart des visiteurs en provenance des pays dits « sous-développés », un certificat d'hébergement est un des documents qu'il faut soumettre pour recevoir un visa de touriste.

1989 Charles Pasqua, ministre de l'Intérieur, propose une politique de refus total de l'immigration clandestine.

1993 Les « lois Pasqua » rendent strictes les conditions de régularisation, réduisent les possibilités de regroupement familial (une épouse algérienne qui rejoint son époux en France, par exemple) et accroissent les durées de détention pour les immigrants clandestins.

1997 De nouvelles mesures donnent aux immigrants hautement qualifiés, aux intellectuels et aux scientifiques, un statut spécial d'immigration, au nom de l'intérêt national.

1998 Les enfants nés en France de parents étrangers deviennent légalement français à l'âge de 18 ans, statut que les « lois Pasqua » avaient aboli.

2006 Le parlement français a approuvé le 18 mai une loi visant à maîtriser la quantité et la qualité des flux migratoires. Cette loi, dite la loi de « l'immigration choisie », facilite la venue en France des immigrés les plus diplômés.

2007 Création en mai 2007 du Ministère de l'immigration, de l'intégration, de l'identité nationale et du développement.

2009 Éric Besson, Ministre de l'immigration, de l'intégration, de l'identité nationale et du développement a ouvert le lundi 2 novembre 2009 un grand débat sur l'identité nationale, encourageant les Français à s'interroger sur la question, « qu'est-ce qu'être français? »

1. Quelle(s) tendance(s) avez-vous remarquée(s) concernant l'évolution de la législation sur l'immigration en France?

2. Suivant la chronologie des dispositifs législatifs sur l'immigration en France, quand les lois sur l'immigration ont-elles été plus libérales ou plus strictes? Qu'est-ce qui pourrait expliquer ces changements d'attitude?

3. Y a-t-il des lois sur l'immigration qui vous semblent traiter certaines personnes différemment que d'autres? Lesquelles? Expliquez votre réponse.

4. Estimez-vous qu'on puisse préserver à la fois l'identité culturelle des immigrés et l'identité nationale du pays qui les a accueillis? Expliquez votre réponse.

Des perspectives différentes sur l'immigration en France. Depuis toujours, la France attire des citoyens de divers pays qui, pour une raison ou pour une autre, ont choisi d'y vivre. Après la Seconde Guerre mondiale, l'essor *(boom, rapid expansion)* économique a incité le gouvernement français à créer l'Office national de l'immigration pour recruter de la main-d'œuvre dans les colonies françaises en Afrique noire, en Asie et surtout au Maghreb. Après plusieurs vagues d'immigration, la question de la diversité ethnique fait l'objet de tensions politiques. Voici quelques mesures qu'on propose pour résoudre les problèmes liés à l'immigration et à la diversité ethnique. Lisez-les et préparez-vous à les discuter.

A	B
D'un côté on propose de/d'…	**De l'autre côté on propose de/d'…**
• combattre fermement l'immigration clandestine.	• rapatrier progressivement les immigrés réguliers.
• intégrer les immigrés qui ont choisi de devenir citoyens français.	• réformer le Code de la nationalité pour rendre plus difficile l'obtention de la citoyenneté française.
• s'assurer que les lois de la République s'appliquent uniformément aux immigrés et aux nationaux.	• révoquer la carte de résident qui serait remplacée par un permis de séjour temporaire d'un an.
• établir un « contrat d'intégration » pour assurer l'égalité des chances et l'égalité entre immigrants quelle que soit leur origine ethnique.	• interdire le regroupement familial des immigrés.
	• limiter le droit d'asile.
	• expulser immédiatement les immigrés clandestins.

1. Connaissez-vous des hommes ou des femmes politiques dans votre pays qui proposent quelques-unes des idées citées ci-dessus *(above)*? Lesquelles? Quelles raisons ces personnes donnent-elles pour défendre leur position?

2. Pourquoi, selon vous, est-ce que l'immigration est une controverse omniprésente dans la majorité des pays? Pourriez-vous énumérer quelques facteurs qui animent le plus, selon vous, la polémique liée à l'immigration?

Contre-point

L'intégration des immigrants est une réalité nécessaire et préférable à l'expulsion

Les mots pour le dire

noms

chômage (m)	*unemployment*
droit (m) d'asile	*right of asylum*
droits (m pl) de l'Homme	*human rights*
émeute (f)	*riot*
expulsion (f)	*expulsion*
frontière (f)	*border*
haine (f)	*hatred*
lutte (f)	*struggle*
manifestation (f)	*demonstration*
parti (m) (politique)	*(political) party*
permis (m) de séjour	*resident card*
rapatriement (m)	*sending immigrants back to their country of origin*
sans-papiers (m pl)	*illegal immigrants "without (proper) papers"*
territoire (m)	*territory*
visa de visiteur (m)	*tourist visa*
xénophobie (f)	*xenophobia*

verbes

désobéir	*to disobey*
fuir	*to escape*
refouler	*(here) to send back, keep out*
résoudre	*to solve, resolve*
séjourner	*to stay, sojourn*

adjectifs

clandestin(e)	*clandestine, illegal*
multiethnique	*multi-ethnic, multiracial*

Étude de vocabulaire

Mots-clés *(Keywords).* Complétez les phrases ci-dessous avec les mots de la liste suivante. Ajoutez les mots et faites les accords qui sont nécessaires.

clandestin	parti	papiers	visa de visiteur	rapatriement
droite	expulser	territoire	xénophobie	multiethnique

1. Le visage de la France est aujourd'hui _____, ce qui veut dire qu'elle est composée de diverses races.

2. Le Front national est un _____ politique français, fondé en octobre 1972 et présidé par Jean-Marie Le Pen depuis son apparition.

3. La plupart des observateurs politiques situent le Front national à l'extrême _____ de la scène politique française.

4. Pour le Front national, l'expulsion et _____ sont les seules mesures pour résoudre les problèmes associés à l'immigration.

5. Aujourd'hui, un immigré peut être expulsé avec _____ en règle et sans avoir commis de délit *(crime).*

6. _____ de certains Français est souvent motivée par la peur de perdre leur identité nationale.

7. De plus en plus d'immigrés _____ tentent de rejoindre l'Europe sur de petits bateaux, au péril de leur vie.

8. Les personnes qui veulent faire une demande de _____ sont priées de s'adresser à l'ambassade de France de leur pays.

9. La France va durcir les conditions d'entrée sur son _____ et renforcer sa politique d'immigration choisie.

10. En 2009, la France a _____ de son territoire 29 000 étrangers en situation irrégulière.

🔊 **Track 14B**

De quoi parle-t-on?

Dans le cours du professeur Jacquard. Alan, un étudiant américain en France, rencontre un camarade de classe, Romain, et lui pose des questions sur le cours d'histoire contemporaine, présenté par le professeur Jacquard. Écoutez la conversation entre Alan et Romain et dites si les phrases suivantes sont **justes** ou **fausses**. Si elles sont fausses, corrigez-les.

1. Romain ne veut pas répondre à la question d'Alan.　J _____　F _____

2. Le professeur Jacquard pense que les actes de racisme sont encore fréquents aujourd'hui en France.　J _____　F _____

3. Le modèle républicain d'intégration tente d'assimiler les immigrés à la culture dominante.　J _____　F _____

4. Alan a besoin d'exemples pour comprendre le professeur Jacquard.　J _____　F _____

5. Aujourd'hui, la notion de « diversité ethnique » est mieux acceptée en France.　J _____　F _____

Liens grammaticaux

LES PRONOMS DÉMONSTRATIFS ET LES PRONOMS POSSESSIFS

Vous avez étudié les **déterminants** dans la première partie du chapitre 3 du *Cahier d'activités*. Dans la deuxième partie de ce chapitre vous allez examiner l'usage des **pronoms démonstratifs** (**celui**, **celle**, etc.) et des **pronoms possessifs** (**le mien**, **le vôtre**, etc.). Consultez le chapitre 6 du *Cahier d'activités* pour réviser l'usage de ces pronoms et faites les exercices suivants.

1 **Les immigrés d'origine maghrébine.** Complétez le texte suivant par les adjectifs ou pronoms démonstratifs ou possessifs (**son**, **sa**, **leur**, **leurs**, **ce**, **cette**, **le sien**, **la sienne**, **ceux**, **celles**, etc.) qui conviennent. Il y a souvent plus d'une réponse correcte.

1. La situation des immigrés maghrébins est l'une des plus visibles en raison de _____ nombre (m) mais aussi de _____ langue (f), de _____ religion (f), de _____ coutumes (f) vestimentaires et d'autres habitudes culturelles.

2. _____ situation (f) se complique pour la deuxième ou la troisième génération, _____ qui sont nées en France et qu'on appelle parfois des « Beurs ». _____ -ci (m) ont la nationalité française, parce qu'ils sont nés en France.

3. Les Français d'origine maghrébine souffrent parfois d'un malaise social souvent présent chez les individus qui chevauchent *(straddle)* deux cultures différentes. Certains sociologues pensent que _____ malaise (m) aura toujours tendance à créer une résistance défiante à l'intégration.

4. _____ identité (f) beur se définit, selon les sociologues, soit par un biculturalisme « conciliateur » et « additif » soit par une attitude défiante comme chez _____ (m) qui portent des tee-shirts avec _____ déclaration (f): « Je ne suis ni français ni arabe ».

5. Zinedine Zidane, né en France de parents algériens, est peut-être le cas le mieux connu du biculturalisme « additif ». _____ joueur (m) de la Coupe du Monde de football en 1998 est devenu une véritable idole en France.

6. L'équipe multiethnique de France, championne du monde de foot en 1998, est quelquefois surnommée « Black, Blanc, Beur » (allusion aux couleurs du drapeau français: bleu, blanc, rouge) à cause de _____ composition (f) ethnique.

7. Plusieurs joueurs de l'équipe championne du monde de foot en 1998 sont nés à l'étranger ou de parents étrangers. _____ équipe (f), source de fierté nationale, sert aujourd'hui de modèle de la diversité et de l'unité françaises.

2 **La politique d'immigration de Nicolas Sarkozy.** Complétez le texte suivant par les adjectifs ou pronoms démonstratifs ou possessifs (**sa, son, ses, notre, nos, leur, leurs, la sienne, ce, cette, ces, ceux**) qui conviennent. Il y a souvent plus d'une réponse correcte.

1. Pour Sarkozy, la France est un ensemble de valeurs: la laïcité, la séparation du temporel et du spirituel, l'égalité entre la femme et l'homme. «Il faut expliquer _____valeurs» (f), dit-il, «aux immigrés qui vont nous rejoindre, pour qu'ils s'intègrent.»

2. Nicolas Sarkozy espère limiter les effets négatifs de l'immigration en mettant en œuvre une «immigration choisie». _____ immigration (f) est basée sur la sélection des immigrants en fonction des besoins de l'économie nationale.

3. Le président de la République veut aussi limiter la délivrance de visas touristiques pour éviter que _____(m) qui les demandent restent en France plus longtemps que prévu.

4. En 2007, Nicolas Sarkozy a proposé durant _____ campagne (f) présidentielle la création d'un ministère de l'Immigration et de l'Identité nationale.

5. Sarkozy a tenu _____ promesse (f) et a nommé Éric Besson ministre de l'Immigration, de l'Intégration, de l'Identité nationale.

6. Éric Besson a initié parmi d'autres mesures les prix *(prizes)* (m) de l'intégration. _____-ci (m) sont décernés à certaines personnes, particulièrement _____ (f) qui se sont distinguées par _____ exemplarité (f) ou par _____ actions (f) en faveur de l'intégration.

7. Éric Besson a déclaré que l'immigration et l'intégration sont au cœur de l'identité nationale. La Nation, a-t-il ajouté, «s'est précisément construite par _____ dépassement (m) des différences d'origines et par _____ adhésion (f) à des valeurs communes.»

8. L'idée d'une intégration «à la Sarkozy» n'amuse pas Le Pen qui a déclaré à propos du petit-fils de Sarkozy: «Savez-vous que le prénom du petit-fils de Sarkozy est Solal (*prénom hébreux à consonance arabe*) ce qui ne relève pas d'une franche assimilation de _____ famille (f) à la société française?».

9. Dans une autre interview, Le Pen compare Sarkozy à Mussolini, critique _____ mariage (m) avec Carla Bruni, et prétend que la politique d'immigration de Sarkozy met en péril l'identité nationale mais que c'est plutôt _____(f) [= la politique de Le Pen] qui sauvera la France.

Lecture

Remue-méninges

Jean-Marie Le Pen, Président du Front national

Selon une enquête réalisée en 2010 par *Election Metter*, 34% des Français approuvent les prises de position sur l'immigration du Front national. Comment interprétez-vous la popularité relative du Front national?

L'INTÉGRATION VAUT MIEUX QUE L'EXPULSION

Avec le succès relatif du Front national aux élections françaises des dernières années, le débat sur l'immigration se réduit souvent à ce choix: intégration ou expulsion?

La politique d'intégration est basée en principe sur la notion que c'est le devoir de la République d'assurer « l'égalité devant la loi de tous les citoyens sans distinction d'origine, de race ou de religion » et sur le raisonnement que l'immigration n'est pas la source de tous les problèmes de la France. Certains intellectuels et dirigeants politiques s'interrogent sur l'éventualité d'une expulsion totale de tous les étrangers illégaux de France et sur sa logique. Ils se demandent si derrière la polémique qui entoure cette politique se cache une discrimination envers° ceux qui ne sont pas de race blanche, ceux qui ne parlent pas très bien le français ou ceux qui pratiquent d'autres religions. D'autres critiques ont ajouté que le chef du Front national, Le Pen, et ceux qui soutiennent la politique d'expulsion en général, n'ont jamais oublié les atrocités de la guerre d'Algérie et par conséquent s'accrochent à l'hostilité contre les immigrés de cette ancienne colonie en particulier.

Attaquant ce qu'il voit comme les implications idéologiques de la politique d'expulsion, le Parlement européen a adopté une résolution condamnant ceux qui « assimilent l'immigration à une invasion, une inondation ou une occupation

toward

underhanded /
encourage

founder

someone from the
West Indies

Keep Your Hands
Off My Friend /
widespread

to go hand in hand
with

supposedly

encourage, preach

to set off

potentially

sournoise° » et qui « attisent° les sentiments xénophobes de la société ». La Commission européenne contre le racisme et l'intolérance (ECRI) a engagé la France à réviser « sa philosophie égalitaire », précisant qu'un « nombre considérable de professions sont actuellement inaccessibles à des personnes non citoyennes de l'Union européenne ».

Harlem Désir, fondateur° de *S.O.S. Racisme*, une association antiraciste, et fils d'un Antillais° et d'une Française, souligne dans son livre, *Touche pas à mon pote*°, que le problème en France n'est pas l'immigration, mais le racisme, et déplore le fait que la discrimination fondée sur l'origine ethnique ou raciale soit répandue° en France. Il conclut qu'en grande partie les immigrés ne s'intègrent pas parce qu'on ne leur en a pas donné la possibilité.

Après la Seconde Guerre mondiale, l'immigration était nécessaire en France pour résoudre le problème de l'insuffisance de la main-d'œuvre. Dans l'économie d'aujourd'hui, la compétition pour attirer les talents en commerce, en science et en technologie et pour remplacer les départs à la retraite des *baby-boomers* est aussi importante que la compétition pour attirer le capital. Mais pour que l'immigration soit un avantage pour la France, il est indispensable que l'intégration aille de pair° avec l'immigration. Il faut assurer que les immigrés s'intègrent réellement sur le marché du travail, dans l'économie et dans la société. La France doit suivre le modèle américain de diversité. Si aux États-Unis on arrive à élire président un citoyen dont le père est né au Kenya, il est temps d'élire en France un citoyen compétent de souche africaine!

La popularité d'une politique d'expulsion, dit l'ancien Premier ministre, Laurent Fabius, est une « mise en garde contre ceux qui, parlant prétendument° au nom des valeurs françaises, prônent° aujourd'hui l'exclusion, l'égoïsme, le racisme et finalement la haine ». D'ailleurs, on voit mal comment un projet d'expulsion peut être implémenté aujourd'hui en France. Ce qu'on peut voir, et d'une façon très claire, c'est que l'idée d'expulsion (et toute la xénophobie qui l'entoure) pourrait déclencher° en France des émeutes sociales et – éventuellement° – une guerre civile.

Avez-vous compris?

Dites si les phrases sont **justes** ou **fausses**, et corrigez les affirmations si vous pensez qu'elles sont fausses.

1. Le désir d'intégrer les immigrés en France est un
   programme des partis politiques de droite.   J _____   F _____

2. Le Parlement européen utilise le mot « invasion » pour
   qualifier l'immigration.   J _____   F _____

3. Selon Harlem Désir, une source des problèmes de la
   société française est le racisme.   J _____   F _____

4. Dans l'économie mondiale, le besoin d'attirer des talents
   par le moyen de l'immigration est aussi important que le
   besoin d'attirer du capital.   J _____   F _____

Qu'en pensez-vous?

1. Êtes-vous d'accord ou non avec l'assertion que l'immigration est la source des problèmes de la société? Expliquez votre réponse.

2. Pensez-vous que l'immigration puisse changer l'identité nationale d'un pays? Comment?

3. Trouvez-vous que les partis politiques ou certaines personnalités de la radio et de la télévision dans votre pays incitent les gens à la xénophobie? Expliquez votre réponse.

4. Pensez-vous que les immigrants doivent s'intégrer à leur pays d'accueil en apprenant et en parlant la langue de ce pays?

5. Selon l'Institut national de la statistique et des études économiques (INSEE), un immigré en France est «toute personne née de parents étrangers à l'étranger et qui réside sur le territoire français.» Est-ce que cette définition ressemble à celle qui s'applique dans votre pays? Est-ce que le mot «immigré» a un sens péjoratif dans votre pays? Expliquez votre réponse.

6. Est-ce que l'immigration est le seul moyen de fournir aux entreprises la main-d'œuvre dont elles ont besoin?

© Olga Besnard / Shutterstock

LIENS INTERDISCIPLINAIRES

Avant de lire

Imaginez que vous êtes un « sans-papiers ». Comment vivez-vous votre vie? Qui sont vos amis? De quoi avez-vous peur?

© Maxppp / Daniel Fouray / epa / Corbis

UN ALLER SIMPLE (EXTRAIT).

Gypsies

Aziz est un jeune délinquant sans famille, trouvé quand il était enfant dans une voiture abandonnée et recueilli par des Tsiganes°. Né en France mais ne possédant pas de carte d'identité, il s'est procuré de faux papiers indiquant qu'il est marocain, parce que les papiers français coûtaient beaucoup plus cher sur le marché noir. Dans l'extrait qui suit, Aziz vient de se faire arrêter par la police sans raison valable. Pignol, agent de police et ami d'enfance d'Aziz, lui annonce une étrange nouvelle…

— On va te ramener chez toi, Aziz.

it wasn't worth the trouble / home

might as well let justice run its course (and stay in jail for the moment)

J'ai remercié, mais ce n'était pas la peine°: je n'avais plus de « chez moi »° […]; autant laisser la justice suivre son cours°.

— Tu n'as pas compris, Aziz. Te ramener chez toi, ça veut dire: dans ton pays.

— Mon pays?

— Le Maroc.

LIENS INTERDISCIPLINAIRES (Suite)

J'ai mis un temps à comprendre, et puis je me suis souvenu que sur mes papiers, en effet, j'étais marocain, mais comme ils auraient marqué° tunisien, algérien ou syrien; ça n'était pas une preuve°.

— Ils veulent faire un exemple, Aziz. Ils sont obligés de te renvoyer d'où tu viens.

Alors là, j'ai dit: pardon. Je veux bien être un exemple, mais j'ai fait ma vie comme étranger en France; je ne vais pas la recommencer comme étranger dans un pays où je serai le seul à savoir que je ne suis pas chez moi. J'ai déjà eu assez de mal avec les Tsiganes. Je suis Aziz, fils d'Ami 6 de chez Citroën°, et je suis de Marseille comme toi, enfin, Pignol, quoi, merde! Ça se voit, ça s'entend°!

Mais je sentais bien que je n'avais pas d'arguments; même ma tête se retournait contre moi, j'étais le trahi complet. Pour ne pas pleurer devant lui, je lui ai dit de remercier le préfet° pour moi.

— Ça vient de plus haut, Aziz. Le gouvernement a pris des mesures contre les clandestins. Enfin… *pour* les clandestins. C'est une opération conjointe° avec les Droits de l'homme et l'OMI, l'Office des migrations internationales.

Et il m'a expliqué en gros que pour lutter contre le racisme en France, il fallait renvoyer les immigrés chez eux. J'ai continué à me taire, mais ça me paraissait bizarre de lutter contre une idée en la mettant en pratique°. Il a ajouté que je prenais l'avion demain matin à Marignane°, et qu'un fonctionnaire spécialement affrété pour moi°, un « attaché humanitaire » ça s'appelait, allait m'accompagner au Maroc pour vérifier que tout se passait bien, me réinsérer, me trouver un travail, un logement, et, comme disait la circulaire du ministère°, « pouvoir donner à la France de bonnes nouvelles de ses amis retournés dans leur pays ».

Il a conclu que l'attaché humanitaire aurait dû être là ce matin, mais il avait raté le TGV° et il prenait le suivant. J'ai dit que ça commençait bien, mais c'était pour faire le type dégagé°, qui prend la vie avec humour. En réalité j'étais complètement effondré°, Pignol aussi.

[…]

À cinq heures moins vingt, Pignol est revenu. Il évitait mon regard, mais j'avais eu le temps de réfléchir et je m'étais rassuré. Il a laissé tomber d'une voix molle°:

— Ton attaché est arrivé.

J'ai demandé, les jambes croisées, l'air de rien°:

— On lui a donné mes papiers?

— Oui.

— Bon, ben ça va, alors: il a vu que c'étaient des faux.

— Non.

J'ai arrêté de regarder mes ongles.

— Tout ce qu'il a vu, c'est que ton permis de séjour est périmé°.

Glossary (margin notes):

[the counterfeiters] could just as well have written

that didn't prove anything

brand and model of the car in which Aziz was found as a baby

you can hear it (in my accent)

regional authority, governor

joint operation

by applying it

Marseilles' airport

civil servant especially chartered for me (ironic)

official document

Train à Grande Vitesse

to look like a cool guy

distraught

in a toneless voice

seemingly detached

expired

LIENS INTERDISCIPLINAIRES (Suite)

Il s'est assis près de moi sur le matelas, les mains entre les genoux, la tête basse. Mon inquiétude° est revenue d'un coup.

worry

— Mais vous le lui avez dit, que c'était un faux?

Il n'a pas répondu tout de suite. Il a sorti son chewing-gum de sa bouche, s'est mis à le rouler entre son pouce et son index. Quand la boule a été bien lisse, il a déclaré que, de toute manière, qu'on le veuille ou non°, j'étais en situation irrégulière. J'ai protesté:

whether we like it or not

— Mais, Pignol, je le suis depuis que je suis né!

Il a crispé son visage pour me faire taire°.

he grimaced to make me stop talking

— Il faut que tu comprennes une chose, Aziz: ça fait trois jours que la Brigade° a ces types° sur le dos, qu'ils réclament des clandestins, des clandestins, des clandestins! Ils sont dans un état°; on n'en peut plus°…

our squad
guys (here: from the ministry)
They're all worked up about this / we can't take it anymore

———

Source: Didier Van Cauwelaert, *Un aller simple.* Paris: Albin Michel, 1994, pp. 25–27.

DISCUSSION

1. Pourquoi Aziz ne comprend-il pas l'expression « chez toi »?

2. Comment réagit-il à la nouvelle de son départ imminent pour le Maroc? Pourquoi?

3. Qu'est-ce qui fait comprendre au lecteur ou à la lectrice que Pignol est embarrassé par cette situation?

4. Selon Aziz, quelle est la position de la France vis-à-vis du racisme? Expliquez pourquoi cette position est paradoxale.

5. Quelle est la fonction de « l'attaché humanitaire » d'Aziz?

6. Quelle est la nationalité officielle d'Aziz? Pourquoi?

7. Pourquoi est-ce que l'attaché humanitaire ne voit pas que les papiers d'Aziz sont faux?

8. Pignol déclare: « On n'en peut plus… ». À quoi fait-il référence?

9. Relisez soigneusement *(carefully)* le texte et notez tous les endroits où il y a un écart ironique *(ironic discrepancy)* entre la réalité et l'apparence. Quel effet cet écart a-t-il sur vous?

10. En quoi ce texte est-il une critique sociale?

Réplique et synthèse

A Questions de discussion

1. Quand on pense au mot « xénophobie », on l'associe à des mots comme « mépris », « haine », etc., mais, en fait, « xénophobie » (du grec, *xenos* = étranger) veut dire « *peur* de l'étranger ». En réfléchissant aux origines de ce mot, commentez sur l'association entre « étranger » et « peur ». De quoi pourrait-on avoir peur?

2. Comment est-ce que les problèmes liés à l'immigration se manifestent dans votre ville ou dans votre pays natal? Y a-t-il certains groupes ethniques qui rencontrent plus de discrimination que d'autres? Y a-t-il des souches ethniques qui sont mieux acceptées que d'autres? Est-ce qu'on entend parler de crimes racistes ou de brutalité policière dans votre communauté? Existe-t-il des ghettos d'immigrés chez vous? Y a-t-il eu des émeutes violentes? Quelle en était la cause principale?

3. Nous avons beaucoup parlé de la discrimination contre les gens d'origine différente dans ce chapitre, mais il existe d'autres sortes de « racisme » ou d'autres formes de discrimination basée sur des idées préconçues. Quels autres groupes sont aujourd'hui victimes de ce genre de « racisme »? Quelle est la nature de la discrimination qu'ils rencontrent? Est-ce qu'elle est comme le racisme « pur et dur » *(hardcore)* ou est-ce qu'il y a des différences? Pensez aux personnes âgées, par exemple. Dans quelle mesure sont-elles victimes de discrimination? À quelles autres situations semblables pouvez-vous penser?

4. Quelle est votre définition du mot « citoyen »? À quoi est-ce que la citoyenneté vous donne droit? À votre avis, quelles sont les responsabilités et les obligations d'un(e) citoyen(ne)?

B Exposés

1. Choisissez un groupe ethnique dans votre pays qui n'est pas le vôtre. Expliquez à quelle époque et pourquoi les gens de ce groupe sont venus dans votre pays ou votre région, où ils se sont installés, comment la société les perçoit, dans quelles sortes de professions ils travaillent, s'ils sont venus dans votre région *avec* ou *sans* l'intention de s'intégrer à la société…

2. Choisissez une organisation ou une personne qui lutte (ou qui a lutté) contre la discrimination, l'intolérance ou l'injustice, et décrivez-la pour vos camarades de classe. (Exemples: Amnesty International, Nelson Mandela, Rosa Parks, Harlem Désir, etc.)

3. Comment et dans quelles circonstances est-ce que les immigrés sont admis dans votre pays? Existe-t-il un système de « quotas »? Si oui, comment est-ce que les quotas sont déterminés? Quelles démarches faut-il suivre pour obtenir la permission d'immigrer?

4. La «fuite des cerveaux» *(brain drain)*. Aux États-Unis, on donne la priorité pour l'immigration aux gens qui exercent des professions dont le pays a besoin (des ingénieurs et des infirmières, par exemple). Puisque les salaires sont plus élevés aux États-Unis, l'exode d'étrangers vers les États-Unis laisse leur pays d'origine sans travailleurs qualifiés. Pensez-vous que cette «fuite des cerveaux» soit injuste ou est-ce une simple réalité de la mondialisation?

C **Qui veut devenir millionnaire?** Chaque équipe d'étudiants doit écrire dix questions qui contiennent chacune une des structures de la liste ci-dessous. Ensuite, vous allez jouer le jeu! Quelle équipe va gagner? Attention! Les questions peuvent être difficiles, mais elles ne doivent pas être impossibles, et vous devez savoir la réponse correcte à vos propres questions!

Questions utilisant:

1. un article défini (**le, la, les**)
   Exemple: Quel fleuve est plus long, **la** Seine ou **le** Nil?

2. un article indéfini (**un, une, des**) ou un article partitif (**du, de la, de l'**)
   Exemple: Nommez un poète anglais qui a écrit **des** sonnets.

3. une expression de quantité (**beaucoup de, 50 gr. de, un bouquet de,** etc.)
   Exemple: Combien coûte **100 gr. d'**or aujourd'hui?

4. un chiffre (**505, 2003,** etc.)
   Exemple: Juste ou faux? Il y a **435** représentants à «l'Assemblée nationale» *(House of Representatives)* américaine.

5. un adjectif ou un pronom possessif (**mon, le mien,** etc.)
   Exemple: Dans l'histoire des *Trois petits cochons*, les deux premiers cochons ont construit **leurs** maisons en paille et en bois — en quoi est-ce que le troisième petit cochon a construit **la sienne**?

6. un adjectif ou un pronom démonstratif (**ce, celui,** etc.)
   Exemple: Dans *Le Seigneur des anneaux* l'épée de Fredon s'appelait «Dard» *(Sting)*. Comment s'appelait **celle** du roi Arthur?

D Ouvertures créatives

1. Créez et «jouez» un message publicitaire pour encourager la tolérance. Si possible, faites une vidéo de votre présentation.

2. En petits groupes, créez des partis politiques dont le programme électoral vise la lutte contre la discrimination. Présentez des posters, des slogans, des discours politiques… à la classe. Ensuite, organisez des élections!

Liens communautaires

La vie, le défi et les sentiments d'un immigré de ma communauté. Interviewez un immigré ou une immigrée dans votre communauté. De préférence, cherchez quelqu'un qui parle français. Discutez avec lui/elle de ses impressions et de ses difficultés à s'adapter à une nouvelle culture. Partagez ce que vous avez appris sur cet(te) immigré(e) avec la classe: Fournissez une brève biographie de lui/elle et de sa famille, expliquez la raison pour laquelle il/elle est venu(e) s'installer dans votre communauté, expliquez quels sont ses rêves et ses ambitions ainsi que les difficultés et les défis qu'il/elle rencontre, et ainsi de suite.

Rédaction guidée

🌐
**Peer
Review**

A **Sujet.** «Le multiculturalisme: une réalité qu'il faut accepter ou à laquelle il faut résister?»

B **Orientation.** Dans ce chapitre, nous allons nous intéresser à l'organisation soignée des idées d'une rédaction avant de commencer à écrire. Jusqu'à maintenant, nous avons vu que la dialectique hégélienne présentait les idées de façon très structurée — introduction, thèse, antithèse, synthèse, conclusion. Afin de bien préparer cette structure, il est nécessaire de faire un plan de votre devoir.

C **Avant d'écrire.** Commencez par relire le devoir modèle du chapitre préliminaire. Ensuite, avant de vous attaquer à chaque partie du plan, relisez les instructions pertinentes dans les chapitres 1 à 5 (chapitre 1 pour l'introduction, chapitre 2 pour la thèse, etc.).

Pour rédiger le plan que vous allez écrire maintenant, prenez comme thèse et antithèse les deux affirmations qui sont exprimées dans les points 2 et 3 ci-dessous.

En groupes de deux à trois étudiants, discutez les points suivants:

1. Comment comprenez-vous le sujet? Quel aspect de ce vaste sujet allez-vous traiter?

Cette discussion va vous aider à limiter votre sujet et à préparer votre introduction, mais il ne faut pas l'écrire tout de suite! L'introduction est la dernière partie que vous rédigerez, pour vous assurer qu'elle anticipe bien le contenu de votre texte.

2. LA THÈSE: Le multiculturalisme est une réalité qu'il faut accepter parce que…

Écrivez une phrase qui résume cette position. Ensuite, écrivez trois points qui la soutiennent.

LA PHRASE:

1.

2.

3.

3. **L'ANTITHÈSE:** Le multiculturalisme est une réalité à laquelle il faut résister parce que…

   Même travail que pour la thèse. Essayez de présenter la position de quelqu'un qui a un point de vue différent du vôtre. Mettez en avant *(bring forth)* les éléments de la façon de penser de cette personne qui vous semblent convaincants.

   LA PHRASE:

   1.

   2.

   3.

4. **LA SYNTHÈSE.** Réfléchissez à la façon dont les deux points de vue opposés peuvent être dépassés. Écrivez une phrase ou deux qui expliquent votre synthèse.

5. **LA CONCLUSION.** Notez brièvement les points essentiels de votre devoir (essayez de ne pas répéter les mêmes mots, mais de résumer vos idées). Indiquez la conclusion que vous pouvez tirer de ce travail. Votre conclusion peut-elle vous amener à répondre à la question de votre introduction? Mentionnez ici votre opinion personnelle sur le sujet.

6. **L'INTRODUCTION.** Pensez à la façon dont vous allez poser la question principale de votre devoir. N'oubliez pas de donner un contexte à votre travail et d'expliquer pourquoi la question que vous allez aborder est importante. Quelle image illustrative pouvez-vous utiliser pour attirer l'attention de votre lecteur ou de votre lectrice? Pour donner vie à cette image, pensez à la façon dont elle va mener à votre thèse.

Au travail! Vous êtes maintenant prêt(e) à planifier toutes les parties d'une rédaction dialectique!

7 L'éducation: Devrait-elle être gratuite ou payante?

© Rolf Haid / dpa / Lanndov

Objectifs communicatifs

COMMUNICATION

- **Point** Les études payantes: Comment joindre les deux bouts?
- **Contre-point** Le prix des études gratuites

LIENS GRAMMATICAUX

- L'interrogation: Les questions aux réponses en "oui/non" et les pronoms interrogatifs
- L'interrogation (2): *Quel* et *lequel*, les traductions de *What?*

LIENS SOCIOCULTURELS

- Connaissez-vous les sigles de l'éducation?

LIENS COMMUNAUTAIRES

- Un séjour linguistique

LIENS INTERDISCIPLINAIRES

- Valérie Erlich, *Les Nouveaux Étudiants: Un groupe en mutation* (extrait)

*C*ontroverse: Vous vous êtes peut-être déjà plaint(e) du prix de vos études universitaires. Aux États-Unis et au Canada, les études supérieures coûtent cher. En France, par contre, l'instruction est considérée comme un droit du citoyen et le gouvernement fait le maximum pour en minimiser le coût. Alors de quoi les étudiants français se plaignent-ils? Pourquoi font-ils si souvent la grève *(go on strike)*? C'est qu'à une instruction gratuite (ou peu coûteuse) sont associées des conditions de travail souvent difficiles: pas assez de professeurs, pas assez de places dans les amphithéâtres, pas assez d'ordinateurs, etc. La liste de ce qui manque dans l'enseignement supérieur français est très longue. Dans ce chapitre, nous allons examiner le pour et le contre des frais de scolarité *(tuition)* élevés.

Premières pensées

Les mots pour le dire

noms

collège (m)	*middle school*
diplôme (m)	*diploma, degree*
école (f)	*school*
éducation (f)	*education, upbringing*
enseignement (m)	*teaching*
études (f pl)	*course work, studies*
faculté (f)	*college, school (within a university or college) (e.g., School of Architecture, College of Liberal Arts, etc.)*
faculté (f) des lettres	*liberal arts school, College of Liberal Arts (within a university or college)*
lycée (m)	*high school*
prêt (m)	*loan*

verbes

franchir	*to overcome*
grimper	*to climb up*
manquer	*to be missing, lacking*
nuire	*to harm*
se débrouiller	*to get along, manage, find a way to do something*
(s')endetter	*to go into debt*

adjectifs

bas(se)	*low*
(bien / mal) rémunéré(e)	*(well / poorly) paid or paying*
éducatif(-ive)	*educational*
élevé(e)	*high*
manquant(e)	*missing*

expressions utiles

bourse (f) d'études	*scholarship (to pay for college)*
clamer haut et fort	*to broadcast, proclaim loud and clear*
école (f) élémentaire	*elementary school*
école (f) secondaire	*middle and high school*
enseignement (m) supérieur	*higher learning, post-secondary education*
être boursier (-ière)	*to be on scholarship*

A Le monde des études supérieures

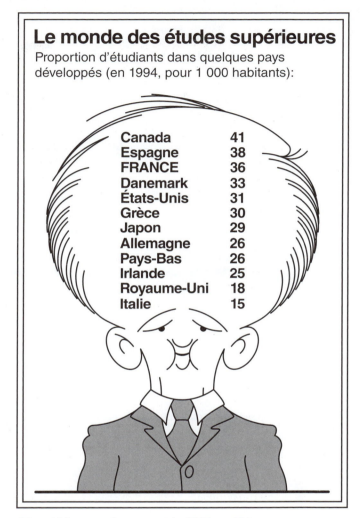

Le monde des études supérieures

Proportion d'étudiants dans quelques pays développés (en 1994, pour 1 000 habitants):

Canada	41
Espagne	38
FRANCE	36
Danemark	33
États-Unis	31
Grèce	30
Japon	29
Allemagne	26
Pays-Bas	26
Irlande	25
Royaume-Uni	18
Italie	15

Gérard Mermet, *Francoscopie* 1997, p. 101.

QUESTIONS

1. Quels pourcentages de Français, d'Américains et de Canadiens font des études supérieures?

2. Ces pourcentages sont-ils surprenants pour vous? Pouvez-vous expliquer pourquoi les États-Unis ont le pourcentage le plus bas des trois pays de la question 1?

3. Quels autres pays ont un pourcentage surprenant pour vous? Pourquoi? Comment expliquez-vous ces pourcentages?

B Les diplômes en France

+ 6 semestres (Master + 3 ans)	• Doctorat	**DOCTORAT**
+ 4 semestres (Licence + 2 ans)	• Master recherche	**MASTER**
	• Master professionnel	
	• Diplôme d'ingénieur	
	• Diplômes des Écoles de Commerce et de Gestion	
+ 6 semestres	• Licence	**LICENCE**
	• Licence professionnelle	
Fin d'études secondaires + Baccalauréat = Entrée dans l'enseignement supérieur		

(*Source:* Site web du Ministère de l'Éducation nationale. http://www.education.gouv.fr/cid26/l-enseignement-superieur.html)

1. Si vous suiviez en France les mêmes études que vous suivez maintenant, où seriez-vous dans le schéma ci-dessus?

2. Dans les offres d'emploi, on lit souvent que les employeurs cherchent quelqu'un avec «Bac + 2» ou «Bac + 4». À votre avis, pourquoi disent-ils cela, au lieu de demander «une licence », par exemple?

Point

Les études payantes: Comment joindre les deux bouts?

Les mots pour le dire

noms

dépanneur (m) *(Canada)*	*corner store, convenience store*
moitié (f)	*half*

verbes

entrevoir	*to foresee; to catch a glimpse of*
se serrer	*to stand, sit, or be close together*

expressions utiles

à vos risques et périls	*at your own risk*
faire bon ménage	*to get along*
faire des pieds et des mains	*to work really hard at something*
gagner trop cher *(canadianisme)*	*to make too much money*
joindre les deux bouts	*to make ends meet*
se serrer la ceinture	*to tighten one's belt*
se tuer à la tâche	*to work oneself to death*
subvenir à ses besoins	*to make ends meet; to take care of one's needs*
venir à la rescousse	*to come to the rescue*

Étude de vocabulaire

Pouvez-vous relier les expressions équivalentes?

Cette expression tirée du texte	**veut dire…**
1. à vos risques et périls	a. aider
2. clamer haut et fort	b. avoir assez d'argent pour finir le mois
3. faire bon ménage	c. en assumant les responsabilités et les conséquences
4. faire des pieds et des mains	d. dépenser moins d'argent
5. gagner trop cher *(canadianisme)*	e. dire à voix haute avec intensité
6. joindre les deux bouts	f. gagner assez d'argent pour vivre
7. se serrer la ceinture	g. travailler trop
8. se tuer à la tâche	h. faire beaucoup d'efforts
9. subvenir à ses besoins	i. s'entendre bien
10. venir à la rescousse	j. gagner trop d'argent

De quoi parle-t-on?

Track 16A

Peine d'argent. Julien et Marc ont fait leurs études secondaires dans le même lycée, où ils étaient amis. Julien est maintenant étudiant en médecine, et Marc, en sociologie. Ils se rencontrent devant le restaurant universitaire. Écoutez leur conversation et dites si les phrases suivantes sont justes ou fausses. Si vous trouvez qu'une phrase est fausse, corrigez-la.

1. Marc est optimiste.   J   F

2. Marc bénéficie d'une bourse d'études.   J   F

3. Julien gagne trop d'argent pour avoir une bourse.   J   F

4. Julien pense qu'il va se débrouiller.   J   F

5. Marc propose de l'aide à Julien.   J   F

Liens grammaticaux

LES QUESTIONS AUX RÉPONSES EN "OUI/NON" ET LES PRONOMS INTERROGATIFS

Depuis le début de vos études de français, vous avez été exposés aux questions. Elles se catégorisent généralement en deux types: les questions auxquelles les réponses sont « Oui » ou « Non » *(Est-ce que vous êtes français(e)? Avez-vous des frères ou des sœurs?)* et les questions qui réclament un contenu spécifique *(Quel âge avez-vous? Qui a gagné la Coupe du Monde de football en 2010?)*.

Dans ce chapitre, vous allez étudier toutes les façons de poser des questions, en commençant par les questions auxquelles on répond par «oui» ou par «non», et **les pronoms interrogatifs** (Qui…? Que…? Qui est-ce qui…? Qui est-ce que…? Qu'est-ce qui…? Qu'est-ce que…?).

Consultez le chapitre 7 du *Cahier d'activités* pour réviser les questions aux réponses en «oui/non» et les pronoms interrogatifs. Ensuite, faites les exercices qui suivent.

A **Grand-père est dur d'oreille! (1)** *(Grandpa's hard of hearing!)* Vous rendez visite à votre grand-père qui entend mal. À chaque fois que vous lui posez une question, il vous demande de la répéter. Répétez chaque question en variant vos façons de la poser.

Modèle: Vous: Bonjour Grand-père, vas-tu bien?
              Votre «grand-père» *(partenaire):* Comment?
              Vous: Est-ce que tu vas bien?
                      ou
                      Tu vas bien?

1. Vous: Sais-tu que j'ai réussi au bac?

   G-P: Comment?

   Vous: _____

2. Vous: Est-ce que maman t'a dit que je vais faire des études de droit?

   G-P: Quoi, mon amour?

   Vous: _____

3. Vous: Elle t'a dit que j'allais à la Sorbonne?

   G-P: Pardon?

   Vous: _____

4. Vous: Tu sais que la vie à Paris coûte cher, n'est-ce pas?

   G-P: Je suis désolé, je ne t'ai pas entendu…

   Vous: _____

5. Vous: Peux-tu me prêter un peu d'argent?

   G-P: Hein?

   Vous: _____

B. **Grand-père est dur d'oreille! (2)** La conversation avec votre grand-père continue péniblement et il vous pose des questions sur les choses qu'il n'entend pas. Posez les questions qui portent sur les mots en italiques. Utilisez cinq des pronoms interrogatifs suivants **qui est-ce qui, qui est-ce que, qu'est-ce qui, qu'est-ce que, qui, et que** en fonction des besoins de la question.

Modèle: Vous: *Je* vais étudier le droit.
G-P: *Qui est-ce qui* va étudier le droit?

1. Vous: Je vais étudier *le droit*.

   G-P: _____ tu vas étudier?

2. Vous: *Mes études* vont être longues!

   G-P: _____ va être long?

3. Vous: Cette année je vais suivre *un cours de droit constitutionnel*.

   G-P: _____ vas-tu suivre?

4. Vous: *Papa et maman* sont très fiers de moi.

   G-P: _____ est fier de toi?

5. Vous: Je vais appeler *(call) oncle Jacques* pour lui annoncer la nouvelle!

   G-P: _____ tu vas appeler?

Lecture

Remue-méninges

Êtes-vous étudiant(e) à plein temps? Répondez aux questions suivantes de façon générale.

1. À votre avis, de combien d'argent un étudiant a-t-il besoin aujourd'hui pour vivre confortablement, sans compter les frais d'inscription *(tuition)*, mais sans extras?

2. Est-ce que vos parents vous aident financièrement?

3. Travaillez-vous pour pouvoir vivre? Si oui, combien d'heures par semaine travaillez-vous?

4. Quels inconvénients voyez-vous au fait de travailler pendant vos études? Y a-t-il des avantages à travailler pendant vos études? Lesquels?

«LA VIE D'ÉTUDIANT? À VOS RISQUES ET PÉRILS!»

© Chloe Johnson / Alamy

Le journal canadien Le Soleil *a publié cet article de Béatrice Farand, étudiante en journalisme à l'Université de Sherbrooke, dans lequel elle parle des préoccupations et des besoins des étudiants canadiens.*

Au Québec, selon une enquête° de l'UQAM°, près de la moitié des étudiants à temps plein bénéficie d'un prêt du gouvernement. Après un baccalauréat°, leur endettement° peut grimper jusqu'à 15 000$°. L'autre moitié des étudiants a choisi ou a été contrainte de° ne pas s'endetter. Comment arrive-t-elle à joindre les deux bouts?

study / *Université du Québec à Montréal* / bachelor's degree (Canada) / (incurred) debt / $15 000 Canadian dollars / was forced to

Pour réussir sans l'aide du gouvernement, les étudiants font face à un cruel dilemme: se consacrer uniquement à leurs études et se serrer la ceinture ou respirer plus librement mais délaisser quelque peu le savoir°. À moins que papa et maman viennent à la rescousse, les comptes et le loyer ne se payent pas tout seuls. Selon le système de calcul des prêts et bourses, un étudiant à temps plein a besoin de 10 000$ par année pour subvenir à ses besoins. Pour ne pas nuire à ses résultats scolaires, il ne devrait pas dépasser 15 à 20 heures de travail par semaine. Calcul rapide: 15 heures par semaine au salaire minimum pendant 52 semaines n'excèdent pas 5000$. Voilà pourquoi plusieurs se tuent à la tâche.

Travailler tout en étudiant est devenu normal, voire valorisé. Ceux qui se consacrent uniquement à leurs études passent pour° moins travaillants aux yeux des autres, même si parfois la discipline dans laquelle ils étudient demande plus d'efforts. Cependant, les résultats scolaires souffrent parfois des heures allouées° au travail. Si au moins le jeu en valait la chandelle°: 53% des étudiants du premier cycle estiment que leur travail ne leur permet pas d'acquérir une expérience liée à leur domaine d'études. Il suffit de regarder le nombre d'entre eux travaillant dans des restaurants, des dépanneurs ou des boutiques.

Mais le travail durant les études n'a pas seulement de mauvais côtés. Il leur permet d'entrevoir ce qu'est la vie une fois les études sont terminées. En plus du sens des responsabilités, ils acquerront une discipline personnelle et seront plus aptes à surmonter leurs difficultés. Il faut faire des pieds et des mains pour que travail, études, santé et bien-être fassent bon ménage.

Sous le seuil° de la pauvreté

Que ceux qui clament haut et fort° que les étudiants perdent leur temps changent d'opinion. Et que se joignent à eux les tenants de la rumeur° selon laquelle les étudiants vivent grassement. Peuvent-ils seulement imaginer quel genre de train de vie° on mène avec seulement 10 000$ par année? Assurément, rien qui soit au-dessus du seuil de la pauvreté!

Pensez-y bien. Le loyer° engloutit 200$ par mois, l'épicerie°, environ 30$ par semaine si on s'en tient au° strict minimum. Additionnons le téléphone, le chauffage, l'électricité et l'eau chaude. N'oublions pas les frais de scolarité qui sont de l'ordre de 1000$ par session, et le matériel scolaire. Ajoutons quelques dollars pour l'essence et les vêtements. Multiplions le tout pour faire une année complète. Qu'avons-nous comme résultat? Des années de baccalauréat, de maîtrise ou de doctorat passées à compter ses sous en espérant tenir jusqu'au mois prochain.

Plusieurs étudiants sont encore plus dans le besoin. Pensons seulement aux familles monoparentales° et aux étudiants étrangers dont les frais de scolarité sont beaucoup plus élevés. Ou encore, dans la majorité des cas, à ceux dont le ministère de l'Enseignement supérieur juge que les parents gagnent trop cher et qui, pour cette raison, n'ont pas droit aux prêts et bourses. Pourtant, les parents ne donnent pas automatiquement cet argent manquant à leurs enfants, souvent parce qu'ils n'en ont pas les moyens. Choisir d'étudier sans s'endetter? À vos risques et périls…

Béatrice Farand, *Le Soleil* http://www.lesoleil.com/encours/hebdo/doh1_droite.html

Avez-vous compris?

Résumez chaque paragraphe par une phrase courte et ensuite répondez aux questions.

Modèle:

Paragraphe 1: *S'endetter ou mourir de faim?*

1. Quel est le point central de cet article de Béatrice Farand?

2. La situation des étudiants canadiens qu'elle décrit est-elle semblable à celle des étudiants américains ou bien différente? Expliquez.

   Paragraphe 2: _____

3. Des chiffres: Pour simplifier, admettons un instant que le dollar canadien a la même valeur que le dollar américain. Êtes-vous d'accord avec les estimations de Béatrice? Grâce à ces chiffres *(numbers, figures)*, qu'est-ce que Béatrice essaie de nous faire comprendre?

   Paragraphe 3: _____

4. Selon Béatrice, quelles sont les conséquences sur les études de trop travailler?

5. Quel autre problème associe-t-elle à ce travail qui paye les études?

   Paragraphe 4: _____

6. Quels avantages Béatrice associe-t-elle au fait de travailler pendant les études? Êtes-vous d'accord avec elle?

Qu'en pensez-vous?

1. Selon vous, la vie d'étudiant coûte plus ou moins cher que les sommes d'argent *(sums of money)* mentionnées par l'auteur de cet article? Comment expliquez-vous qu'elle mentionne ces sommes d'argent? Quelles sommes dépensez-vous aujourd'hui dans les diverses catégories que Béatrice mentionne?

2. Trouvez-vous qu'il est difficile de faire des études aux États-Unis ou au Canada? Expliquez votre réponse.

3. Pensez-vous que travailler pendant que vous faites vos études soit un avantage ou une distraction? Pourquoi?

4. Est-il préférable de ne pas travailler en faisant vos études et d'emprunter *(borrow)* plutôt l'argent nécessaire? Expliquez votre réponse.

LIENS SOCIOCULTURELS

CONNAISSEZ-VOUS LES SIGLES *(ACRONYMS)* DE L'ÉDUCATION?

Tirés de l'Éducation nationale française:

BEP	Brevet d'Enseignement Professionnel *(three-year vocational training diploma)*
BTS	Brevet de Technicien Supérieur *(intensive two-year program with technological and management applications)* délivré par certains lycées. Le BTS est un diplôme supérieur, même si les études se font au lycée.
CAP	Certificat d'Aptitude Professionnelle *(two-year vocational training diploma)*
DUT	Diplôme Universitaire de Technologie *(intensive two-year university program with technological applications)*
LP	Lycée Professionnel *(vocational school)*
Série ES	Baccalauréat, série Économique et Sociale *(economics and applied mathematics)*
Série L	Baccalauréat, série Littéraire *(philosophy, literature, humanities, and languages)*
Série S	Baccalauréat, série Scientifique *(mathematics, physics, and biology)*
Série SMS	Baccalauréat, série Sciences médico-sociales *(paramedical careers: medical secretaries, social workers, physicians' assistants, etc.)*
Série STL	Baccalauréat, série Sciences et technologies de laboratoire *(laboratory technologies and techniques)*
Série STT	Baccalauréat, série Sciences et technologies tertiaires *(business, administration, and accounting)*

DISCUSSION

1. Le CAP et le BEP sont des diplômes qui ne permettent pas d'obtenir un baccalauréat, donc, qui ne permettent pas aux élèves qui les obtiennent d'aller ensuite à l'université. Avez-vous des diplômes similaires dans votre pays? Que pensez-vous de cette sorte de diplôme?

2. Les baccalauréats (L, ES, S, STT, etc.) préparent les élèves aux études universitaires. Le bac S, le plus difficile, ouvre toutes les portes de l'université. Cependant, une fois qu'on obtient un bac L, par exemple, il est impossible de faire des études universitaires en sciences. De même, un bac STT ne permet pas de suivre des études en sciences, ou en langues. Que pensez-vous de cette forme de spécialisation au lycée? Quels avantages et inconvénients voyez-vous à vous spécialiser au lycée?

3. Les BTS et DUT consistent en des programmes sur deux années très intensives, qui ont pour but des formations pratiques. Les STS et IUT représentent un système parallèle à celui des universités. Existe-t-il un système semblable dans votre pays? Quels sont les avantages de ces formations rapides?

Contre-point
Le prix des études gratuites

Les mots pour le dire

noms

abandon (m)	*withdrawal (from classes)*
aisance (f)	*comfort, easy circumstances*
débrouille (f)	*resourcefulness*
emploi (m) du temps	*daily schedule*
horaires (m pl)	*(class) schedules*
matières (f pl)	*(academic) subjects*
renseignement (m)	*(piece of) information*
surpeuplement (m)	*overpopulation*

verbes

s'apprêter (à)	*to get ready (to), prepare*
attirer	*to attract*
être débarrassé (de)	*to be through with, rid of*
franchir	*to go through*

adjectifs

courant(e)	*everyday, ordinary*
débarrassé(e) (de)	*rid (of)*
déterminant(e)	*decisive*
estudiantin(e)/étudiant(e)	*student (e.g., student life)*
proche	*close, near*
protégé(e)	*protected, sheltered*

expressions utiles

du coup	*as a result*
faire face (à)	*to face, confront*
faire ses premiers pas	*to take one's first steps*
faire le déplacement	*to attend; to show up*
prendre ses marques	*to get one's bearings*

Étude de vocabulaire

Parcourez *(Scan)* le texte aux pages 214–215 et cherchez (1) au moins cinq mots qui se rapportent à l'enseignement supérieur ou au monde de l'université, (2) deux mots qui sont des abréviations ou des sigles et (3) trois mots ou expressions qui indiquent qu'on est perdu *(lost).* Faites une liste de ces mots et expliquez-en le sens.

Modèle: le Salon de l'étudiant (1)

C'est un endroit où les futurs étudiants peuvent obtenir des renseignements sur la vie universitaire.

Track 16B

De quoi parle-t-on?

Au Salon de l'étudiant. Si elle est reçue au bac, Émilie commencera ses études universitaires cet automne. En mars, elle se rend au Salon de l'étudiant pour obtenir des conseils sur la façon d'organiser sa première rentrée universitaire. Elle parle à un conseiller pédagogique, Monsieur de Tienne. Écoutez leur conversation et indiquez «juste», «faux» ou «NP» (non précisé *[not mentioned]*) selon le cas. Si vous pensez qu'une affirmation est fausse, corrigez-la.

1. Émilie vient au Salon pour se renseigner sur des études d'anglais commercial.   J   F   NP

2. Selon certains étudiants, la première rentrée universitaire est difficile.   J   F   NP

3. Monsieur de Tienne lui conseille:

   — d'être patiente.   J   F   NP

   — de ne pas hésiter à se renseigner.   J   F   NP

   — de commencer tôt les démarches administratives.   J   F   NP

4. Émilie passe deux semaines aux États-Unis tous les ans.   J   F   NP

5. Elle décide de se spécialiser en LEA°.   J   F   NP

(Langues Étrangères Appliquées)

Liens grammaticaux

QUEL ET *LEQUEL*, LES TRADUCTIONS DE *WHAT…?*

L'adjectif interrogatif **quel** (+ nom; *what…? Which…?*) et ses composés **(quelle, quels, quelles)** sert à sélectionner une chose/personne/idée parmi plusieurs.

Quel master?	Which Master's degree?
Quelle université?	Which university? (among several choices)
Quels cours?	Which classes?
Quelles étudiantes?	Which [female] students?

Pareillement, le pronom **lequel (laquelle, lesquels, lesquelles;** *which one[s]*) sert la même fonction, mais sans utiliser le nom qui est déjà mentionné.

- Prête-moi ton livre. - Lequel? - Lend me your book. – Which one?

De plus, la traduction de l'interrogatif *What…?* pose souvent des problèmes aux étudiants anglo-saxons car le français le rend de diverses façons. Consultez les parties III et IV du *Cahier d'activités* du chapitre 7 pour réviser les diverses façons de traduire *What* en français. Ensuite, faites les exercices qui suivent.

A **La rentrée des classes!** C'est le jour de la rentrée *(back to school day)* et vous rencontrez votre nouveau/nouvelle colocataire dont vous ne comprenez pas bien l'accent et à qui vous demandez des précisions sur ce qu'il/elle dit. Dans la première question, utilisez l'adjectif interrogatif et le nom, et dans la deuxième question (dont vous ne comprenez pas la réponse,) utilisez le pronom interrogatif correspondant.

Modèle: Camarade: J'ai acheté *des livres.*
Vous: *Quels* livres?
Camarade: Des livres *(de littérature britannique).*
Vous: *Lesquels?*
Camarade: Ceux qu'il faut lire pour le cours.

1. Camarade: Tu peux me prêter *ton stylo,* s'il te plaît?

    Vous: _____?

    Camarade: Ton stylo *(bleu).*

    Vous: _____?

    Camarade: Le bleu.

2. Camarade: Je voudrais manger de *la glace!*

    Vous: _____?

    Camarade: De la glace *(Ben & Jerry's).*

    Vous: _____?

    Camarade: Ben & Jerry's.

3. Camarade: Ma mère va m'envoyer *mes CD* (= masculin, pluriel).

    Vous: _____?

    Camarade: Mes CD *(de musique pop).*

    Vous: _____?

    Camarade: Mes CD de musique pop.

4. Camarade: J'ai apporté toutes *mes photos.*

    Vous: _____?

    Camarade: Mes photos *(de vacances).*

    Vous: _____?

    Camarade: Celles que j'ai prises en vacances.

5. Camarade: Je vais téléphoner *à mes amis.*

Vous: _____?

Camarade: Aux amis *(que j'ai laissés au Texas).*

Vous: _____?

Camarade: À mes amis texans.

B. **L'étudiant étranger.** Un étudiant français va passer l'année universitaire dans votre résidence, mais il ne comprend pas bien l'anglais et vous traduisez tout pour lui! Traduisez ce que disent les gens en anglais pour votre ami français.

1. What time do classes start?

2. Here is what I don't understand: why do we have required courses *(des cours obligatoires)*?

3. This guy seems lost *(avoir l'air perdu).* Ask him what he wants!

4. What's the shortest way *(le chemin le plus court)* to the library?

5. What's the French word for *geek*?

6. What do you need?

7. What are you reading?

8. What is your nationality?

Lecture

Remue-méninges

Pensez pendant quelques minutes aux premières journées que vous avez passées sur votre campus et répondez aux questions suivantes.

1. Comment était l'atmosphère du campus?

2. Comment vous sentiez-vous? Pourquoi?

3. Quels éléments de la vie universitaire vous ont surpris(e) (de façon positive ou négative)?

4. Comment se sont passés vos premiers cours? Est-ce qu'ils étaient beaucoup plus difficiles que vos cours du lycée? Quelles différences avez-vous remarquées?

5. Pouvez-vous décrire vos premières interactions avec le personnel de l'administration du campus?

6. Si vous pouviez recommencer vos études, que feriez-vous différemment? de la même façon?

Un éditorial

© GoGo Images Corporation / Alamy

Que faire pour bien négocier le passage du lycée à l'université? Comment éviter les problèmes communs aux étudiants qui franchissent pour la première fois les portes de l'université? À qui s'adresser en cas (très probable) de déroute? Comment trouver les moyens nécessaires pour payer ses dépenses courantes? Cet article de Nicolas Borvo, paru dans Le Parisien libéré *expose les problèmes communs des étudiants français qui se présentent à la fac° pour la première fois…*

at the university

ÉDUCATION — Hier s'est ouvert pour quatre jours le Salon de l'étudiant°. L'occasion pour beaucoup de lycéens de prendre leurs marques dans un univers marqué par le surpeuplement des amphis°, les problèmes financiers et les contraintes des horaires.

college fair

amphithéâtres (large lecture halls)

LA FAC, ROYAUME DE LA DÉBROUILLE

Dans quelques mois, plus d'un demi-million de lycéens franchiront une étape déterminante dans leur carrière estudiantine. Mais si l'obtention du baccalauréat° détermine la suite de leur parcours°, c'est dès maintenant qu'ils doivent faire leur demande pour poursuivre dans le supérieur°. Le Salon de l'étudiant a justement ouvert ses portes hier pour aider ceux qui s'apprêtent à faire leurs premiers pas à l'université. L'année dernière, quelques° 200 000 jeunes avaient fait le déplacement. La vie d'étudiant est synonyme de liberté. On se retrouve enfin débarrassé de la pression du lycée. On peut choisir ses matières, organiser son emploi du temps. Une aisance qui, pour beaucoup, est un piège°. On se retrouve sans repères° dans des universités trop grandes, anonymes. On fait face à mille difficultés qui n'existaient pas dans l'univers protégé du lycée.

national exam sanctioning the end of high school studies / curriculum, student career / *dans l'enseignement supérieur, à l'université* / some

a trap / *perdu, désorienté*

le restaurant
    universitaire

is no small feat

la région parisienne

elsewhere

daily life / en
    particulier

Surpeuplement

Trouver une salle, connaître l'adresse du restau U° le plus proche ou encore obtenir un job pour faire face aux frais courants (qui sont importants pour les jeunes dont les parents ne financent pas les études) relèvent parfois de l'exploit°. L'administration, souvent opaque, donne le minimum de renseignements. Le tout est compliqué par le surpeuplement des facs. En Île-de-France°, elles accueillent souvent 50% d'étudiants de plus que leur capacité le permet, ce qui pousse, chaque année, un certain nombre de jeunes à l'abandon. Du coup, le maître mot, c'est la débrouille. Les étudiants doivent chercher les solutions ailleurs°. Entre eux, d'abord, car dans toutes les universités on trouve des associations estudiantines dont l'aide est précieuse. Ensuite, les CIDJ (Centre d'information et de documentation de la jeunesse), ouverts à tous, permettent d'obtenir des informations sur leur vie quotidienne°, notamment° sur les jobs. Enfin, il faut profiter des grands rendez-vous, comme le Salon de l'étudiant où l'on peut rencontrer, dans un même lieu, tous les partenaires utiles.

————

Nicolas Borvo, *Le Parisien Libéré*, vendredi 19 mars 1999.

Avez-vous compris?

1. Quelle est «l'étape déterminante dans [la] carrière estudiantine» dont on parle au début du texte? Qu'est-il nécessaire d'avoir si on veut s'inscrire à l'université en France?

2. Quels sont les problèmes des étudiants de première année quand ils arrivent à l'université?

3. Selon l'auteur de l'article, quelles différences essentielles existent entre le monde du lycée et le monde de l'université en France?

4. Quel est le problème majeur à l'université? Pourquoi est-ce que l'auteur appelle l'université «le monde de la débrouille»?

5. Quel rôle l'administration universitaire joue-t-elle dans l'insertion des nouveaux étudiants?

6. Quelles solutions l'article propose-t-il pour éviter les problèmes de l'université française?

Qu'en pensez-vous?

1. Les étudiants français doivent s'organiser six mois à l'avance pour s'inscrire en fac. Que pensez-vous de ce délai? Le trouvez-vous long ou bref? Combien de temps faut-il dans votre pays pour choisir son université? Quelles sont les conditions d'entrée? Sont-elles similaires aux conditions françaises ou différentes?

2. Est-il préférable de payer moins cher mais d'être dans des cours surchargés à l'université ou bien d'avoir de bonnes conditions de travail mais des frais d'inscription *(tuition)* élevés? Justifiez votre choix.

LIENS INTERDISCIPLINAIRES

«SOLIDARITÉS PARENTALES» ET RAPPORTS INTERGÉNÉRATIONNELS: UN SOUTIEN FINANCIER

Valérie Erlich, sociologue, maître de conférence de sociologie et membre de «l'Observatoire de la vie étudiante» de Nice, a étudié un grand nombre d'aspects de la vie des étudiants en France. Lisez ce qu'elle a dit sur les ressources des étudiants français et sur leur classe sociale d'origine.

come from
help

home, abode
since it

support
pocket money / the ability to cover / housing, rent

in two directions
in the opposite direction

in only one way

to attain / thanks to

Les ressources des étudiants proviennent° majoritairement de la famille, qui représente 72% des aides° totales. Quarante-trois pour cent des étudiants déclarent que leurs ressources proviennent uniquement de l'aide de leur famille. Même lorsque les étudiants ont quitté le domicile° parental, l'aide financière des parents reste importante puisqu'elle° constitue encore 74% des ressources des étudiants vivant seuls, 64% des ressources des étudiants vivant en couple et 36% de celles des étudiants mariés. Le soutien° financier des parents ne se limite donc pas seulement à de l'argent de poche°, mais il permet également une prise en charge° des frais de logement°, d'études et de transport (frais d'essence, de réparations…). Certaines études ont montré que les solidarités intergénérationnelles pouvaient parfois jouer à double sens°: dans le sens d'un soutien des parents aux enfants, mais aussi parfois dans le sens inverse°. Or, contrairement à ces éléments d'enquête, il semble bien que dans le milieu étudiant les formes de soutien financier jouent plutôt à sens unique°: dans le sens d'un soutien des parents aux enfants, soutien que l'on pourrait qualifier de «promotionnel», puisqu'il a pour but d'aider financièrement les étudiants afin d'atteindre° une promotion sociale grâce à° l'acquisition d'un diplôme supérieur…

———————

Valérie Erlich, *Les Nouveaux Étudiants: Un groupe social en mutation* (extrait).

DISCUSSION

1. En France, qui aide les étudiants financièrement?

2. Quels types d'aide est-ce que les étudiants reçoivent de leur famille?

3. Quelles sont les différences entre l'aide intergénérationnelle en général et l'aide intergénérationnelle dans le cas des étudiants?

4. Quel type de soutien les étudiants américains reçoivent-ils de leur famille?

5. Sur l'Internet, trouvez des statistiques sur l'aide parentale des étudiants américains. Ensuite, comparez-les à ce que vous savez maintenant sur la situation en France.

6. Dans quel système universitaire (nord-américain ou français) vous semble-t-il plus facile de suivre des études? Justifiez votre réponse.

Réplique et synthèse

A Discussion

1. Pourquoi est-ce que vous faites des études supérieures? Est-ce pour apprendre, pour avoir un meilleur job, une carrière, pour vous faire des amis, pour apprendre à être indépendant(e)... ?

2. Avec quelques camarades de classe, inventez l'université de vos rêves. Comment sont les cours, les professeurs, les résidences, le campus, les autres étudiants, la bibliothèque, le restaurant universitaire, le calendrier universitaire... ?

3. Quels sont les meilleurs aspects de votre université? Qu'est-ce qu'on pourrait faire pour l'améliorer?

4. Ça peut coûter cher de faire des études supérieures. Si vous n'êtes pas riche, est-ce qu'il vaut mieux fréquenter une université où les études coûtent moins cher, emprunter de l'argent, travailler tout en faisant des études ou une combinaison des trois? Expliquez votre réponse.

5. Quand on veut se concentrer sur les études, l'environnement (le logement) est très important. Est-ce que votre environnement vous aide à travailler ou est-ce qu'il vous empêche de travailler? Quels sont les avantages et les inconvénients à vivre chez vos parents; en couple; dans un appartement, seul(e) ou avec des ami(e)s; ou dans une résidence universitaire, seul(e) ou avec des ami(e)s?

6. Vous avez été contacté(e) par un lycéen qui va commencer ses études à votre université l'année prochaine. Ses frais de scolarité, son logement et ses repas seront couverts, mais il ne lui restera pas beaucoup d'argent ensuite. Il veut savoir la somme *minimum* qu'il lui faudra par trimestre/semestre pour acheter ses livres et pour avoir une vie sociale «correcte». Faites un budget pour lui qui inclut les livres, le transport, les sorties et l'alimentation (boissons, pizzas, sandwichs, etc.). qui font partie de la vie sociale des étudiants américains. Est-ce que vous avez des «tuyaux» *(tips)* pour l'aider à faire des économies?

7. Maintenant que vous êtes à l'université, quelles lacunes *(holes, weak points)* remarquez-vous dans votre préparation à entrer à l'université? Si vous deviez refaire vos études secondaires, qu'est-ce que vous feriez différemment? À quoi feriez-vous plus attention? Quels cours suivriez-vous/ne suivriez-vous pas?

B Débats. Préparez un débat (à deux ou en groupes) sur l'un des sujets suivants.

1. La musique et l'art sont plus importants pour les lycéens que les sports comme le football américain. S'il faut réduire le budget des écoles secondaires, il vaut mieux supprimer le football que les arts.

2. Il vaut mieux ne pas travailler (ou très peu travailler) pendant qu'on est à l'université — même si ça veut dire qu'on va vivre dans des conditions moins qu'idéales, par exemple, sans argent de poche, sans nouveaux vêtements, sans voiture, et ainsi de suite.

3. Le système des notes *(grades)* pour les cours est complètement arbitraire et appartient à une tradition dépassée. On devrait l'abandonner et repenser la façon dont l'acquisition des connaissances et du savoir-faire devrait être évaluée au XXIe siècle.

4. (*Dans le système français d'études secondaires, les cours et les professeurs sont beaucoup plus exigeants qu'aux États-Unis, et les étudiants sont plus libres une fois qu'ils arrivent à l'université.*) Le système français est meilleur, parce que les lycéens français apprennent plus que les lycéens américains.

5. Il ne devrait pas y avoir de cours obligatoires à l'université.

6. Certaines universités (essentiellement militaires) exigent le port de l'uniforme (par exemple, La Citadelle, le Virginia Military Institute, etc.). Les étudiants de ces universités sont généralement fiers de porter leur uniforme. Les universités «civiles» américaines devraient exiger le port d'un uniforme civil.

C Exposés

Note: Quel que soit le sujet, les autres étudiants de la classe doivent poser des questions après la présentation!

1. Renseignez-vous sur le budget de votre université. D'où vient l'argent dont dispose l'administration? Comment est-il dépensé? Combien coûte la formation d'un(e) étudiant(e) par année? Est-ce que cette somme est complètement «couverte» par les frais de scolarité que paie cet(te) étudiant(e)?

2. D'où vient l'argent qui finance les écoles publiques (élémentaires et secondaires) aux États-Unis? Pourquoi est-ce que certaines écoles publiques semblent bien mieux équipées que d'autres?

3. Choisissez un aspect du système éducatif aux États-Unis et préparez une explication simple et claire qui aiderait un(e) étranger (-ère) à le comprendre. Exemples: les tests SAT et ACT; l'enseignement à domicile *(home schooling)*; le débat entre l'évolution et le créationnisme; les écoles «charter» ou « magnets »; la façon dont les enseignants sont formés *(trained)* aux États-Unis; un type particulier d'école (Montessori, Waldorf, une école privée religieuse, etc.); l'éducation spécialisée pour les handicapés; les écoles militaires; le système ROTC; le baccalauréat international; le phénomène du «dual enrollment»; le rôle du sport (en particulier, le football américain) dans la réputation et le financement des universités; ce qu'il faut faire pour obtenir un diplôme universitaire (les cours obligatoires, le nombre de cours requis dans la spécialité, etc.); le système américain de titularisation des professeurs *(tenure system)*; la soirée «prom» et tout ce qui l'entoure; les matières *(subjects)* non-académiques proposées au lycée (comme le travail du bois ou le passage du permis de conduire, etc.); l'intégration des enfants handicapés dans des classes régulières; les étudiants qui participent aux jurys de leur université (pour juger les cas de malhonnêteté académique de leurs camarades de classe, etc.).

Les autres étudiants doivent se mettre à la place de l'étranger (-ère) et demander des précisions si l'explication n'est pas claire.

4. Interviewez une personne francophone sur le système éducatif de son pays. Présentez les résultats de votre interview à la classe.

D Grammaire

1. Préparez un sketch dans lequel *tout* le dialogue se présente sous forme de questions.

> **Modèle:** —*Comment ça va?*
> —*Ça ne se voit pas?*
> —*Qu'est-ce qui ne va pas?*
> —*Eh bien, est-ce que je t'ai parlé de mon amie française?*
> —*Laquelle? Celle qui est dans notre cours sur Shakespeare?*
> *...*

2. Faites un petit dessin ou bien utilisez celui que vous donnera votre professeur. Dos à dos *(back to back)* avec un(e) partenaire qui ne voit pas votre dessin, décrivez-lui votre image. Votre partenaire doit créer sa propre version du dessin pour qu'il ressemble le plus possible à l'original. Pour atteindre son but, votre partenaire doit vous poser beaucoup de questions! Le groupe gagnant sera celui dont la reproduction sera la plus fidèle à l'original.

3. Trouvez une photo, une publicité de magazine, une reproduction d'une œuvre d'art, etc. Préparez huit ou dix questions à son sujet, en variant la forme des questions. Montrez votre image à un(e) partenaire. Il/Elle doit bien regarder l'image pendant 60 secondes. Puis, cachez l'image et posez vos questions à votre partenaire. Ensuite, changez de rôles. Qui a meilleure mémoire?

E Ouvertures créatives

1. Présentez un sketch à la classe, dans lequel il s'agit d'une histoire d'amour tragique à la manière de *Roméo et Juliette,* mais dans laquelle les deux personnages principaux sont étudiants dans deux universités qui ont une rivalité de longue durée, comme Oxford et Cambridge, en Grande-Bretagne.

2. Préparez un sketch dans lequel une personne âgée prétend *(claims)* que la vie était beaucoup plus difficile quand elle était à l'université. Une personne qui étudie à l'université maintenant essaie de se défendre.

3. Vous organisez des cours d'orientation pour un groupe d'étudiants francophones qui vont étudier à votre université. Vous préparez des sketchs pour les aider à s'accoutumer à différents aspects de la vie dans une université américaine. Sujets possibles: la consommation d'alcool; la vie sociale («dating», l'amitié, etc.); la gestion du temps *(time management);* les rapports entre les professeurs et les étudiants; le sexe; le plagiat; les différents «groupes sociaux» sur votre campus (les athlètes, les étudiants du système des «honors», les étudiants de musique, de théâtre, etc.)...

Liens communautaires

Un séjour linguistique. Tapez le mot «séjour linguistique» sur un moteur de recherche français, comme «google.fr» ou «yahoo.fr» et cherchez des renseignements sur les établissements en France, au Québec ou dans d'autres pays francophones qui proposent des cours de FLE (français langue étrangère). Faites des recherches sur le Web et choisissez un programme que vous allez présenter à vos camarades de classe. Imprimez quelques pages du site pour les montrer aux étudiants de la classe. Vous pouvez aussi visiter le bureau de votre université qui aide les étudiants à sélectionner un programme d'études à l'étranger *(Study Abroad Office)*. Les questions suivantes peuvent vous servir de guide pour préparer votre compte-rendu.

1. Comment s'appelle l'établissement que vous avez trouvé? Est-il public ou privé?

2. Pourquoi avez-vous choisi cet établissement?

3. Quelle est la durée des séjours proposés? Une année scolaire? un semestre? Deux, quatre ou six semaines en été? Combien coûtent ces séjours?

4. Quels types de cours l'établissement propose-t-il? (des cours de grammaire? de littérature? de civilisation? etc.)

5. Est-ce qu'on propose des hébergements en famille? En résidence universitaire?

6. Est-ce qu'on propose des activités culturelles ou sportives? Lesquelles?

7. Y a-t-il des restaurants universitaires? Est-ce que les étudiants étrangers ont accès à ces établissements? Les restaurants sont-ils ouverts le soir et le week-end? Quel est le prix d'un repas complet?

8. Est-ce que l'établissement est situé au centre-ville ou en banlieue?

9. Y a-t-il une église, un temple ou une mosquée où vous pouvez pratiquer votre religion en ville?

10. Quelles sont les formalités à remplir à l'arrivée dans le pays pour être en règle avec les services d'immigration?

    Quels autres aspects de ces séjours est-ce que vos camarades trouveront intéressants?

Rédaction guidée

Peer
Review

A **Sujet.** Le système éducatif français est plus basé sur des principes égalitaires que ne l'est son équivalent américain. Là où les Français, dans l'ensemble, préfèrent offrir à *tous* une éducation moins performante, les Américains, eux, semblent avoir choisi de proposer un système plus élitiste dans lequel une minorité plus privilégiée étudie dans des conditions bien supérieures. Peut-on justifier l'existence d'une éducation supérieure ouverte à certains mais pas à d'autres?

B **Orientation.** Dans ce chapitre, nous allons écrire notre première rédaction dialectique complète.

C **Avant d'écrire.** Pour écrire un bon devoir, n'oubliez pas de procéder par étapes. À chaque étape, assurez-vous de relire la section de votre manuel qui traite de cette partie pour vous «remettre les étapes en mémoire».

En groupes de deux à trois étudiants, discutez la partie 1 qui suit:

1. Comment comprenez-vous le sujet? Quel aspect de ce sujet vaste allez-vous traiter? Quelles questions se pose-t-on sur ce sujet? Cette discussion va vous aider à limiter votre sujet et à préparer votre introduction, mais rappelez-vous qu'il ne faut pas écrire l'introduction tout de suite! L'introduction est la dernière partie que vous rédigerez, pour vous assurer qu'elle prépare bien le contenu de votre texte.

Ensuite, seul(e), commencez votre travail personnel.

2. LA THÈSE: **L'éducation quasi élitiste aux États-Unis est justifiée parce que…** Écrivez une phrase qui résume cette position. Ensuite, écrivez trois points qui l'étayent *(support it)*.

-
-
-

Développez finalement ces trois points en un paragraphe qui contient les éléments suivants: (Vous pouvez demander à un[e] autre étudiant[e] du cours de les vérifier pour vous!)

- _____ une phrase ou deux d'introduction: de quoi parle votre thèse?

- _____ trois idées qui soutiennent la thèse.

- _____ un développement des idées 1, 2 et 3.

- _____ quand c'est possible, des exemples qui clarifient votre point.

- _____ une mini-conclusion: Comment pouvez-vous résumer et généraliser ce que vous venez d'exposer dans la thèse?

3. **L'ANTITHÈSE:** **Ce système d'éducation qui exclut certaines personnes aux États-Unis devrait être supprimé parce que…**
   Même travail que pour la thèse. Essayez de présenter la position du «revers de la médaille» *(the other side of the coin)*. Mettez en avant les éléments qui vous semblent les plus logiques et les plus convaincants.

   •

   •

   •

   Vous avez maintenant la «structure» de votre antithèse. En développant ces trois points sous forme de paragraphe assurez-vous que vous avez…

   • _____ une phrase ou deux d'introduction (De quoi parle votre antithèse?)

   • _____ trois idées qui soutiennent votre antithèse.

   • _____ un développement des idées 1, 2 et 3.

   • _____ quand c'est possible, des exemples qui vont clarifier votre point.

   • _____ une mini-conclusion (Comment pouvez-vous résumer et généraliser ce que vous venez d'exposer dans l'antithèse?)

4. **LA SYNTHÈSE.** Réfléchissez à la façon dont les deux points de vue opposés peuvent être dépassés. Quelles conditions devraient être réunies pour offrir une éducation de premier ordre à tous les citoyens? Tout le monde a-t-il besoin et envie d'une éducation supérieure de premier ordre? Est-ce que ceux/celles qui ont reçu une meilleure éducation doivent contribuer davantage à la société? Votre synthèse contient-elle…

   • _____ un bref résumé de l'opposition exposée dans la thèse et l'antithèse?

   • _____ une résolution du conflit apparent qui propose un nouvel élément qui permet d'échapper à la contradiction originale?

5. **LA CONCLUSION.** Notez brièvement les points essentiels de votre devoir (essayez de ne pas répéter les mêmes mots, mais plutôt de résumer vos idées). Indiquez la conclusion que vous pouvez tirer de ce travail. Votre conclusion peut-elle vous amener à répondre à la question de votre introduction? Mentionnez ici votre position personnelle sur le sujet.

   La conclusion contient-elle bien les éléments suivants?

   • _____ un résumé du contenu de la rédaction, **si la synthèse ne propose pas de résumé.**

   • _____ au moins un élément de réponse à la question qui dirige votre rédaction, qu'elle soit explicite ou non.

   • _____ votre opinion personnelle sur le sujet.

   • _____ une **nouvelle** question, qui pointe dans la direction de nouvelles réflexions à faire ultérieurement, si vous le voulez.

6. **L'INTRODUCTION.** Maintenant, pensez à la façon dont vous allez poser la question principale de votre devoir. N'oubliez pas de donner un contexte à votre travail. Sur l'Internet ou ailleurs, faites quelques recherches sur le système éducatif américain. Ensuite, expliquez en quoi la question qui vous préoccupe est importante. Quelle image pouvez-vous utiliser pour attirer l'attention de votre lecteur/lectrice? Pour donner vie à cette image, pensez à la façon dont elle va mener à votre thèse.

   Est-ce que votre introduction contient les éléments suivants?

   - _____ un point de départ où on établit «ce que tout le monde sait».

   - _____ de nouveaux éléments moins connus.

   - _____ un moyen d'attirer *(to attract)* l'attention du lecteur avec une anecdote, une image frappante, etc.

   - _____ une explication de la question que vous allez analyser.

   - _____ l'annonce de la structure de votre devoir.

7. Après avoir écrit votre introduction, essayez de trouver un moyen d'y reprendre votre anecdote / image frappante, etc.

8. Enfin, n'oubliez pas d'utiliser des mots connecteurs qui aideront votre lecteur/lectrice à bien comprendre la structure de votre thèse: **Je vais montrer…, D'abord…, Ensuite…, De plus…, Donc…,** etc.

9. Retravaillez votre devoir plusieurs fois! Faites particulièrement attention aux erreurs de grammaire (accord du verbe avec son sujet, de l'adjectif avec le nom, etc.) et sémantiques. (Utilisez-vous bien un mot qui existe en français?)

   Bon courage!

8

Langue et société: Le statut de la langue française dans le monde d'aujourd'hui

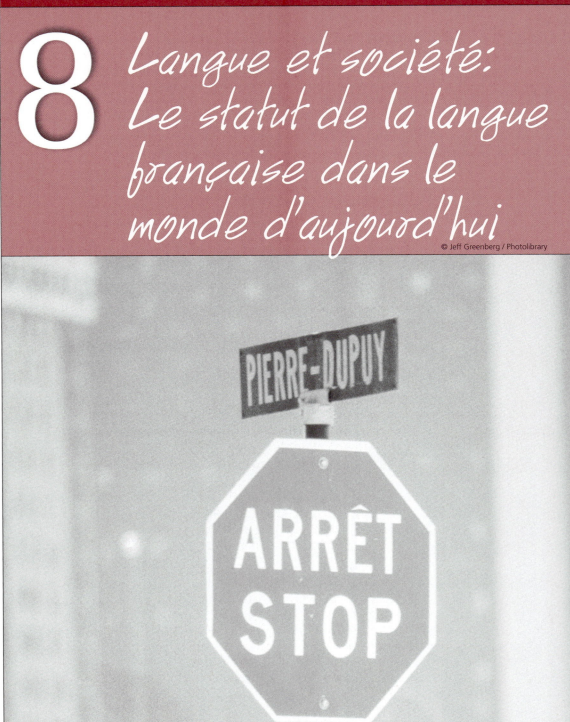

Objectifs communicatifs

COMMUNICATION
- **Point** Il faut supprimer le français en Afrique et revaloriser les langues et les cultures autochtones
- **Contre-point** Il faut soutenir la langue française pour maintenir le patrimoine français du Québec

LIENS GRAMMATICAUX
- Les pronoms relatifs
- Les pronoms relatifs sans antécédent

LIENS SOCIOCULTURELS
- Le français québécois

LIENS COMMUNAUTAIRES
- Un entretien sur le bilinguisme

LIENS INTERDISCIPLINAIRES
- *Le Testament français* (extrait)

Controverse: Ce chapitre examine le lien entre les langues et l'identité personnelle, sociale et nationale. Bien sûr, une langue est beaucoup plus qu'un système de signes. À l'échelle de l'individu, elle enrichit nos façons de penser, elle facilite des interactions avec toutes sortes de gens, et elle nous permet de voir le monde d'un autre point de vue. Au niveau du groupe social, elle joue un rôle fondamental dans la préservation et la transmission d'une culture et dans la création d'une fierté nationale. Il n'est donc pas surprenant que dans certains pays où les habitants parlent plus d'une langue on remarque des différences – et même des tensions – sociales. Dans de telles situations, on peut voir une langue devenir un instrument de pouvoir politique, et le choix de la langue peut prendre une importance idéologique.

La langue française jouit depuis très longtemps d'une importance mondiale; aujourd'hui c'est la langue officielle ou une langue co-officielle dans une quarantaine de pays ou de régions dans le monde entier. Les attitudes des habitants de ces pays et régions vis-à-vis du français nous permettent de constater l'importance quasi viscérale que les gens attachent à leur(s) langue(s).

Nous étudierons d'abord la situation plurilinguistique en Afrique noire où le français coexiste toujours avec des langues autochtones et où il jouit toujours du prestige d'une langue d'élite. Faut-il considérer la présence continue du français en Afrique comme un vestige du colonialisme indéracinable ou comme un fait justifié par l'utilité et l'universalité de cette langue mondiale? Enfin, nous étudierons la situation au Québec; dans ce cas-ci, c'est le français qui est menacé par un anglais monolithique. Pour affirmer et préserver leur identité culturelle, certains citoyens québécois mènent depuis longtemps une campagne pour proclamer la souveraineté de la langue française en interdisant la langue anglaise dans la «Belle Province». Ce sont des preuves incontestables de l'importance non seulement de la langue, mais aussi de la situation de communication.

Premières pensées

Les mots pour le dire

noms

anglophone (m/f)	*someone who speaks English*
apprentissage (m)	*learning*
colonie (f)	*colony*
colonisation (f)	*colonization*
colonisateur (m)	*colonizer*
compétence (f)	*competence*
ethnie (f)	*ethnic group*
exploitation (f)	*exploitation*
fierté (f)	*pride*
francophile (m/f)	*someone who loves the French language and culture*
francophone (m/f)	*someone who speaks French*
francophonie (f)	*areas of the world where French is spoken by a significant part of the population*
maîtrise (f)	*mastery*
plurilinguisme (m)	*use or coexistence of many languages within a single community, country, etc.*
ressentiment (m)	*resentment*

verbe

rappeler quelque chose à quelqu'un	*to remind someone of something*

adjectifs

anglophone	*English-speaking*
bilingue	*bilingual*
colonial(e)	*colonial*
cultivé(e)	*cultured, cultivated*
francophone	*French-speaking*

adverbes

couramment	*fluently*
quotidiennement	*on a daily basis*

expressions

langue (f) maternelle	*native language, mother tongue*
lingua (f) franca	*lingua franca, language of communication used by people who do not have the same native language*

A **Définition du bilinguisme.** Chez un individu, le bilinguisme consiste en la maîtrise de deux langues. En Afrique noire, par exemple, beaucoup de bilingues utilisent deux langues quotidiennement: celle de leur ethnie, dans des situations sociales, et une langue officielle (le français, l'anglais, etc....), pour certains échanges plus formels.

1. Quelles langues parlez-vous? Quelles langues voudriez-vous apprendre? Est-ce que votre raison de vouloir apprendre une langue varie selon la langue? (Par exemple, pourquoi est-ce que cela pourrait être intéressant d'apprendre l'arabe aujourd'hui? le chinois? Peut-on défendre l'apprentissage du latin, du grec, du sanskrit, etc. aujourd'hui ?)

2. Pourquoi étudier une langue étrangère? Pensez-vous que l'étude d'une autre langue peut vraiment changer votre façon de voir le monde? Expliquez votre réponse.

3. Il existe en français une expression «une nation, une langue» pour expliquer le rôle unificateur d'une langue. Croyez-vous que cette expression soit conforme à la réalité? Connaissez-vous des pays où différentes langues jouent un rôle dans le/un conflit social?

4. Trouvez un exemple de gouvernement qui a essayé de faire disparaître une langue minoritaire dans son pays. Comment et pour quelles raisons a-t-on essayé d'éliminer cette langue? A-t-on réussi?

5. Pensez-vous que les États-Unis soient un pays bilingue (anglais/ espagnol)? Expliquez votre réponse.

B **Le français dans le monde.** Le français existe depuis plusieurs siècles, et il est parlé sur tous les continents.

1. Pourquoi est-ce qu'on parlait français à la cour impériale *(imperial court)* en Russie (et dans d'autres pays de l'Est) du 18e siècle jusqu'au début du 20e siècle? Si vous ne savez pas, faites quelques recherches sur ce sujet.

2. Pourquoi parle-t-on français aujourd'hui au Sénégal, en Afrique du Nord et au Canada? Que savez-vous des attitudes des Sénégalais et des Canadiens vis-à-vis de la langue française aujourd'hui?

3. Pour quelles raisons est-ce que le français est une des langues officielles du Comité national des Jeux Olympiques, des Nations unies, de l'OTAN, de la Croix-Rouge, du Croissant-Rouge, de l'Union européenne, de l'Organisation mondiale de la santé, de l'Organisation mondiale du commerce, etc.

Point

Il faut supprimer le français en Afrique, et revaloriser les langues autochtones

Les mots pour le dire

noms

analphabétisme (m)	*illiteracy*
autochtone (m/f)	*indigenous person, denizen*
bilingue (m/f)	*bilingual person*
colonisé(e)	*colonized person*
dilemme (m)	*dilemma*
hégémonie (f)	*hegemony, influence, dominance*
lettré(e)	*well-read person, intellectual*
métropole (f)	*the «mother country» (as opposed to its colonies and / or overseas territories)*
outil (m)	*tool*
peuple (m)	*people, nation (e.g. the French people)*
public (m)	*readership*

verbes

se détourner de	*to turn away from*
emprunter	*to borrow*
mépriser	*to despise, have contempt for*
s'obstiner à + faire qqch	*to stubbornly insist on doing something*
se servir de	*to use, make use of*
valoriser / dévaloriser	*to affirm the value of something/to denigrate*

pronoms: rappel *(reminder)*

celui, celle, ceux, celles	*the one, the ones*
le mien, le tien, le sien, le nôtre, le vôtre, le leur, etc.	*mine, yours, his/hers, ours, yours, theirs*

adjectifs

affectif (-ive)	*emotional*
analphabète	*illiterate*
conscient(e)	*aware*
curieux (-ieuse)	*strange, odd, curious*
autochtone	*native*
métropolitain(e)	*metropolitan (here, referring to France as opposed to its former colonies or overseas territories: le français métropolitain, le français québécois)*
valorisé(e) / dévalorisé(e)	*affirmed/denigrated*

expressions

crise d'identité (f)	*identity crisis*
ne … que	*only (Je n'ai que 10 euros. = I only have 10 euros.)*
tradition (f) orale (écrite)	*oral (written) tradition*

Étude de vocabulaire

A **Trouvez un synonyme pour chaque mot ou expression de la liste suivante.**

1. curieux	a. intellectuel
2. se détourner de	b. au courant
3. dilemme	c. domination
4. hégémonie	d. utiliser
5. conscient	e. problème
6. ne…que	f. bizarre
7. lettré	g. rejeter
8. se servir de	h. seulement

B **Le choc des cultures.** Deux instituteurs *(teachers)*, un Français en coopération et un Africain, discutent de leurs élèves et du conflit qui est parfois généré par la cohabitation de deux langues dans un seul pays. Complétez leur conversation en choisissant des mots de la liste suivante. Faites les changements nécessaires.

affectif	analphabète	crise d'identité	outil
autochtone	langue maternelle	mépriser	emprunter
s'obstiner à	valoriser	dévalorisé	peuple

—Je suis vraiment frustré. Mes élèves _____ rejeter le français. C'est bête! Le français est _____ merveilleux pour réussir dans la vie.

—Mais ils ont un lien *(bond)* _____ avec leur _____.
Peut-être qu'ils ont l'impression que vous la _____.

—Si j'ai donné cette impression, je suis désolé. J'ai beaucoup de respect pour les traditions _____. Je vais essayer de trouver le moyen de

_____ leurs diverses langues et cultures. Je ne veux pas qu'ils souffrent

d'_____ !

C **Des raccourcis (Shortcuts).** Dans le Chapitre 6 du *Cahier d'activités,* nous avons étudié les pronoms démonstratifs et possessifs. Lisez les extraits suivants de la lecture **Point,** et récrivez la partie soulignée de chaque phrase en remplaçant le pronom démonstratif ou possessif par le nom qui convient.

> **Modèle:** [Dans le cas du colonialisme,] la possession de deux langues n'est pas seulement **celle** de deux outils, c'est la participation à deux royaumes psychiques et culturels.
> *la possession de deux outils*

1. Or ici, *les deux univers symbolisés, portés par les deux langues, sont en conflit:* ce sont **ceux** du colonisateur et du colonisé.

2. En outre, la langue maternelle du colonisé, **celle** qui est nourrie de ses sensations, ses passions et ses rêves, … **celle**-là … est *la moins valorisée.* Elle n'a aucune dignité…

3. S'il veut [survivre et réussir], il doit d'abord se plier *(knuckle under)* à la langue des autres, **celle** des colonisateurs, ses maîtres.

4. Curieux destin que d'écrire pour un autre peuple *que* **le sien**!

5. Et ce mépris *(contempt)*, … il finit par *le faire* **sien**.

Track 18A

De quoi parle-t-on?

La Bretagne, qui se trouve dans l'ouest de la France, se distingue des autres régions françaises parce que ses habitants sont d'origine celtique. Certains habitants parlent breton (une langue qui ressemble au gallois *[Welsh]*), et ils ont des costumes et des traditions uniques. Marielle Kervégan et Yannick Le Guélec, deux étudiants à l'université de Bretagne Occidentale, parlent de l'avenir du breton: que peut-on faire pour préserver cette culture «en voie d'extinction?» Écoutez leur conversation et dites si les phrases suivantes sont justes ou fausses. Si elles sont fausses, corrigez-les.

Vocabulaire: *Fest-Noz* (lit. fête de nuit) = soirée pendant laquelle on chante des chansons bretonnes, fait de la danse folklorique et boit des boissons bretonnes; *Ne ket gwir!* = Ce n'est pas vrai! (en breton); On a beau essayer = *Try as one might…;* enregistrements = *recordings*

1. Yannick veut voir des écoles bilingues en Bretagne. J _____ F _____

2. Marielle ne connaît pas la culture bretonne. J _____ F _____

3. Yannick est plus optimiste que Marielle sur la survivance de la culture bretonne. J _____ F _____

4. Marielle admire les Américains d'avoir préservé les langues de leurs ancêtres. J _____ F _____

Liens grammaticaux

LES PRONOMS RELATIFS

Quand on veut donner des explications ou des définitions, ou quand on veut créer des phrases plus longues et plus sophistiquées, on utilise souvent des **pronoms relatifs.** Consultez le Chapitre 8 du **Cahier d'activités** pour en apprendre davantage, et faites l'exercice suivant.

La culture francophone: « Soleil qui brille hors de l'Hexagone[1]! »

Lisez ce texte qui exprime une autre attitude vis-à-vis de la langue française en Afrique, et complétez chaque phrase en mettant le pronom relatif approprié.

qui   que   dont   où   lequel   (laquelle, lesquels, lesquelles)

1. Léopold Sédar Senghor était un Sénégalais _____ était admiré par le monde entier.

2. Après avoir étudié dans des écoles françaises au Sénégal, il est allé en France, _____ il a fait des études supérieures de lettres *(humanities)*.

3. C'était un étudiant _____ la maîtrise de la langue française était étonnante, et il est en fait devenu écrivain.

4. Poète brillant, c'était *aussi* celui _____ ont élu les citoyens sénégalais pour être le premier président du Sénégal après le départ des colonisateurs français.

5. Senghor n'a jamais considéré la langue française comme une arme *(weapon)* avec _____ les colonisateurs ont soumis les peuples africains.

6. Pour lui, le français n'est pas du tout la «propriété» des Français métropolitains, mais plutôt un phénomène culturel (à)_____ tous les peuples francophones peuvent contribuer.

7. Senghor[2] nous a dépeint une France et une langue française _____ les langues et les cultures des *autres* pays francophones ont aussi beaucoup influencées.

---

[1]**fig. *la France métropolitaine***
[2]Léopold Sédar Senghor, «Le français, langue de culture». *Esprit,* n°311, novembre 1962, p. 844 (extrait)

Lecture

Remue-méninges: Un dilemme

Pour certains intellectuels africains, la présence continue du français sur leur continent est un vestige du colonialisme qui dévalorise les langues maternelles et qui isole les écrivains africains de leur peuple. Prenons comme exemple le cas du Sénégal, un pays d'Afrique de l'Ouest et une ancienne colonie française. Voici quelques chiffres qui nous aideront à discuter de la complexité de la situation linguistique dans un tel pays.

- Nombre de groupes ethniques différents ± 10
- Nombre de langues autochtones principales parlées ± 6-10
- Pourcentage de gens qui parlent le wolof (une langue autochtone) comme langue maternelle ± 45%
- Pourcentage des Sénégalais qui parlent le wolof comme *lingua franca* 94%
- Pourcentage des Sénégalais qui savent lire et écrire ± 60%
- Pourcentage des Sénégalais qui ont fait au moins une année de lycée ± 11%
- Pourcentage des hommes sénégalais qui comprennent et parlent le français ± 15-20%
- Pourcentage des femmes sénégalaises qui comprennent et parlent le français ± 1%
- Nombre de gens dans le monde qui comprennent et parlent le français ± 265 millions
- Langue d'instruction dans les universités sénégalaises: le français
- Décennie où l'on a créé un système d'écriture pour la langue wolof qui était jusque-là largement orale: les années soixante

Maintenant, le dilemme: Vous êtes sénégalais(e), le wolof est votre langue maternelle et vous avez fait des études supérieures à Dakar. Vous voulez devenir écrivain(e). Dans quelle langue allez-vous écrire vos poèmes et vos romans? Dans votre langue maternelle ou en français?

Avec des camarades de classe, faites une liste du pour et du contre de chaque langue. Citez des raisons pratiques, des raisons économiques, des raisons affectives, etc.

© C. Bibby 2006

Le bilinguisme colonial et l'écrivain

Tunisien arabophone, Albert Memmi est à la fois philosophe, sociologue et écrivain. Dans ses essais, *Portrait du colonisateur* et *Portrait du colonisé,* il essaie de répondre à la question «Comment le colonisateur *et* le colonisé arrivent-ils tous les deux à trouver normale une situation d'inégalité et d'exploitation qui est fondamentalement injuste?». Bien que ses ouvrages datent de 1957, ils restent l'une des explications les plus lucides de cette mentalité. Dans le *Portrait du colonisé,* Memmi parle entre autres choses du dilemme linguistique du colonisé. Grâce au système scolaire européen que le colonisateur a instauré chez lui, il a maintenant la possibilité de faire des études. Mais toute sa scolarité s'effectue dans la langue du colonisateur; pendant tout le reste de sa vie, il se sentira déchiré *(torn)*, toujours conscient d'avoir trahi sa langue maternelle.

LE BILINGUISME COLONIAL

Le colonisé n'est sauvé de l'analphabétisme que pour tomber dans le dualisme linguistique. S'il a cette chance°. La majorité des colonisés n'auront jamais la bonne fortune de souffrir les tourments du bilinguisme colonial. Ils ne disposeront jamais que de leur langue maternelle; c'est-à-dire une langue ni écrite ni lue, qui ne permet que l'incertaine et pauvre culture orale.

    De petits groupes de lettrés s'obstinent, certes°, à cultiver la langue de leur peuple, à la perpétuer dans ses splendeurs savantes et passées°. Mais ces formes subtiles ont perdu, depuis longtemps, tout contact avec la vie quotidienne, [et] sont devenues opaques pour l'homme de la rue. Le colonisé les considère comme des reliques, et ces hommes vénérables comme des somnambules°, qui vivent un vieux rêve.

bonne fortune

bien sûr, certainement

to keep alive its
   learned splendors
   from the past
   *[ici: en publiant
   ou enseignant les
   vieux généalogies et
   poèmes épiques, etc.
   qui faisaient partie
   de la tradition orale]*

*personne qui agit tout
   en dormant*

[ici] s'il ne possède que sa langue maternelle

le fait d'être emprisonné par un mur [ici, de ne pas faire de progrès sociaux et intellectuel]

domaine d'un roi

réactions affectives / contient, reçoit, loge: cache

l'accord des peuples du monde

se soumettre à

the crushed one

de sa propre initiative / rejeter, repousser / faible [ici: inférieure]

méprise, ne respecte pas

manipuler, bien utiliser

un public composé de gens qui ne peuvent pas entendre / qui n'a pas de culture intellectuelle / moyen de sortir, solution [Notez: issue (fr.) ≠ issue (angl..)] / conquérants / férocité

manque de réflexion

mécontentement

Gratitude for a loan that bears such a heavy interest rate?

...

Muni de sa seule langue°, le colonisé est un étranger dans son propre pays.

Dans le contexte colonial, le bilinguisme est nécessaire. Il est condition de toute communication, de toute culture et de tout progrès. Mais le bilingue colonial n'est sauvé de l'emmurement° que pour subir une catastrophe culturelle, jamais complètement surmontée. ...

[Dans le contexte du colonialisme], la possession de deux langues n'est pas seulement celle de deux outils, c'est la participation à deux royaumes° psychiques et culturels. Or ici, *les deux univers symbolisés, portés par les deux langues, sont en conflit*: ce sont ceux du colonisateur et du colonisé.

En outre, la langue maternelle du colonisé, celle qui est nourrie de ses sensations, ses passions et ses rêves, celle dans laquelle se libèrent sa tendresse et ses étonnements°, celle enfin qui recèle° la plus grande charge affective, celle-là précisément est *la moins valorisée*. Elle n'a aucune dignité dans le pays ou dans le concert des peuples°. S'il veut obtenir un métier, construire sa place, exister dans la cité et dans le monde, il doit d'abord se plier à° la langue des autres, celle des colonisateurs, ses maîtres. Dans le conflit linguistique qui habite le colonisé, sa langue maternelle est l'humiliée, l'écrasée°. Et ce mépris, ... il finit par le faire sien. De lui-même°, il se met à écarter° cette langue infirme°, à la cacher aux yeux des étrangers, à ne paraître à l'aise que dans la langue du colonisateur. En bref, le bilinguisme colonial… est un *drame linguistique*.

… et la situation de l'écrivain

On s'étonne que le colonisé n'ait pas de littérature vivante dans sa propre langue. Comment s'adresserait-il à elle, alors qu'il la dédaigne°? Comme il se détourne de sa musique, de ses arts plastiques, de toute sa culture traditionnelle? Son ambiguïté linguistique est le symbole, et l'une des causes majeures, de son ambiguïté culturelle. Et la situation de l'écrivain colonisé en est une parfaite illustration.

…

Supposons qu'il ait appris à manier° sa langue, jusqu'à la recréer en œuvres écrites, qu'il ait vaincu son refus profond de s'en servir; pour quoi écrirait-il, pour quel public? S'il s'obstine à écrire dans sa langue, il se condamne à parler devant un auditoire de sourds°. Le peuple est inculte° et ne lit aucune langue, les bourgeois et les lettrés n'entendent que celle du colonisateur. Une seule issue° lui reste, qu'on présente comme naturelle: qu'il écrive dans la langue du colonisateur. …

Curieux destin que d'écrire pour un autre peuple que le sien! Plus curieux encore que d'écrire pour les vainqueurs° de son peuple! On s'est étonné de l'âpreté° des premiers écrivains colonisés. Oublient-ils qu'ils s'adressent au même public dont ils empruntent la langue? Ce n'est, pourtant, ni inconscience°, ni ingratitude, ni insolence. À ce public précisément, dès qu'ils osent parler, que vont-ils dire sinon leur malaise° et leur révolte? Espérait-on des paroles de paix de celui qui souffre d'une longue discorde? De la reconnaissance pour un prêt si lourd d'intérêt°?

Avez-vous compris?

Selon le texte que vous venez de lire, est-ce que ces affirmations sont justes ou fausses? Si elles sont fausses, corrigez-les.

1. Le fait de pouvoir faire des études est un avantage incertain *(mixed blessing).*   J _____   F _____

2. La majorité des autochtones d'une colonie européenne a honte de sa langue et de sa culture maternelles.   J _____   F _____

3. On peut réussir et même être respecté si on ne peut pas parler la langue du colonisateur.   J _____   F _____

4. Un bilinguisme comme celui dont parle Memmi peut engendrer des difficultés psychologiques chez l'individu.   J _____   F _____

5. L'écrivain africain qui écrit dans sa langue maternelle va sans doute avoir un grand nombre de lecteurs très cultivés.   J _____   F _____

6. Bien qu'ils s'adressent à un public plutôt européen, les auteurs africains adoptent un ton un peu hostile en parlant de l'Europe.   J _____   F _____

Qu'en pensez-vous?

1. Albert Memmi a écrit ce texte avant que les pays africains n'aient obtenu leur indépendance. Imaginez comment la situation linguistique en Afrique pourrait être différente depuis l'indépendance.

2. Memmi suggère que le fait d'être trop bien instruit *(too well educated)* peut causer des problèmes. De quel problème parle-t-il ici? Pouvez-vous penser à d'autres difficultés éventuelles *(possible)*? Imaginez, par exemple, un jeune issu de la classe ouvrière qui obtient un doctorat: quelles difficultés pourrait-il éprouver?

3. Pourquoi est-ce que les colonisés ne défendent pas leurs langues maternelles plus vigoureusement? On voit là une des conséquences du racisme internalisé. Quels exemples de ce phénomène peut-on observer aujourd'hui dans votre pays?

4. Pensez-vous que les attitudes un peu agressives contre les ex-colonisateurs se soient adoucies *(softened)* en Afrique, cinquante ans après l'indépendance? Expliquez votre réponse.

5. Repensez à la conversation du **Remue-méninges** que vous avez eue avant de lire ce texte. Si vous étiez sénégalais(e), écririez-vous en français ou dans votre langue maternelle? Comment est-ce que le Sénégal pourrait promouvoir le wolof comme seule langue officielle du pays? Qui est-ce qui s'y opposerait probablement? Expliquez votre réponse.

LIENS SOCIOCULTURELS

Le français québécois: Samuel de Champlain a fondé la ville de Québec en 1608. Un siècle plus tard, 90.000 colons français vivaient en Amérique du Nord; au milieu du 18e siècle, quand le Canada est passé définitivement sous l'autorité britannique, la langue française canadienne et la langue française métropolitaine ont commencé à diverger, et chacune a évolué à sa façon. Trois facteurs en particulier ont influencé le développement distinctif du français québécois: 1) l'adoption de mots inuits et amérindiens; 2) la persistance de mots archaïques des 17e et 18e siècles qui ont disparu du français métropolitain; 3) l'influence de l'anglais. Regardez les deux listes de mots ci-dessous, et trouvez l'équivalent en français métropolitain pour chaque mot québécois.

mot québécois	équivalent en français métropolitain
un manitou	un renne *(reindeer)*
un char (vieux: *carriage*)	une chanson
un toune	un bar
Ferme-toi la trappe!	une personne importante
un caribou	s'amuser
un watcher	faire du shopping
tof	une voiture
magasiner	regarder
un abreuvoir (vieux: *watering trough*)	Tais-toi!
avoir du fun	difficile

DISCUSSION

1. Combien de mots archaïques y a-t-il sur cette liste? Combien sont probablement empruntés de langues autochtones? Combien sont plutôt des anglicismes?

2. Connaissez-vous des différences entre l'anglais britannique et l'anglais nord-américain? Lesquelles?

3. Quels facteurs influencent l'évolution d'une langue? Pensez-vous que les langues évoluent plus rapidement ou plus lentement aujourd'hui? Expliquez votre réponse.

Contre-point

Il faut valoriser et soutenir la langue française pour maintenir l'identité culturelle du Québec

Les mots pour le dire

noms

atout (m)	*advantage, asset*
avenir (m)	*future*
déclin (m)	*decline*
force (f)	*strength*
langue (f) dominante	*language most used in the area*
langue (f) minoritaire	*minority language*
part (f)	*portion, share*
partie (f)	*piece*
référendum (m)	*election, referendum*
souci (m)	*worry*
souveraineté (f)	*sovereignty, independence*

verbes

appartenir (à)	*to belong (to)*
craindre	*to fear*
dépendre de	*to depend on*
être favorable à	*to favor, approve of*
instaurer	*to establish*
maintenir	*to maintain*
miner	*to undermine, to eat away at*
prévoir	*predict*

adjectifs

démographique	*demographic*
fier (fière) (de)	*proud (of)*
habile	*skillful*

expressions utiles

de plus en plus (de moins en moins)	*more and more (less and less)*
langue (f) véhiculaire	*lingua franca*
plus... plus (plus… moins, etc.)	*the more… the more (the more.. the less)*
Plus tu es petit, moins tu es important.	*The smaller you are, the less important you are.*
rendre quelqu'un / quelque chose + adj.	*to make someone / something + adj.*
Ça va rendre le français désuet.	*That will make French obsolete.*
taux de (+ nom) (*e.g.* taux de natalité)	*(noun) rate (e.g. birth rate)*

Étude de vocabulaire

A **Définitions et synonymes.** Choisissez l'expression de la colonne B qui correspond à celle de la colonne A.

A	B
1. atout	a. préserver
2. instaurer	b. avoir peur de
3. la souveraineté	c. la préoccupation
4. maintenir	d. affaiblir
5. être favorable à	e. dextre, adroit
6. prédire	f. avantage
7. craindre	g. mettre en place
8. habile	h. spéculer sur l'avenir
9. miner	i. l'indépendance
10. le souci	j. trouver bon

B **Un peu de traduction.** *(A bit of translation)* Certaines structures causent parfois des problèmes pour les anglophones. Traduisez les phrases suivantes pour montrer votre maîtrise de la langue française!

1. You may have a part of my share.

2. She speaks French more and more fluently.

3. Everything depends on him.

4. That makes them happy.

5. The more I watch French movies, the more I understand.

Track 18B

De quoi parle-t-on?

Aline, immigrante. Aline est une Française qui a émigré au Québec. Elle parle avec Monique, une de ses nouvelles amies québécoises, de la situation linguistique de la «Belle Province». Écoutez leur conversation et dites si les phrases suivantes sont justes ou fausses.

1. Aline travaille pour une agence de placement *(employment agency)*. J _____ F _____

2. Aline pense qu'elle parle bien anglais. J _____ F _____

3. La dame avec qui elle a parlé lui a fait des compliments sur la qualité de son anglais. J _____ F _____

4. Selon Aline, les Français ont une définition plus rigoureuse du «bilinguisme» que les Québécois. J _____ F _____

Liens grammaticaux

LES PRONOMS RELATIFS SANS ANTÉCÉDENT

Quelquefois, la personne ou la chose à laquelle le **pronom relatif** fait référence ne se trouve pas dans la phrase. Dans ce cas-là on met le pronom **ce** devant le **pronom relatif**.

Comparez:

Voici **le livre dont** tu as besoin.   Voici **ce dont** tu as besoin.

Here's the book you need.   *Here's what you need.*

Consultez le Chapitre 8 du *Cahier d'activités* pour en apprendre davantage, et faites l'exercice suivant.

Un séjour linguistique. Kathy aime beaucoup le français, et elle tient à le parler couramment. Elle écrit à son professeur de français pour lui expliquer l'idée géniale qu'elle vient d'avoir. Complétez son courriel en ajoutant le **pronom relatif** approprié, avec le pronom **ce,** quand c'est nécessaire. Utilisez: **qui, que, dont, lequel (laquelle, etc.), où, ce qui, ce que, ce dont.**

Chère Madame Albertson,

J'espère que vous passez de bonnes vacances. J'ai une bonne idée _____(1) je voudrais vous expliquer. Vous savez que je veux continuer à progresser en français; à mon avis, _____ (2) j'ai besoin maintenant, c'est de faire un séjour linguistique à l'étranger. Je viens de recevoir de la documentation décrivant un programme _____ (3) me semble très intéressant. C'est un programme intensif _____ (4) la description me semble très prometteuse Le programme a lieu à Montréal, une belle ville dans _____ (5) on peut se promener entre les cours. Génial, n'est-ce pas?

_____ (6) m'inquiète un peu, c'est l'accent québécois. Croyez-vous que j'aurai des difficultés de compréhension? Je l'adore, cet accent, et je pense qu'après quelques jours, mon oreille s'y habituerait, mais j'ai besoin de votre opinion.

S'il vous plaît, dites-moi _____ (7) vous pensez de mon idée. J'attends votre réponse avec impatience!

Kathy

Lecture

Remue-méninges

Le Québec: Une province divisée.

La population du Québec est d'environ 7,5 millions d'habitants, dont à peu près 95% sont francophones (avec 60% de francophones monolingues et 35% qui sont bilingues). Depuis toujours, les Québécois se sont considérés comme différents des autres Canadiens, et ils ont souvent pris l'initiative d'affirmer leur identité culturelle. En 1977, par exemple, ils ont passé la Charte de la langue française, qui donnait au français le statut de la seule langue officielle dans la province du Québec, dans le but «d'assurer la qualité et le rayonnement de la langue française» dans la civilisation nord-américaine. La charte voulait aussi «faire du français la langue de l'État et de la loi aussi bien que la langue normale et habituelle du travail et de l'enseignement, des communications, du commerce et des affaires». Mais dans les années quatre-vingt-dix, le désir de certains Québécois de sortir de la Confédération canadienne est devenu plus fort, et en 1995 s'est tenu un référendum qui leur a donné l'opportunité de s'exprimer sur la question de l'indépendance politique du Québec.

Voici le résultat de ce référendum:

49,42%   50,58%

Essayez d'imaginer le raisonnement des Québécois qui ont participé à ce référendum. Faites une liste des raisons de se séparer du reste du Canada, et des raisons de rester une province de ce grand pays. Comment interprétez-vous le résultat du référendum? À votre avis, est-ce que le Québec aurait dû choisir de devenir indépendant? Pourquoi, ou pourquoi pas?

Comme vous le savez, conformément aux résultats du référendum de 1995, le Québec ne s'est pas séparé de la Confédération canadienne. Pourtant, l'inquiétude vis-à-vis de la survie de la culture française dans le Nouveau Monde a persisté. En 1999, quatre ans après les résultats très serrés *(close)* du référendum, dans un éditorial du *Devoir* (journal quotidien québécois de langue française), Yves Beauchemin affirmait que, pour conserver la langue et la culture françaises au Québec, les Franco-canadiens devaient militer.

Selon lui, il faut lutter de toutes ses forces contre l'adversaire que représente la langue anglaise. Et les preuves qu'il avance pour démontrer la nature urgente de cet appel aux armes sont, malheureusement, très convaincantes…

PARLER FRANÇAIS, POUR COMBIEN DE TEMPS?

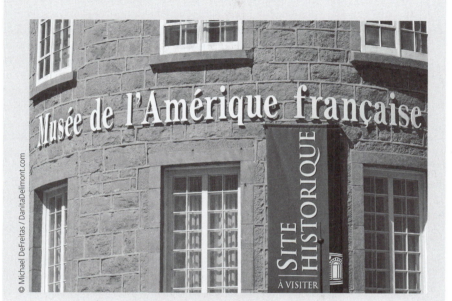

© Michael DeFreitas / DanitaDelimont.com

Parler une langue peut être vu comme un acte strictement individuel. Les mots qui se forment dans notre tête et la coloration que nous leur donnons dans notre voix ou nos écrits dépendent, après tout, de notre seule volonté. Mais parler une langue, c'est aussi un geste politique. Parler anglais à New York, n'est-ce pas, d'une certaine façon, afficher son appartenance au bloc culturel américain? Parler kurde en Irak, catalan en Espagne, acadien au Nouveau-Brunswick, c'est affirmer un choix, exprimer une opinion, parfois prendre des risques. Les langues ne flottent° pas dans une sorte d'abstrait culturel. Elles reposent sur des bases économiques et sociopolitiques. La force d'une langue — et son avenir — dépendent donc de la force collective de ceux qui la parlent. Se questionner sur le français au Québec, c'est se questionner sur nous-mêmes.

Quelle est la situation des Québécois au Canada? Leur poids démographique y fond à vue d'œil°. En 1995, la part du Québec dans la population canadienne passait sous le seuil des 25%. Plus tu es petit, moins tu es important. Le Canada anglais en a pris bonne note° et, de plus en plus, décide sans nous consulter de choses nous concernant.

(marginal glosses)

float, hang

before your very eyes

took notice of it

Comment se porte le français dans les neuf provinces anglaises? Il disparaît. À l'extérieur du Québec, moins de 3% des Canadiens le parlent encore à la maison. Nos arrière-grands-parents rêvaient d'un Canada biculturel. Leur rêve est bien mort…

Les problèmes démographiques qui fragilisent la position du Québec dans le Canada ont commencé, sous une autre forme, à miner les bases du français au Québec même. De 62,7% en 1961, la proportion des personnes de langue maternelle française dans l'île de Montréal était tombée à 53,4% en 1996 et ce déclin continue. On prévoit qu'au niveau de la langue d'usage cette proportion passera sous les 50% peu après 2006. Les causes? Baisse de la natalité, exode des francophones vers la banlieue, attraction encore très forte de l'anglais sur les immigrants, sentiment chez plusieurs d'entre eux, lorsqu'ils arrivent au Québec, de s'établir non pas chez un peuple majoritairement français mais dans la province minoritaire d'un pays anglophone. À l'intérieur de la région métropolitaine, notre majorité reste plus nette, mais là aussi nous perdons du terrain°. Déjà difficile, la francisation° des immigrants le deviendra encore davantage, car, pour franciser, il faut des francophones! Le centre nerveux° du Québec parlera de plus en plus anglais ou, en tout cas, de moins en moins français. Qu'arrivera-t-il alors? Rien de bon pour notre langue.

Signe des temps, les journaux nous apprenaient récemment que trois municipalités de l'ouest de Montréal, appuyées par le PLQ°, exigeaient du gouvernement québécois un statut d'organisme bilingue pour la Communauté urbaine de Montréal…

Qu'a donc de si nocif le bilinguisme? Ne représente-t-il pas une richesse? Au plan individuel, oui, bien sûr. Parler deux langues — ou trois ou quatre — c'est un atout. Mais appliqué de façon collective et institutionnelle, le bilinguisme au Québec ne peut que menacer le français.

En effet, dans une Amérique massivement anglaise, [le bilinguisme] fera peu à peu de l'anglais le dénominateur commun et la langue passe-partout° sur le continent et finira, tôt ou tard, par rendre le français désuet° au Québec. Pourquoi parler ou apprendre une langue qui ne serait pas utile en toutes circonstances, alors que sa rivale le serait?

Nos difficultés sont aggravées par la guerre impitoyable que mène désormais Ottawa contre le Québec. Oh! cette guerre est bien ancienne (1759, 1837, 1917–18, 1970, 1982, et cetera); elle a souvent été larvée°, elle a parfois connu des accalmies°, mais elle n'a jamais cessé. La quasi-victoire du Oui au référendum de 1995, paniquant le Canada anglais, a porté [cette guerre] à une intensité inouïe°, car les partisans d'un pays unitaire, encore tout suants° de peur, ont décidé d'écraser une fois pour toutes le mouvement d'émancipation nationale québécois…

Si nous refusons de voir les conséquences pourtant si prévisibles de la présente situation; si nous hésitons à nous montrer au moins aussi habiles, audacieux et coriaces° que nos adversaires, il nous faudra alors accepter l'idée d'une disparition inévitable du français au Québec, dernier carré de résistance après tant de batailles perdues à travers le continent.

---

losing ground /
"Frenchification,"
initiation into the
French language
and cultures /
nerve center [here,
the political and
economic loci of
power]

*Parti libéral du
Québec* (political
party)

all purpose
extinct, archaic

latent
quiet periods

unheard of / sweaty

tough, strong

abundance

> Il suffirait pourtant de nous élever à la hauteur des circonstances pour obtenir cette chose qui, de tout temps, nous a appartenu mais qui nous a toujours si cruellement manqué: la liberté, dans toute sa plénitude° et sa magnifique concrétisation: le premier État français d'Amérique.
>
> _____
>
> *Source:* Yves Beauchemin, *Le Devoir,* mardi 9 mars 1999.

Avez-vous compris?

Lisez les affirmations qui suivent et décidez si elles sont justes ou fausses. Si vous les trouvez fausses, corrigez-les.

1. L'auteur de l'article veut voir un Québec indépendant.   **J** _____   **F** _____

2. Le français est en train de disparaître au Québec.   **J** _____   **F** _____

3. Au niveau de l'individu, le bilinguisme est négatif.   **J** _____   **F** _____

4. L'importance du français va augmenter dans les centres métropolitains du Québec.   **J** _____   **F** _____

5. La population du Québec diminue.   **J** _____   **F** _____

Qu'en pensez-vous?

1. Où voit-on dans ce texte qu'Yves Beauchemin éprouve des sentiments d'amertume *(bitterness)* vis-à-vis du Canada anglophone.

2. Dans la mesure où *(Since)* l'anglais devient de plus en plus la *lingua franca* de l'économie mondiale, quels arguments pour apprendre le français présenteriez-vous à un ami canadien anglophone?

3. Pour vous, est-ce que la situation du bilinguisme au Canada est essentiellement la même que celle du plurilinguisme au Sénégal et dans les autres pays francophones en Afrique? Expliquez votre réponse.

4. Y a-t-il des débats linguistiques dans votre pays? Faites le même genre d'analyse de la situation dans votre pays que Beauchemin a faite du Québec.

5. Parler une langue: qu'est-ce que cela symbolise pour vous? Est-ce simplement un outil de communication? un acte politique? une source de fierté culturelle? Expliquez votre réponse.

LIENS INTERDISCIPLINAIRES

© Redux

LE TESTAMENT FRANÇAIS

Ce roman, écrit en français par un immigré russe, a gagné le plus grand prix littéraire de France – le Prix Goncourt. C'est l'histoire d'un jeune russe dans les années soixante et soixante-dix. Avec sa famille, il vivait à Saranza, une ville industrielle assez grande sur la Volga, mais chaque année il partait en Sibérie avec sa sœur pour passer l'été chez sa grand-mère Charlotte, une Française qui avait vécu la plus grande partie de sa vie en Russie.

Chez la grand-mère Charlotte, les enfants entraient dans un autre monde. Chez elle, ils parlaient français et Charlotte leur racontait des histoires de la France de la fin du 19ᵉ et du début du 20ᵉ siècle, recréant une démocratie pleine de charme, d'élégance et de poésie. Si différent de la Russie, c'était un monde aussi magique que celui d'un conte de fées.

Ne connaissant pas très bien l'histoire européenne, le jeune Russe et sa sœur se sont construit une réalité imaginaire de ce qu'était la France, basée sur les descriptions données par la grand-mère Charlotte, qui leur racontait, par exemple, la visite en France d'un prince charmant et sa princesse, le Tsar Nicolas et la Tsarine Alexandra. Or, le personnage historique que les enfants rencontrent plus tard à l'école russe est loin d'être un prince charmant…

Peu à peu le jeune narrateur arrive à comprendre qu'il n'est pas comme les autres Russes de sa ville. Le fait qu'il parle une autre langue lui permet de voir la Russie «de l'extérieur». Il se rend compte que la réalité imaginaire que lui a léguée sa grand-mère Charlotte le rend profondément différent de ses compatriotes…

Note aux étudiants: en lisant ce texte, ne cherchez pas *les définitions des mots dans le menu du banquet. Les enfants qui le regardaient ne le comprenaient pas non plus.*

[Sachant que leur grand-mère française est «différente», les enfants trouvent cela quand même normal de parler français en famille. Mais ils constatent aussi que les histoires que Charlotte leur raconte sont capables de les transporter dans un

monde légendaire, que le narrateur voit comme une deuxième Atlantide (Atlantis). Pendant plusieurs soirées, Charlotte leur raconte l'histoire de la visite en France de Nicolas et d'Alexandra – l'accueil chaleureux du président Félix Faure, les dîners de cérémonie, les sorties au théâtre, les poèmes récités en leur honneur, etc.]

lampshade

[En racontant cette histoire,] Charlotte déplia un vieux journal, l'approchait de sa lampe à l'abat-jour° turquoise et nous annonçait le menu du banquet donné en l'honneur des souverains russes à leur arrivée à Cherbourg°:

port city in Normandy, on the English Channel *[Note: pour tout mot de vocabulaire concernant la mer et la plage, voir la question #3 ci-dessous]*

> *Potage*
> *Bisque de crevettes*
> *Cassolettes Pompadour*
> *Truite de la Loire braisée au sauternes*
> *Filet de Pré-Salé aux cèpes*
> *Cailles de vigne à la Lucullus*
> *Poulardes du Mans Cambacérès*
> *Granités au Lunel*
> *Punche à la romaine*
> *Bartavelles et ortolans truffés rôtis*
> *Pâté de foie gras de Nancy*
> *Salade*
> *Asperges en branches sauce mousseline*
> *Glaces Succès*
> *Dessert*

decipher / arcane, mysterious / understanding

Comment pouvions-nous déchiffrer° ces formules cabalistiques°? *Bartavelles et ortolans! Cailles de vigne à la Lucullus!* Notre grand-mère, compréhensive°, cherchait des équivalents en évoquant [des aliments] très rudimentaires qu'on trouvait encore dans les magasins de Saranza. Ravis, nous goûtions ces plats

garnished, seasoned

imaginaires agrémentés° de la fraîcheur brumeuse de l'océan (Cherbourg!).

…

[Parlant au couple impérial, le président Faure évoque la langue française, disant qu'elle] «n'est pas pour vous une langue étrangère». …

Nous nous regardâmes, ma sœur et moi, frappés d'une même illumination: « … qui n'est pas pour vous une langue étrangère». C'était donc cela, la clef de notre Atlantide! La langue, cette mystérieuse matière, invisible et omniprésente, qui [nous permettait de vivre cette autre réalité]. Mais surtout, elle palpitait en nous,

graft (as in a branch grafted onto a different tree), transplant

telle une greffe°, fabuleuse dans nos cœurs, couverte déjà de feuilles et de fleurs, portant en elle le fruit de toute une civilisation. Oui, cette greffe, le français.

[C'était la langue française qui permettait au narrateur et à sa sœur d'«accompagner» le couple impérial au théâtre à Paris, et d'écouter des acteurs sur la scène réciter un beau poème sur la Russie, évoquant la couleur d'or de ses immenses champs de blé, et la blancheur pure de sa neige.]

LIENS INTERDISCIPLINAIRES (Suite)

Pour la première fois de ma vie, je regardais mon pays de l'extérieur, de loin, comme si je ne lui appartenais plus. Transporté dans une grande capitale européenne, je me retournais pour contempler l'immensité des champs de blé° et des plaines° neigeuses sous la lune. Je voyais la Russie en français! J'étais ailleurs. En dehors de ma vie russe. Et ce déchirement était si aigu° et en même temps si exaltant que je dus fermer les yeux. …

wheat fields
plains
sharp, poignant

[Quand les enfants retournent à Saranza, à l'école, et à la langue russe, leur vison de cette Atlantide française se cache derrière la vie quotidienne. Le narrateur apprend à l'école que le Tsar Nicolas II était un tyran sanguinaire, mais il voit aussi dans sa tête un autre Nicolas, élégant et beau. Pour lui, il s'agit de deux Nicolas différents l'un aussi réel que l'autre, mais qui ne se connaissent pas. Il se rend compte qu'aucun autre de ses camarades de classe n'a cette «double vision».]

defect

Donc, je voyais autrement! Était-ce un avantage? Ou un handicap, une tare°? Je n'en savais rien. Je crus pouvoir expliquer cette double vision par mes deux langues: en effet, quand je prononçais en russe « tsar », un tyran cruel se dressait° devant moi; tandis que le mot « tsar » en français s'emplissait° de lumière, de bruits, de vent, d'éclats de lustres°, de reflets d'épaules° féminines nues, de parfums mélangés – de cet air inimitable de notre Atlantide. …

loomed
filled itself
chandeliers /
shoulders

[Une autre expérience a confirmé cette perception du narrateur. Un jour d'hiver, il fait la queue pendant très longtemps devant un magasin d'alimentation pour acheter quelques fruits, qui étaient bien rares en Russie en hiver. Enfin arrivé jusqu'à la porte du magasin, il est rejoint par sa sœur; à deux, ils pourront acheter une double quantité de cette marchandise rationnée. La foule en colère qui les fixe de regards haineux finit par expulser les deux enfants pour s'être insérés. Ils se retrouvent au bout de la queue, sachant qu'il ne restera rien quand ils arriveront pour la seconde fois à la porte du magasin. Le narrateur est triste et déprimé.]

Et c'est comme venant d'une autre planète que j'entendis soudain la voix de ma sœur …: --Te rappelles-tu: *Bartavelles et ortolans truffés rôtis?* …

Elle rit doucement.

Et moi, en regardant son visage pâle aux yeux qui reflétaient le ciel d'hiver, je sentis mes poumons° s'emplir d'un air tout neuf – celui de Cherbourg – à l'odeur de brume salée, des galets humides sur la plage, et des cris sonores de mouettes dans l'infini de l'océan. …

lungs

Bartavelles et ortolans… [Le narrateur sait bien que lui et sa sœur sont comme tous ces autres gens anonymes qui font la queue devant un magasin d'alimentation une journée d'hiver triste et grise en Russie…]

Et pourtant, en entendant les mots magiques, appris au banquet de Cherbourg, je me sentais différent d'eux. Non pas à cause de mon érudition (je ne savais pas, à l'époque, à quoi ressemblaient° ces fameux bartavelles et ortolans). Tout simplement, l'instant qui était en moi – avec ses lumières brumeuses et ses odeurs marines – avait rendu relatif tout ce qui nous entourait: cette ville et sa carrure° très stalinienne, cette attente° nerveuse et la violence obtuse de la foule°. Au lieu de la colère entre ces gens qui m'avaient repoussé, je ressentais maintenant

what X were like

square, blocky /
crowd

toward them
by squinting slightly
  / aromas

originale
words

une étonnante compassion à leur égard°: ils ne pouvaient pas, en plissant légèrement les paupières°, pénétrer dans ce jour plein de senteurs° fraîches des algues, des cris de mouettes, du soleil voilé… Une terrible envie de le dire à tout le monde me saisit. Mais le dire comment? Il me fallait inventer une langue inédite° dont je ne connaissais pour l'instant que les deux premiers vocables°: bartavelles et ortolans…

_____

Source: Le Testament français, Andreï Makine, Mercure de France, 1995

DISCUSSION

1. Pourquoi est-ce que le narrateur et sa sœur voient un lien entre la France et l'Atlantide?

2. Rappelez-vous que le narrateur et sa sœur comprennent très peu le contenu du menu du banquet donné en l'honneur du Tsar et de la Tsarine. Comment peut-on «lire» ce menu sans en comprendre les mots? (C'est-à-dire, quelles impressions avez-vous de ce banquet, des invités, de la vie française au 19ᵉ siècle, etc.?)

3. Cherbourg, c'est le port sur la Manche *(English Channel)* en Normandie où le couple impérial a débarqué en France et où a eu lieu le banquet. Quels sons, odeurs, sensations physiques et images visuelles associez-vous à la plage? Les galets *(smooth, flat "skipping stones")*, les mouettes *(seagulls)*, la brume *(fog, mist)*, l'eau salée *(saltwater)*, les algues *(seaweed)*, (Continuez la liste, en citant autant d'autres images que possible.) Combien d'images est-ce que les simples mots "Cherbourg", "port", "Normandie", et "mer", imprimés sur une feuille de papier, ont-ils évoquées pour vous? À votre avis, pourquoi est-ce que ces images sont si évocatrices pour ces jeunes russes?

4. Que veut dire le narrateur quand il évoque les deux prononciations du mot « tsar. » Expliquez comment les mots / concepts peuvent être perçus de façons différentes dans deux contextes différents.

   "un ami" (pour un Américain et pour un Français)
   "le voile islamique à l'école publique" (pour un Américain et pour un Français)
   "la globalisation" (pour quelqu'un d'un pays du Sud et quelqu'un d'un pays du Nord)
   "la langue française" (pour un Québécois et pour certains Africains)

5. La nourriture apparaît dans deux endroits dans cet extrait. Comparez ces deux situations. Pourrait-on dire aussi que la nourriture prend un sens métaphorique dans le texte? Expliquez votre réponse.

6. Pourquoi est-ce que sa sœur rappelle au narrateur les *bartavelles et ortolans truffés rôtis* de la carte de la grand-mère Charlotte? Quel effet est-ce que cela a sur lui? Comment est-ce que cela change son attitude vis-à-vis des autres gens qui font la queue pour acheter de la nourriture?

Réplique et synthèse

A Discussion

1. Quels problèmes est-ce que le bilinguisme peut causer dans un pays?

2. Est-ce désirable d'encourager et de protéger les cultures minoritaires aux États-Unis? Pourquoi ou pourquoi pas? Si oui, comment y parvenir?

3. Quels sont les avantages et les inconvénients pour les anglophones de la domination de la langue anglaise/américaine dans le monde d'aujourd'hui? Quels sont les bénéfices (personnels, professionnels, économiques, politiques) de parler une ou plusieurs langue(s) étrangère(s)? Devrions-nous encourager l'apprentissage des langues étrangères aux États-Unis? Si oui, comment?

4. Que savez-vous de l'éducation bilingue/biculturelle dans les écoles publiques et privées aux États-Unis? (Comment est-ce que cela marche? Quels en sont les résultats?)

5. Dans quelle mesure est-ce que la *façon* de parler sa langue maternelle (vocabulaire, accent, diction, grammaire, etc.) peut présenter un avantage ou inconvénient dans la vie personnelle et professionnelle?

6. Boutros Boutros-Ghali (ancien Secrétaire général de l'ONU) a qualifié le français de « seule alternative pratique à une mondialangue », disant qu'il « incarne la langue de la différence par excellence, une langue 'non-alignée'. » Qu'est-ce qu'il suggère sur *l'importance* et le *potentiel* de cette langue — selon lui, quel rôle peut-elle jouer que l'anglais ne peut pas?

7. Pour quelles raisons la France a-t-elle intérêt à encourager l'apprentissage et l'usage de la langue française dans le monde hors de la métropole?

B Débats

1. Est-ce que nous devrions avoir une charte aux États-Unis — pour déclarer, par exemple, que l'anglais est la seule langue officielle du pays ou pour reconnaître l'importance croissante de l'espagnol? Pourquoi ou pourquoi pas?

2. Est-ce possible d'être un(e) véritable citoyen(ne) d'un pays sans parler la langue (une des langues officielles) de ce pays? Expliquez.

3. Pensez-vous qu'une culture puisse survivre même si on ne parle plus la langue qui la véhicule? Expliquez.

C Recherches

1. Choisissez un endroit dans le monde où on parle (ou a parlé) plus d'une langue et préparez un exposé à présenter à vos camarades de classe. Présentez les raisons historiques, géographiques, politiques (ou autres) qui expliquent la présence de plus d'une langue, parlez de la situation actuelle (Est-ce que les deux langues fleurissent? Est-ce que l'une d'entre elles est en déclin? Est-ce

qu'elle a carrément disparu?)… Vous pouvez parler des pays francophones, ou d'autres cas intéressants (par exemple, à une certaine époque aux États-Unis, la plupart des habitants de Martha's Vineyard "parlaient" anglais et la langue des signes *(sign language)* — pourquoi?).

2. Faites des recherches sur une langue que vous ne connaissez pas, mais qui vous intéresse — apprenez quelque chose sur sa structure, sa grammaire, ses liens avec d'autres langues, les endroits où elle est parlée, etc. Enseignez quelques mots ou expressions dans cette langue à vos camarades de classe.

3. L'histoire des mots. Cherchez les origines des mots suivants ou d'autres mots qui vous intéressent:
français: anorak, assassin, barbare, bureau, bistro, café, canif, capitaine, choucroute, Louisiane, redingote, tête, transat, travail, vasistas, xénophobe, zéro
anglais: buckaroo, entrée, goblin, gumbo, love (en tennis), mascara, Michigan, moose, parka, patio, sauna, sherry, taxi, thug, Timbuktu *(comme dans la phrase:* "from here to Timbuktu"), toboggan, toodleoo, tote

4. Les langues de la France. Bien que le français soit la seule langue officielle de la France, ce n'est pas la seule langue qu'un visiteur peut entendre en visitant le pays. Malgré son unité linguistique relative, la France demeure une nation plurilingue, avec sept langues (en plus du français) parlées à l'intérieur de ses frontières. Cherchez à la bibliothèque ou sur des sites Internet pour trouver les autres langues qui sont parlées en France.

5. Trouvez le nom d'un auteur qui n'écrit pas dans sa langue maternelle (Casanova, Ying Chen, Da Sijie, Joseph Conrad, Anna Moï, Léopold Sédar Senghor, Tahar Ben Jelloun, Julien Green, Samuel Beckett, Vladimir Nabokov, Julia Kristeva, Brunetto Latini, Nancy Huston, Eugène Ionesco, Érasme, etc.) et faites des recherches à son sujet. Pourquoi est-ce que cette personne a choisi d'écrire dans une langue qui n'est ou n'était pas «la sienne»?

6. Trouvez quelles études il faut faire aujourd'hui pour devenir traducteur (-trice) ou interprète. Où est-ce que ces gens travaillent et que font-ils, exactement? Il y a un proverbe italien qui dit «Traduttore, traditore» («Le traducteur est un traître.») — êtes-vous d'accord avec ce proverbe?

D **Tout le monde n'est pas bilingue!** Tout le monde n'est pas bilingue et ceux d'entre nous qui ne le sont pas doivent apprendre à faire des circonlocutions quand ils ont besoin d'un mot qu'ils ne connaissent pas. Ce qui suit est un jeu qui va vous aider à pratiquer la circonlocution.

La veille du jeu, divisez la classe en deux équipes. Chaque membre de chaque équipe doit trouver trois ou quatre objets que ses camarades pourraient vouloir acheter pendant un voyage dans un pays francophone. Il s'agit d'objets qu'ils ne savent probablement pas nommer en français. Écrivez le nom anglais de chaque objet sur un morceau de papier et ajoutez les initiales de votre nom et prénom. Le jour du jeu, tous les mots de l'équipe A vont dans un sac et ceux de l'équipe B dans un autre. Un membre de l'équipe A tire un mot du sac de l'équipe B et, sans gestes ou autres moyens visuels, explique le mot à son équipe. Si les membres de son équipe devinent le mot dans les limites de temps indiquées par le professeur, cette équipe marque un point. S'ils échouent, l'étudiant(e) dont les initiales sont marquées sur le papier doit expliquer le sens du mot au professeur, de façon satisfaisante, sans lire la définition dans ses notes. Si l'étudiant(e) est incapable de le faire, son équipe perd un point. Avant de passer au mot suivant, enseignez à vos camarades de classe le vrai mot français pour cet objet.

quelque chose un objet, une chose, un truc *(thing)*	pour (+ infinitif)
un médicament	qui est utilisé(e) pour (+infinitif)
un produit	qu'on utilise pour (+ infinitif)
un appareil	dont on se sert pour (+ infinitif)
un outil	avec (dans, sur, sous, etc.) lequel / laquelle
une sorte de _____	(etc.) on… (+ verbe conjugué)

Modèle: (clothes hanger) *C'est un objet (généralement en métal ou en plastique) sur lequel on met ses vêtements quand on les range dans un placard. (*Réponse: ça s'appelle *un cintre* ou *un porte-manteau*)

E Ouvertures créatives

1. Sur l'Internet (en utilisant un moteur de recherche français) ou ailleurs, trouvez une histoire traditionnelle issue d'une culture francophone et transformez-la en un sketch à présenter à la classe.

2. Effectuez des recherches sur une destination francophone (trouvez aussi des photos) et faites une brochure pour encourager des touristes francophones à y aller. Vous pouvez aussi préparer un sketch dans lequel les acteurs sont des vacanciers potentiels et un agent de voyages qui leur décrit différentes destinations touristiques.

3. Trouvez la recette d'un plat typique d'un pays francophone, préparez-le pour le reste de la classe et apportez-le en classe le jour fixé pour la dégustation *(tasting)*.

Liens communautaires

Un entretien sur le bilinguisme. Cherchez, dans votre communauté, une personne bilingue, francophone si possible, et interviewez-la sur des questions de bilinguisme. Avant de prendre rendez-vous avec cette personne, préparez des questions, de préférence en discutant avec des camarades de classe. (Quelles langues parlez-vous? À quel âge avez-vous commencé à étudier une deuxième langue? Est-ce qu'il y a des débats linguistiques dans votre pays? etc.). Ensuite, imprimez votre interview et comparez-la avec les interviews d'autres camarades de classe. Y a-t-il des points similaires? Lesquels? Y a-t-il des différences? Lesquelles?

Rédaction guidée

A **Sujet.** «Le bilinguisme aux États-Unis est-il souhaitable?»

B **Orientation.** Dans ce chapitre, nous allons écrire une deuxième rédaction dialectique complète.

C **Avant d'écrire.** Pour écrire un bon devoir, nous allons procéder par étapes. À chaque étape, assurez-vous de relire la section pertinente des pages « **Rédaction guidée** » dans les chapitres précédents de *Controverses* pour vous «rafraîchir les idées»: par exemple, quand vous préparerez le plan de votre devoir, relisez la section sur le plan au chapitre 3. En groupes de deux à trois étudiants, discutez la partie 1 qui suit:

1. Comment comprenez-vous le sujet? Quel aspect de ce sujet vaste allez-vous traiter? Quelle langue est susceptible de devenir une deuxième langue maternelle aux États-Unis? Pourquoi? En quoi la situation des États-Unis diffère-t-elle de la situation du Québec et de l'Afrique? En quoi est-elle similaire? Cette discussion va vous aider à limiter votre sujet et à préparer votre introduction, mais rappelez-vous qu'il ne faut pas l'écrire tout de suite! L'introduction est la dernière partie que vous rédigerez pour vous assurer qu'elle prépare bien vos lecteurs au contenu de votre texte.

   Ensuite, seul(e), commencez votre travail personnel.

2. **LA THÈSE:** **Le bilinguisme aux États-Unis est souhaitable parce que…**

   Écrivez une phrase qui résume cette position. Ensuite, écrivez trois points qui l'étayent *(support it)*.
   1.
   2.
   3.

   Quand vous aurez écrit cette partie, assurez-vous qu'elle contient bien les éléments suivants: (Vous pouvez demander à un[e] autre étudiant[e] du cours de vérifier aussi pour vous!)

   - _____ une phrase ou deux d'introduction: De quoi parle votre thèse?

   - _____ trois idées principales qui soutiennent votre thèse

   - _____ un développement des idées 1, 2 et 3

   - _____ quand c'est possible, des exemples qui clarifient votre point

   - _____ une mini-conclusion: Comment pouvez-vous résumer et généraliser ce que vous venez d'exposer dans la thèse?

3. L'ANTITHÈSE: **Le bilinguisme aux États-Unis n'est pas souhaitable parce que…**
Même travail que pour la thèse. Présentez la position de quelqu'un qui pense le contraire des déclarations dans la thèse. Mettez en avant *(Highlight)* les éléments de cet autre point de vue qui vous semblent logiques.

1.

2.

3.

Vous avez donc maintenant le «squelette» de votre antithèse. De plus, avez-vous…

- _____ une phrase ou deux d'introduction? (De quoi parle votre antithèse?)

- _____ trois idées principales qui soutiennent votre thèse?

- _____ un développement des idées 1, 2 et 3?

- _____ quand c'est possible, des exemples qui vont clarifier votre point?

- _____ une mini-conclusion? (Comment pouvez-vous résumer et généraliser ce que vous venez d'exposer dans l'antithèse?)

4. LA SYNTHÈSE. Réfléchissez à la façon dont les deux points de vue opposés peuvent être dépassés. Quels sont les obstacles au bilinguisme aux États-Unis? Dans quelle mesure le bilinguisme est-il inévitable?
Votre synthèse contient-elle…

- _____ un bref résumé de l'opposition exposée dans la thèse et l'antithèse?

- _____ l'introduction d'un troisième élément qui détruit l'opposition binaire?

- _____ une résolution du conflit apparent qui propose un nouvel élément qui permet d'échapper à la contradiction originale?

5. LA CONCLUSION. Notez brièvement les points essentiels de votre devoir (essayez de ne pas répéter les mêmes mots, mais de résumer vos idées). Indiquez la conclusion que vous pouvez tirer de ce travail. Votre conclusion peut-elle vous amener à répondre à la question de votre introduction? Mentionnez ici votre position personnelle sur le sujet.
La conclusion contient-elle bien les éléments suivants?

- _____ un résumé du contenu de la rédaction, **si la synthèse ne propose pas de résumé**

- _____ au moins un élément de réponse à la question qui dirige votre rédaction, qu'elle soit explicite ou non

- _____ votre opinion personnelle sur le sujet

- _____ une **nouvelle** question, qui pointe dans la direction de nouvelles recherches à faire ultérieurement (facultatif)

6. **L'INTRODUCTION.** Pensez à la façon dont vous allez poser la question principale de votre devoir. N'oubliez pas de donner un contexte à votre travail. Par exemple, faites quelques recherches sur l'Internet ou ailleurs sur le bilinguisme aux États-Unis. Ensuite, expliquez en quoi la question qui vous préoccupe est importante. Quelle image illustrative pouvez-vous utiliser pour attirer l'attention de votre lecteur/lectrice? Pour donner vie à cette image, pensez à la façon dont elle va mener à votre thèse.

Est-ce que votre introduction contient les éléments suivants?

- _____ un début avec «ce que tout le monde sait»

- _____ de nouveaux éléments moins connus (par exemple, le nombre de bilingues aux États-Unis, le nombre d'hispanophones, etc.)

- _____ un moyen d'attirer *(to attract)* l'attention du lecteur avec une anecdote, une image frappante,...

- _____ une explication de la question que vous allez analyser

- _____ des renseignements de fond

- _____ l'annonce de ce qui va suivre, la structure de votre devoir

- _____ une question dominante, à laquelle l'ensemble de votre devoir va essayer de répondre

7. Après avoir écrit votre introduction, essayez de trouver un moyen d'y reprendre votre anecdote / image frappante, etc.

8. Enfin, n'oubliez pas d'utiliser des mots connecteurs qui aideront votre lecteur à bien comprendre la structure de votre thèse: **Je vais montrer…, D'abord…, Ensuite…, De plus…, Donc…,** etc.

9. Relisez votre devoir plusieurs fois!

Lexique français–anglais

This glossary includes terms that appear in the active vocabulary lists as well as those used in the exercises that might be unfamiliar to students. It does not include words and expressions that are generally learned in elementary-level courses, and other low-frequency words used in *Controverses*.

List of abbreviations:

adj adjective
adv adverb
inf infinitive
m masculine
f feminine
fam familiar
pl plural

pp past participle
qch quelque chose
qn quelqu'un
sb somebody
sing singular
subj subjunctive

A

à to, at, in
  ~ **bientôt** see you soon
  ~ **cause de** because of
  ~ **contre-courant** against the tide
  ~ **l'étranger** abroad
  ~ **la fois** at once, both (Elle est à la fois intelligente et travailleuse. *She's both intelligent and hard-working.*)
  ~ **moins que … (ne)** unless
  ~ **partir de** from (a certain point in time)
  ~ **peu près** approximately
  ~ **plein temps** full-time
  ~ **savoir** namely
  ~ **temps partiel** part-time
  ~ **travers les ans** through the years
  ~ **votre avis** in your opinion
abaisser to lower (*something*)
abandon (*m*) [school] withdrawal (from classes)
abord
  d'~ first, in the first place
aborder to approach
aboutir (à) to result (in)
abri (*m*) shelter
  mettre à l'~ de to shelter from, protect from
absolument absolutely
absurde absurd

accéder (à) to reach, achieve, attain, [*informatique*] to access
accompagner to accompany
accompli done, finished, accomplished
  fait (*m*) ~ done deal
accord (*m*) agreement, understanding
  être d'~ avec to be in agreement with
accorder (à) to grant (to)
accoutumer (à) to accustom (to)
  s'~ (à) to get used to, get/grow ~ed to (*something*)
accrocher to hang (from), to hook (to)
  s'~ (à) to hang onto
accroissement (*m*) increase, growth
accroître to increase
accueil (*m*) welcome, reception
accueillir to welcome
achat (*m*) purchase
acheter to buy, purchase
acquisition (*f*) acquisition
acteur(-trice) (*m/f*) actor/actress
actuel(le) current, present
actuellement at present, currently
adapter to adapt (*something*); ~ **(à)** to fit (to)
  s'adapter (à) to adapt, adjust (to)
adhérent(e) member, subscriber
adolescent(e) adolescent, teenager

affaiblir to weaken
affaiblissement *(m)* weakening
affaire(s) *(f)* business
   femme *(f)* **d'~s** businesswoman
   homme *(m)* **d'~s** businessman
affermir to strengthen
   ~ une amitié to strengthen a friendship
afficher to put up, display
afin que *(+ subj)* in order that, so that
agacer to annoy
âgé(e) old
   moins ~(e) younger
   plus ~(e) older
aggressif(-ive) aggressive
agir to act
   il s'~ de *(impersonal phrase)* it is about . . .
     (De quoi s'agit-il? *What is it about?)*
   qu'il s'agisse de… ou de… whether it be
     about . . . or . . . [about]
agréable nice, pleasant
agresser to attack, be aggressive towards
agriculteur(-trice) *(m/f)* farmer
aide sociale *(f)* social welfare *(help provided by
the State, the government)*
aider to help
ailleurs elsewhere
   par ~ otherwise, moreover
aimer to like, love
   ~ bien to like, be fond of
ainsi thus, (in) this way
aisance *(f)* comfort, easy circumstances
ajouter to add
alcool *(m)* alcohol
aliment *(m)* food item, *(pl)* food
alimentation *(f)* diet, food, supply
aller to go
   ~ en congé to go on vacation
alphabétisation *(f)* literacy
taux *(m)* **d'~** literacy rate
amalgame *(m)* combination, mixture
ambitieux(-euse) ambitious
amélioration *(f)* improvement
améliorer to improve
   s'~ to improve
aménagement *(m)* development
amertume *(f)* bitterness

ami(e) *(m/f)* friend
   ~ d'enfance childhood friend
   se faire des ~s to make friends
amical(e) friendly
amitié *(f)* friendship
   maintenir une ~ to maintain a friendship
   se lier d'~ avec to make friends with
     (someone)
   sens *(m)* **de l'~** sense, conception of friendship
amour *(m)* love
ampoule électrique *(f)* light bulb
amusant(e) amusing, funny
an *(m)* year
ancêtre *(m/f)* ancestor
anchois *(m)* anchovy
ancien(ne) old, ancient, former
   Ancient Régime *(m)* the political and social
     structures of pre-Revolutionary France
anglais *(m)* English
anglophone *(adj)* English-speaking
   ~ *(m/f)* someone who speaks the English
     language
animal *(pl* **animaux)** *(m)* animal
animateur(-trice) *(m/f)* leader, organizer
année *(f)* year
anniversaire *(m)* birthday, anniversary
annonce *(f)* announcement
ans *(m pl) years*
   à travers les ~s over the years
antidépresseur *(m)* antidepressant
apparence physique *(f)* physical appearance
appartenir (à) to belong (to)
appeler to call
   s'~ to be called **Comment vous appelez-vous?**
     What's your name?
applaudir to applaud, clap
application *(f)* application
apprécier to appreciate
apprendre to learn
apprentissage *(m)* learning
apprêter to dress, prime
   s'~ (à) to get ready (to), prepare (for)
apprivoiser to tame
approuver to approve
après after
   ~ J.C. A.D. (after Jesus Christ)

argent *(m)* money
  ~ de poche spending money, allowance
  économiser de l'~ to save money
arme *(f)* gun, weapon
  permis *(m)* **de port d'~** gun permit
arracher to tear out/off
arrêter to arrest, to stop
  s'~ to stop (oneself)
arriver to arrive, to happen
art *(m)* art
  œuvre *(f)* **d'~** work of art
asiatique Asian
asile *(m)* asylum, refuge
  droit d'~ *(m)* right of asylum
assaut *(m)* **(de)** assault, attack (on)
assez rather, enough
assiette *(f)* plate
assistant(e) social(e) *(m/f)* social
  worker *(person)*
assurance *(f)*
  compagnie *(f)* **d'~** insurance company
assurer to assure
athée *(m/f)* atheist
atteindre to reach, achieve, attain
atteinte *(f)* **(à)** attack (on)
attendre to wait for
  s'~ à to expect *(something)*
attention *(f)* attention
  Attention! Careful!
  faire ~ (à) to pay attention
attirer to attract
attribuer to attribute
au lieu de instead of, rather than
au sein de within
aube *(f)* dawn
audacieux(-ieuse) bold, daring
augmentation *(f)* increase
augmenter to increase
aujourd'hui today
autant as much
  d'~ moins all the less
  d'~ plus all the more
auteur *(m)* author
autochtone native
  langue ~ *(f)* native language
automne *(m)* autumn, fall

autonome autonomous
autorisé(e) authorized
autoriser to authorize
autoritaire authoritarian
autoroute *(f)* freeway
autour de around
autre *(adj)* *(n)* other
  de l'~ côté *(m)* on the other hand
autrefois formerly
autrement differently
  ~ dit in other words
  ~ que other than
autrui others, other people
aux dépens de at the expense of
avant before
  ~ J.C. B.C. (before Jesus Christ)
  mettre en ~ to bring forth, to emphasize
avantage *(m)* advantage
avenir *(m)* future
aventure *(f)* adventure
  diseur(-euse) *(m/f)* **de**
    bonne ~ fortune-teller
avertir to warn, to inform
  ~ le public to warn the public
avis *(m)* opinion
avoir to have
  ~ besoin de to need
  ~ confiance en to have confidence in
  ~ des choses en commun to have things in
    common
  ~ droit à to be entitled to
  ~ droit de to have the right to
  ~ faim to be hungry
  ~ la liberté de to have the freedom to
  ~ le droit de to have the right to
  ~ le souci de to take care to
  ~ les moyens to have the means, have the
    money
  ~ lieu to take place
  ~ peur to be afraid
  ~ raison to be right
  ~ tort to be wrong
  ~ un effet négatif sur to have a negative
    effect on
avortement *(m)* abortion
avouer to confess, to admit

B

baisse *(f)* fall, decline, cut
   être en ~ to be dropping, falling
baladeur *(m)* *see also* **MP3** MP3 player
banlieue *(f)* suburb
   en ~ in the suburbs
bas(se) low
base *(f)* **de données** database
bâtiment *(m)* building
battre to beat [opponent]; to break [a record]
   se ~ to fight
beaucoup much, a lot
bénéfice *(m)* benefit
bénéficier to benefit
bénéfique beneficial
besoin *(m)* need
   avoir ~ de to need
   en cas de ~ in case of need
   subvenir à ses ~s to make ends meet, make
     enough to live on
bête stupid, silly
bibliothèque *(f)* library
bien well
   ~ élevé(e) well-mannered, well-brought-up
   ~-être *(m)* well-being
   ~ que although
   ~ rémunéré(e) well paid, well-paying
   ~ sûr of course
bienfait *(m)* kindness, benefit, beneficial effect
bientôt
   à ~ see you soon
bijou *(m)* jewel
bilan *(m)* **de santé** medical checkup
bilingue bilingual
blague *(f)* joke, hoax
blé *(m)* wheat
blesser to hurt
blog *(m)* blog
bloguer to blog
boire to drink
bois *(m)* wood, woods
boisson *(f)* drink, beverage
boîte *(f)* **à lettres électronique** email box
bon vivant *(m)* [person] full of life
bouc émissaire *(m)* scapegoat
boule *(f)* **de cristal** crystal ball
bouleversement *(m)* upheaval

bouleverser to upset
bourse *(f)* **d'études** scholarship (to pay
   for college)
boursier(-ière)
   être ~ to be on scholarship
bout *(m)* [rope] end
   joindre les deux ~s to make ends meet
bras *(m)* arm
   (se) serrer dans les ~ to hug
bref (brève) brief, short
brièvement briefly
bureau *(m)* office
but *(m)* goal, purpose, objective

C

cacher to hide
cadeau *(m)* gift, present
cadre *(m)* frame, setting
   ~ de référence frame of reference
   ~ (supérieur) (senior) executive, manager
café *(m)* [drink] coffee, [place] café
camarade *(m/f)* **de classe** classmate
caméra *(f)* **(de surveillance)** *(surveillance)* camera
campagne *(f)* countryside, campaign
   ~ publicitaire advertising campaign
carrément straight, completely, really, clearly
carrière *(f)* career
carte *(f)* card
   ~ d'identité ID card
   ~ de résident resident (identification) card
cas *(m)* case
   en ~ de besoin in case of need, if necessary
casier judiciaire *(m)* criminal record
casque *(m)* helmet
casquette *(f)* cap
catholique Catholic
cauchemar *(m)* nightmare
cause cause, reason, case
   à ~ de because of
causer to cause, to chat
ce (c' [in front of a vowel]) this
c'est it is
c'est-à-dire that is to say
c'est dépassé it's outdated
   ~ qui/que what
céder to give in, give up

ceinture *(f)* belt
  ~ de sécurité seat belt
  se serrer la ~ to tighten one's belt
    (*metaphorically,* to get by with less)
célèbre famous
célibataire single, unmarried
celui (celle) the one
cendrier *(m)* ash tray
censé(e) expected, supposed, alleged
  être ~ (e) *(+ inf)* to be supposed *(to do
    something)*
centre *(m)* [politics] political center
cependant however
cercle *(m)* circle
céréales complètes *(f)* whole grains
cerveau *(m)* *brain, mind*
  fuite *(f)* **des ~x** brain drain
cesser de to stop
chacun(e) each, each one
chaîne de restaurants franchise restaurant chain
chaleur *(f)* heat
chaleureux(-euse) warm, friendly
champ *(m)* field
changement *(m)* change
chanson *(f)* song
chanteur(-euse) *(m/f)* singer
chaque each, every
charge *(f)* responsibility, charge
charte *(f)* charter
chasser to hunt, to drive, chase away
chat *(m)* cat, chatroom *(anglicism)*
chauffeur *(m)* driver
chaussure *(f)* shoe
chef *(m)* leader, head
  ~ d'État head of state
  ~-d'œuvre masterpiece
cher (chère) dear, expensive
chercher to look for, to pick *(someone/something)* up
chercheur(-euse) *(m/f)* researcher
cheval *(m)* horse
chez at the home, office, place of **~ moi (toi,
  lui…)** at my (your, his…) home; **~ le docteur** at
  the doctor's office; **~ le boulanger** at the baker's
chien *(m)* dog
chiffre *(m)* number, figure
choisir to choose
choix *(m)* choice

chômage *(m)* unemployment
  indemnité *(f)* **de ~** unemployment
    compensation
  taux *(m)* **de ~** unemployment rate
choquant(e) shocking
choquer to shock
chose *(f)* thing
  avoir des ~s en commun to have things in
    common
  quelque ~ something
chrétien(ne) Christian
christianisme Christianity
ci-dessous below
cible *(f)* target
ciblé(e) targeted
circonlocution *(f)* a convoluted way of expressing
  oneself
circonstance *(f)* circumstance
circulation *(f)* traffic
circuler to drive, circulate
citer to quote, cite
citoyen(ne) *(m/f)* citizen
citoyenneté *(f)* citizenship
clairement clearly
clandestin(e) *(m/f)* *(n)* illegal immigrant, *(adj)*
  clandestine, illegal
  immigration ~e *(f)* illegal immigration
classe *(f)* class, classroom
camarade *(m/f)* **de ~** classmate
clé *(f)* key
  mot-~ *(m)* keyword
climat *(m)* climate
clip (~ vidéo) *(m)* clip, video clip
collège *(m)* middle school
colocataire *(m/f)* roommate, housemate
colonisateur(-trice) *(m/f)* colonizer
colonne *(f)* column
combien (de) how much/many
  depuis ~ de temps (for) how long
comment how
commun(e) common
  avoir des choses en ~ to have things in
    common
  en ~ in common
communauté *(f)* community
compagnie *(f)* **d'assurance** insurance company
comparaison *(f)* comparison

comparer to compare
compétence (f) competence
comportement (m) behavior, conduct
comporter to include, be comprised of
  se ~ to behave
compréhensible understandable
comprendre to understand, to include
compte (m) count, account
  en fin de ~ in the end, finally
  se rendre ~ (**de** + noun ; **que** + conjugated
    verb) to realize
  tenir ~ de to take something into account
compter (sur) to count (on)
concitoyen(ne) fellow citizen
concurrence (f) competition
  être en ~ (avec) to compete (with) , *be in*
    competition (with)
concurrent(e) (m/f) competitor, contender
conducteur(-trice) (m/f) driver
conduire to drive
  permis (m) **de ~** driver's license
  se ~ (bien/mal) to behave (well/poorly)
conduite (f) behavior
confiance (f) confidence, trust
  avoir ~ en to have confidence in
confidentialité (f) confidentiality
confidentiel(le) confidential
confier (qch à qn) to entrust (sb with sthg);
  confide (sthg to sb)
  se ~ à to confide in
conflit (m) conflict
  résolution (f) **de ~(s)** conflict resolution
confondre to confuse, mix up
congé (f) holiday, vacation
  aller en ~ to go on vacation
  partir en ~ to leave on vacation
  prendre des ~s to take a vacation
connaissance (f) acquaintance, knowledge,
  someone (a person) you know
connaître (*pp* **connu**) to know
connu(e) known, famous
consacrer to devote
conscience (f) consciousness, awareness
  prendre ~ to make aware
  prise (f) **de ~** realization, awakening
conscient(e) conscious, aware
  être ~ (e) de to be aware of
conseil (m) piece of advice, (pl) advice

conseiller to advise
conseiller(-ère) (m/f) counselor, adviser
conséquent
  par ~ therefore, consequently
consommateur(-trice) (m/f) consumer
consommation (f) consumption
constamment always, continuously
consternant(e) distressing, appalling
consulter to consult
  ~ le Web to consult the Web
contact (m) contact
  établir un premier ~ to make initial contact
contacter to contact, get in touch with
conte (m) **(de fées)** (fairy) tale
contenu (m) content(s)
contraignant(e) restricting, constraining, restrictive
contraire (m) opposite
contrairement à unlike, as opposed to
contre against
  à ~-courant against the tide
  par ~ on the other hand
contredire to contradict
contribuable (m/f) taxpayer
contribuer to contribute
contrôle (m) **(de sécurité)** (security) check
controverse (f) controversy
convaincant(e) convincing
convenir to be appropriate
  il convient de (+ *inf*) one/you should (*do*
    something)
copain (copine) (m/f) friend, pal
Corps (m) **de la paix** Peace Corps
correspondant(e) pen pal
correspondre (à) to correspond (to)
corriger to correct
côte (f) coast
cote (f) **de crédit** credit rating
côté (m) side
  de l'autre ~ on the other hand, on the other side
coucher (avec) to sleep (with)
couleur (f) color
couloir (m) hall
coup (m) strike, blow
  du ~ as a result
  du premier ~ the first time around
coupable (m/f) culprit, guilty party
couper to cut
couramment fluently, commonly

courant(e) everyday, ordinary
    à contre-~ against the tide
    eau ~e *(f)* running water
courir to run
couronnement *(m)* coronation
courriel *(m)*, **mail** *(m)*, **mél** *(m)* email
courrier *(m)* **(électronique)** electronic mail
cours *(m)* course, class
    ~ obligatoire required course
    crime *(m)* **en ~** crime in progress
court(e) short
    de ~e durée *(f)* short-lived
courtois(e) courteous
coût *(m)* **de la vie** cost of living
coûter to cost
couverture *(f)* cover *(n)*
craindre to worry, to fear
crainte *(f)* fear
crânien(-ienne) cranial, brain *(adj)*
crèche *(f)* crib, day care center; Nativity scene
crédit *(m)* credit
cote *(f)* **de ~** credit rating
créer to create
crise *(f)* crisis
cristal *(m)* crystal
    boule *(f)* **de ~** crystal ball
critères *(m pl)* criteria
critiquer to criticize
croire to believe
    ~ en to believe in
croissance *(f)* growth
croître to grow, to increase
croyance *(f)* belief
crucifix *(m)* crucifix
cuisine *(f)* kitchen, prepared food
    faire la ~ to cook
culpabiliser to make (someone) feel guilty, to feel guilty
cultivé(e) cultivated, cultured
culturel(le) cultural
    d'ordre ~ of a cultural nature

D

d'abord first, in the first place
d'accord
    être ~ avec to be in agreement with
d'ailleurs moreover, besides

d'après according to
d'autant moins/plus all the more/less
dangereux(-euse) dangerous
davantage more
de of, from
de plus moreover, in addition
de temps en temps from time to time
débarrassé(e) (de) rid (of)
    être ~ (e) de to be through with, rid of
débarrasser
    se ~ de to get rid of
débrouille *(f)* resourcefulness
débrouiller
    se ~ to get along, manage, find a way to do something
début *(m)* beginning
decennie *(f)* decade
déchet *(m)* garbage, *(souvent utilisé au pluriel)* waste, scraps
déchirer to tear (up)
décision *(f)* décision
    prendre une ~ to make a decision
déclencher to start, to set off
déconcertant(e) disconcerting
déconcerté(e) disconcerted
décontracté(e) relaxed
découler to ensue, follow
découper to cut out, cut up
décrit(e) described
déçu(e) disappointed
défavorisé(e) disavantaged
défendre to defend, to forbid
défenseur *(m)* defender
défi *(m)* challenge
définir to define
    se ~ par to define oneself by, in terms of
dehors outside
    en ~ de outside of
déjà already
délai *(m)* time limit, deadline
délit *(m)* offense
demain tomorrow
demander to ask (for)
démarche *(f)* step, process
déménager to move (one's household)
demeurer to stay, remain, to live
démontrer to demonstrate, to prove
dénoncer to denounce

dépanneur *(m)* corner store, convenience store (Canada)

dépassé(e) old-fashioned

   c'est ~ it's outdated

dépeindre to depict

dépendre de to depend on

dépens *(m pl)* expense

   aux ~ de at the expense of

dépenser to spend

déplacement *(m)* trip, displacement

   faire le ~ to attend, show up

déplacer to displace, shift

   se ~ to move

dépliant *(m)* leaflet

déposséder to dispossess

dépourvu(e) devoid of, without

   être ~ (e) de to be lacking *(something)*

depuis since, for

   ~ cette époque-là since/from that time period

   ~ combien de temps for how long

   ~ quand since when

député *(m)* legislator

déracinement *(m)* uprooting

dérangeant(e) disturbing

déréglementer to deregulate

dernier(-ère) last

dès as early as

   ~ lors since then, from then on

désobéir to disobey

dessin *(m)* drawing

détendre to release, relax, slacken

   se ~ to relax

déterminant(e) decisive

détournement *(m)* **du système** hijacking of a system

deux two

   tous (toutes) les ~ both (of them)

deuxième second

Deuxième Guerre mondiale *(f)* World War II

devant in front of

développement *(m)* development

   pays *(m)* **en voie de ~** developing country

devenir to become

deviner to guess

devoir *(m)* duty, *(pl)* homework

devoir to owe, must, should, ought

   on devrait one should

dialecte *(m)* dialect

dictature *(f)* dictatorship

différend *(m)* disagreement, dispute

différer to differ

diminution *(f)* decline

diminuer to diminish, reduce, decrease

dîner to have dinner

diplôme *(m)* diploma, degree

dire to tell, say

   se ~ que to think (to oneself)

   vouloir ~ to mean

dirigeant(e) *(m/f)* leader

diriger to direct

discours *(m)* speech

discuter to discuss

diseur(-euse) *(m/f)* **de bonne aventure** fortune-teller

disparaître to disappear

disparition *(f)* disappearance

disponible available

disputer to argue, dispute

   se ~ to fight, argue, quarrel

dit said

   autrement ~ in other words

divertir to amuse, entertain

   se ~ to enjoy oneself

divertissant(e) enjoyable, amusing, entertaining

dizaine *(f)* about ten *(of something)*

dominé(e) dominated

dominer to dominate

dommage *(m)* harm, injury, *(pl)* damage

   il est ~ que... it's a pity/shame that . . .

donc therefore

données *(f pl)* data

donner raison (à) to agree (with)

donner to give

dos *(m)* back

doucement slowly, leisurely

doué(e) gifted, talented

douloureux(-euse) painful

doute *(m)* doubt

douter to doubt

douteux(-euse) doubtful, of questionable value, dubious, flawed, faulty

doux (douce) mild, soft, gentle

droit *(m)* the right(s) (of a citizen, legal)

   avoir ~ à to be entitled to

avoir ~ de to have the right to
~ d'asile *(m)* right of asylum
~s *(m pl)* **de l'homme** human rights
droit(e) *(adj)* right (direction)
droite *(f)* the right; the political right
à ~ to the right
un parti de ~ right-wing party
drôle funny, amusing
du coup as a result
durable long lasting
durant during
durée *(f)* length [of time], duration
de courte ~ short-lived
dureté *(f)* harshness, hardness
DVD *(m)* DVD
lecteur de ~ DVD player
dynamiser to revitalize

E

eau *(f)* water
~ courante running water
~ potable drinkable water
écart *(m)* gap, space, difference
~ ironique ironic discrepancy
échange *(m)* exchange
échapper à to escape
échelle *(f)* ladder, scale
échouer to fail
éclairer to shine, to light, to enlighten, clarify
école *(f)* school
~ confessionnelle religious-affiliated school
~ élémentaire elementary school
~ secondaire middle and high school
économie *(f)* economy, *(pl)* savings
faire des ~s to save money
économiser de l'argent to save money
écoute *(f)* listening
être sur table d'~ to have one's phone tapped
écouter to listen to
écrire to write
écrivain *(m)* writer
éducatif(-ive) educational
éducation *(f)* education, upbringing
effet *(m)* effect
en ~ indeed
efficace effective, efficient

efforcer to try
s'~ à *(+ inf)* to try hard *(to do something)*
s'~ de to strive
égal(e) *(pl* **égaux/égales)** equal
également equally, also
égalité *(f)* equality
église *(f)* church
égoïste selfish
élargir to widen
électif(-ive) elective
fonction ~ *(f)* elective office
électrique electric
ampoule *(f)* **~** light bulb
élémentaire elementary
école ~ *(f)* elementary school
élevé(e) high
élever les enfants to raise the children
éliminer to eliminate
éloignement *(m)* distancing
emballé(e) packaged
embrasser to kiss
émission *(f)* **de télévision** television show
empêcher (de) to prevent (from)
emphysème *(m)* emphysema
emploi *(m)* job, work, use
~ du temps daily, weekly schedule, syllabus
empoisonner to poison
emporter (une victoire) to win (a victory)
emprisonné(e) imprisoned
emprunt *(m)* loan *(debt on incurs)*
emprunter to borrow
en in
~ cas de besoin in case of need
~ effet indeed
~ fin de compte in the end, finally
~ l'occurrence in this case
~ moyenne on average
~ provenance de *(+ country)* *(coming)* from *(country)*
~ revanche on the other hand
~ en voie de in the process of
encore still, yet, again
~ et ~ again and again
~ une fois once again, once more
ne... pas ~ not yet
endetter to put [sb] into debt
s'~ to go into debt

endroit *(m)* place

enfance *(f)* childhood

   ami(e) d'~ childhood friend

enfant *(m/f)* child

enfermé(e) locked up

engagé(e) committed, politically engaged

engendrer to generate, to cause, to father

enlever to take away, to kidnap

ennuyeux(-euse) boring

enquête *(f)* survey, investigation

enregistrement *(m)* recording, film

enregistrer to record, make a record of

enrichissant(e) enriching

enseignant(e) *(m/f)* teacher

enseignement *(m)* teaching, education

   ~ supérieur higher learning, post-secondary
     education

ensemble together

   agir ~ to act together

ensuite then

entendre to hear

   ~ parler de to hear about

   s'~ (avec) to get along (with), to agree (with)

entente *(f)* understanding, agreement, harmony

entourer to encircle, surround

entraider

   s'~ to help one another

entraîner to lead, to bring about

entrave *(f)* hindrance

entraver to hinder

entre between, among

entrée *(f)* entry [of an encyclopedia]

entreprise *(f)* company, business world,
   undertaking

entrevoir to foresee, to catch a glimpse of

énumérer to list

envahir to invade

environnement *(m)* environment

envisageable conceivable

épée *(f)* sword

époque *(f)* time, period, time period

   depuis cette ~~-là since/from that time period

époux (épouse) *(m/f)* spouse

éprouver to feel, experience

épuisement *(m)* exhaustion, the using up of
   something

espace *(m)* space

espagnol *(m)* Spanish language

espagnol(e) *(adj)* Spanish

espérance *(f)* **de vie** life expectancy

espion(ne) *(m/f)* spy

espionner to spy

esprit *(m)* spirit, mentality, way of thinking

essai *(m)* essay, attempt

essayer de *(+ inf)* to try *(to do something)*

essor *(m)* flight, expansion

est *(m)* east

estimer to feel, to value, esteem, appreciate, to
   believe

estimer to think, to believe

estudiantin(e) student (e.g., **la vie estudiantine**
   student life)

établir to establish

   ~ des priorités to establish priorities

   ~ un premier contact to make initial contact

établissement *(m)* establishment

étape *(f)* stage, step

état *(m)* state

   chef d'État head of state

   ~ matrimonial marital status

États-Unis *(m pl)* United States

étayer to support

été *(m)* summer

éteindre to turn off

éthique *(f)* ethics, moral code

éthique ethical

ethnie *(f)* an ethnic group

étoile *(f)* star

étonnant(e) surprising, astonishing

étonné(e) surprised, astonished

étonner to surprise, astonish

étourdi(e) thoughtless, scatterbrained

étranger(-ère) *(adj)* foreign

   à l'~ abroad

étranger(-ère) *(m/f)* foreigner, stranger

être to be

   ~ boursier(-ière) to be on scholarship

   ~ être censé(e) *(+ inf)* to be supposed
     (to do something)

   ~ conscient(e) de to be aware of

   ~ d'accord avec to be in agreement with

   ~ de retour to be back

   ~ débarrassé(e) de to be through with, rid of

   ~ dépourvu(e) de to be lacking *(something)*

~ **en baisse** to be dropping, falling
~ **en concurrence (avec)** to compete, to be in competition with
~ **en train de** *(+ inf)* to be in the middle of *(doing something)*
~ **favorable** to favor, approve of, to be advantageous to
~ **lié(e)** to be close (to someone)
~ **mal à l'aise** to be ill at ease, uncomfortable
~ **obligé(e) (de)** to be obligated *(to do something)*
être humain *(m)* human being
étude *(f)* study, *(pl)* course work, studies (education)
  bourse *(f)* **d'~** scholarship (to pay for college)
  faire ses ~s to get an education, to study
événement *(m)* event
éviter to escape, to avoid
évoluer to evolve
exagéré(e) exaggerated
examen *(m)* exam, test
exemple *(m)* example
exercer de la pression to exert pressure, to lobby
exigeant(e) demanding
exiger to require, demand, expect
exister to exist
explication *(f)* explanation
expliquer to explain
exposé *(m)* oral presentation
exposer to expose, divulge
exprimé(e) expressed
exprimer to express
  s'~ to express oneself
expulsé(e) the eliminated (person), banished (person)
expulser to expel, to kick out

F

fabriqué(e) manufactured
fabriquer to make, manufacture
face *(f)* face, side
  faire ~ (à) to face, be confronted (with)
facile easy
faciliter to make easier
façon *(f)* manner, way
facultatif(-ive) optional

faculté *(f)* college, school (in a university)
  ~ **des lettres** College of Liberal Arts (in college)
faible weak
faim hunger
  avoir ~ to be hungry
faire attention to pay attention
  ~ **des économies** to save money
  ~ **des pieds et des mains** to work really hard at something
  ~ **du ski** to go skiing
  ~ **du vélo** to bike
  ~ **face (à)** to face, be confronted (with)
  ~ **la cuisine** to cook
  ~ **le déplacement** to attend, show up
  ~ **mal à** to harm *(someone)*
  ~ **partie de** to be a part of
  ~ **ses études** to do one's studies
  ~ **ses premiers pas** to take one's first steps
  ~ **un séjour** to spend some time (in a place)
  savoir-~ *(m)* know-how
  se ~ des amis to make friends
fait *(m)* fact
  ~ **accompli** done deal
  tout à ~ completely, quite
falloir: il faut it is necessary
famille *(f)* family
famille monoparentale single parent family
faut: il faut it is necessary
faux (fausse) false
favorable favorable
  être ~ (à) to favor, be in favor of
favoriser to favor, show advantage
fée *(f)* fairy
  conte *(m)* **de ~s** fairy tale
féminin(e) feminine
féministe *(m/f)* feminist
femme *(f)* wife, woman
  ~ **d'affaires** businesswoman
fête *(f)* party, celebration, holiday
fiable reliable
ficher to open a file, collect (and save) data
fichier *(m)* file
fier (fière) proud
fierté *(f)* pride
fille *(f)* girl, daughter
fin *(f)* end
  en ~ de compte in the end, finally

financier(-ière) financial
finir to finish
  ~ par (+ inf) to finally (do something), to end up (doing something)
flamand(e) Flemish
fleurir to blossom, to flourish
fleuve (m) river
focaliser to focus
foi (f) faith
fois (f) time
  à la ~ at the same time
  encore une ~ once again
fonction élective (f) elective office
fonctionner to function
fondateur(-trice) founder
fondé(e) (sur) based (on)
football (m) soccer
former to train, to form, to educate
fort(e) strong
fortement strongly
forum (m) discussion forum
fossé (m) gap, gulf
fou (folle) crazy
fouiller to search
foulard (m) headscarf
fournir to supply, provide
frais (fraîche) fresh
frais (m pl) expenses
  ~ de scolarité tuition
français (m) the French language
français(e) (adj) French
franchir to overcome, to go through, to cross
francophile (m/f) someone who loves the French language and French culture
francophone (adj) French-speaking
francophone (m/f) someone who speaks the French language
francophonie (f) areas of the world where French is spoken by a significant part of the population
frappant(e) striking
fréquenter to frequent, to go often to, to hang out with regularly
frère (m) brother
froid (m) cold
froid(e) (adj) cold
frôlé(e) brushed by, grazed
frontière (f) border

fuir to escape
fuite (f) **des cerveaux** brain drain

G

gagner to earn, to win, to gain
  ~ du temps to save or gain time
gamme (f) range
garçon (m) boy
garder to keep
  se ~ de to refrain from
gaspillage (m) wasting, squandering
gâteau (m) cake
gauche (adj) left (direction)
gauche (f) the left; the political left
gelé(e) frozen
gêner to bother, disturb, to embarrass
généreux(-euse) generous
genre (m) kind, sort, grammatical gender
gens (m pl) people
gentil(le) nice, kind
gérer to manage
goût (m) taste
gouvernement (m) government, cabinet members, etc. chosen by a particular political administration
grâce à thanks to
graisse (f) fat, grease
grand public (m) the general public
gras(se) fat
  matière ~ (f) fat
gratuit(e) free (no cost)
grave serious
Grèce (f) Greece
greffe (f) **d'organe** organ transplant
grève (f) strike
grimper to climb up
grippe (f) flu
grossir to gain weight
guerre (f) war
  Deuxième Guerre mondiale World War II

H

* denotes an aspirate **h**; no « liaison » is done (e.g., le + homme = l'homme; mais le + *haricot = le haricot)
habilité (f) skill
habitant(e) (m/f) inhabitant

habiter to live
*haine *(f)* hate, hatred
*hasard *(m)* chance
   par ~ by chance
*harcèlement *(m)* harrassment
hébergement *(m)* accommodation, housing
héberger to host, house
hégémonie *(f)* influence, hegemony
héritage *(m)* inheritance
hésiter to hesitate
heure *(f)* hour
   à quelle ~ at what time
hexagone *(m)* metropolitan France (roughly the shape of a hexagon)
histoire *(f)* history, story
hiver *(m)* winter
homme *(m)* man
   ~ d'affaires businessman
   droits de l'~ *(m pl)* human rights
honnête honest
honteux(-euse) shameful
horaire *(m)* schedule
*hors saison out of season
*huer to boo
hypocrite insincere, hypocritical

I

idée *(f)* idea
identifier to identify
identité *(f)* identity
   carte *(f)* **d'~** ID card
idiome *(m)* language, dialect, idiom
il he, it
   ~ faut it is necessary
   ~ vaut mieux it's better
île *(f)* island
illégal(e) illegal
immigration clandestine *(f)* illegal immigration
immigré(e) *(m/f)* immigrant
impliquer to involve, mean
   s'~ dans to involve oneself in
importer to matter, to import
   n'~ où anywhere, wherever
   n'~ qui anyone, who(m)ever
imposer (qch à qqn) impose (something on someone)
impôt *(m)* tax

imprimer to print
incapable incapable
inciter to urge, incite, prompt, encourage
incommodité *(f)* inconvenience, lack of comfort
inconnu(e) *(m/f)* stranger
incontrôlé(e) uncontrolled
inconvénient *(m)* disadvantage, drawback
indemnité *(f)* **de chômage** unemployment compensation
indépendant(e) independent
indice *(m)* sign, clue
indifférent(e) indifferent
indiqué(e) indicated
indisposer to annoy, upset
individualisme *(m)* individualism
individualiste individualistic
inégal(e) unequal
inégalité *(f)* inequality, inequity
inéluctable inescapable, unavoidable
inévitable unavoidable, inevitable
inférieur(e) inferior
infirmier(-ière) *(m/f)* nurse
ingénieur *(m)* engineer
inquiétant(e) worrisome, distressing
inquiéter to worry (sb)
   s'~ de to worry about
inquiétude *(f)* anxiety, worry, concern
inquisiteur(-trice) inquisitive
inscrire to enroll (sb)
   s'~ to enroll, register [oneself]
insensible insensitive
installer to install, put in, connect
   s'~ to settle in/down
instant *(m)* moment
instantané(e) instant, instantaneous
instantanément *(adv)* instantaneously
instaurer to institute, establish
instruit(e) educated
intégrer to integrate
   s'~ à to become integrated into
intégriste *(m/f)* fundamentalist
intensif(-ive) intensive
   bronzage ~ *(m)* dark tan
interdiction *(f)* ban
interdire to forbid, prohibit
intéresser to interest
intérêt *(m)* interest

interlocuteur(-trice) *(m/f)* speaker, a participant in conversation
internaute *(m/f)* Internet user
intervenir to intervene
intimité *(f)* intimacy
intituler
   s'~ to be entitled
intrus(e) *(m/f)* intruder, odd or incongruous element
inutile useless
inverser to reverse, invert
invité(e) *(m/f)* guest
inviter to invite
involontaire involuntary, unwilling
ironique ironic
   écart *(m)* ~ ironic discrepancy
irréaliste unrealistic
irrégulier(-ière) *(m/f)* irregular (*also:* immigrant whose legal status is irregular)
Islam *(m)* Islam
isoler to isolate, insulate

J

jaillir to emerge, shoot up
jalousie *(f)* jealousy
jamais ever (e.g., **Avez-vous jamais marché sur la lune?**)
   ne... ~ never
jambe *(f)* leg
japonais *(m)* Japanese language
jeter to throw (away/out)
jeu *(m)* game, **(en ligne, vidéo)** (online, video) game
jeune young
jeûner to fast
jeunes *(m pl)* young people
joignable available, reachable
joindre to join, reach (by mail, phone, email)
   ~ les deux bouts to make ends meet
jouer to play
jour *(m)* day
   ~ de repos day of rest
   ~ ouvrable working day
   tous les ~s *(m)* every day
journal *(m)* newspaper
journée *(f)* day
judaïsme *(m)* Judaism

judéo Jewish
judiciaire judicial
   casier ~ *(m)* crimimal record
juger to judge
juif (juive) Jewish
juridique legal
jusqu'à up to, until
juste fair
justice *(f)* justice
   poursuivre en ~ to sue
justifier to justify

K

kippa *(f)* yarmulke

L

laïc (laïque) secular
laïcité *(f)* secularism (more or less)
laisser to allow, let, leave (*something behind*)
lancer to throw, toss
langue *(f)* language, tongue
   ~ autochtone indigenous language
   ~ dominante language most used in the area
   ~ maternelle native language
   ~ minoritaire minority language
   ~ véhiculaire language used for daily communication
lecteur(-trice) *(m/f)* reader
lecture *(f)* reading
légal(e) legal
léger(-ère) light, lightweight
lettres *(f pl)* French (academic subject)
   faculté *(f)* **des lettres** College of Liberal Arts (in university)
lexique *(m)* vocabulary, glossary
liberté *(f)* freedom
   ~ [de culte] freedom [of worship]
libre free
   ~-échange *(m)* free trade
lié(e) close, in the case of personal relationships
   être ~(e) to be close (*to someone*), to be connect to
lien *(m)* connection, tie; **(informatique)** link
lier to tie, link
   se ~ d'amitié *(f)* **avec** to make friends with (someone)

lieu *(m)* place, location
   au ~ de instead of
   avoir ~ to take place
ligne *(f)* line
lingua *(Latin:* langue)
la ~ franca *(f) lingua franca (Latin:* language used regularly in commerce, politics, education, and public functions)
linguiste *(m/f)* linguist
lire to read
livret *(m)* booklet, catalogue
locuteur(-trice) *(m/f)* speaker
logement *(m)* housing
loi *(f)* law
loin far (away)
lointain(e) faraway, distant
longtemps long time
lors *(untranslatable)*
   ~ de at the time of
   dès ~ since then, from then on
lorsque when
louer to rent
loyal(e) true, loyal, faithful
lumière *(f)* light
lutte *(f)* struggle
lutter to fight
   ~ (contre) to struggle (against)
lycée *(m)* high school

M

magasin *(m)* store
Maghrébin(e) *(m/f)* resident of either Morocco, Algeria, Mauritania, Lybia, or Tunisia
maigrir to lose weight
main *(f)* hand
   ~-d'œuvre *(f)* manpower, labor
   faire des pieds et des ~s to work really hard at something
maintenant now
maintenir to maintain
   ~ une amitié to maintain a friendship
mairie *(f)* city hall
maison *(f)* house
maîtrise *(f)* mastery, skill
mal bad
   ~ rémunéré(e) poorly paid, paying
   faire ~ à to harm *(someone)*

malade sick, ill
maladie *(f)* illness, sickness, disease
malaise *(m)* uneasiness, discomfort
malentendu *(m)* misunderstanding
malgré in spite of, despite
malsain(e) unhealthy
malveillance *(f)* malice, ill will
manifestation *(f)* demonstration, protest
manquant(e) missing
manquer to lack, to be missing, lacking
marchandise *(f)* commodity, merchandise
marché *(m)* market
mari *(m)* husband
marque *(f)* mark, sign
   prendre ses ~s to get one's bearings
marquer (un point, un but) to score (a point, a goal)
masculin(e) masculine
maternel(le) maternal
   langue ~ *(f)* native language
matière *(f)* (academic) subject, material, substance
matin *(m)* morning
matrimonial mariage *(adj),* matrimonial
   état ~ marital status
maudire to curse
médecin *(m)* doctor
médiocre substandard, mediocre
méfait *(m)* crime, misdeed
meilleur(e) better, best
   le ~/la ~e the best
même *(adj)* same, *(adv)* even
même si even if
menace *(f)* threat
menacer to threaten
ménager(-ère) domestic
   tâches *(f pl)* **~s** housework
mener to lead
mentir to lie
mépris *(m)* scorn, contempt
mère *(f)* mother
métier *(m)* profession, occupation, trade
métro *(m)* subway
mettre to place, put (on) [clothes]
   ~ à l'abri de to shelter from, protect from
   ~ en avant to bring forth, to emphasize
   ~ en relief to highlight

midi noon
mieux better
   il vaut ~ it's better
milieu *(m)* environment, middle
militaire *(adj)* military; *(m)* soldier
millénaire *(m)* millennium
milliard *(m)* billion
minoritaire minority
   langue ~ *(f)* minority language
minorité *(f)* minority
mise *(f)* **en scène** production, staging
mixte co-ed
mode *(m)* way, mode, method
   ~ de vie way of life
mode *(f)* fashion
modernité *(f)* modernism, modernity
moins less, fewer
   d'autant ~ all the less
mois *(m)* month
moitié *(f)* half
monde *(m)* world
   tout le ~ everyone
mondial(e) world *(adj)*
   Deuxième Guerre *(f)* **mondiale** World War II
mondialisation *(f)* globalization
monolingue monolingual
monoparental(e) single-parent
   famille *(f)* **~e** single parent family
monter to climb
   ~ l'échelle sociale to climb the social ladder
montre *(f)* watch
montrer to show
moquer to mock, poke fun at
   se ~ de to make fun of
moral *(m)* moral, mood, mental state
   remonter le ~ à (quelqu'un) to boost someone's spirits
   se ~ le moral to boost one's spirits
morceau *(m)* piece
mot *(m)* word
   mot-clé *(m)* keyword
moteur *(m)* engine
   ~ de recherche search engine *(on the Internet)*
mou (molle) soft, weak, spineless
mourir *(pp* **mort)** to die
moyen *(m)* means, way
   ~ de transport means of transportation

avoir les ~s to have the means, have the money
moyen(ne) *(adj)* average
   en ~ne on average
multiethnique multiracial, multiethnic
musulman(e) Muslim

N

naissance *(f)* birth
naître *(pp* **né)** to be born
narrateur(-trice) *(m/f)* narrator
navrant(e) distressing
négliger to neglect
neuf (neuve) brand-new
neutre neutral
nier to deny
niveau *(m)* level
nocif(-ive) harmful
noir *(m)* dark, darkness
nom *(m)* name
nombre *(m)* number
nombreux(-euse) numerous
non seulement not only
nord *(m)* north
nordique Scandinavian, Nordic
norvégien(ne) Norwegian
note *(f)* grade (in school)
nourriture *(f)* food
nouveau(-elle) *(adj)* new
nouvelle *(f)* piece of news
nudité *(f)* nudity
nuire (à) to harm, injure
nuisible harmful, dangerous
nuit *(f)* night
numérique digital

O

obligatoire mandatory, required
   cours ~ *(m)* required course
obligé(e)
   être ~(e) (de) to be obligated *(to do something)*
obscénité *(f)* obscenity, lewdness, dirty joke
occidentalisé(e) Westernized
occupé(e) busy
occuper to occupy
   s'~ de to take care of, deal with

occurrence *(f)* case, instance
   en l'~ in this case
œil (*pl* **yeux)** *(m)* eye(s)
œuf *(m)* egg
œuvre *(f)* **d'art** work of art
offensif(-ive) offensive
ordinateur (portable) *(m)* (laptop) computer
oriental(e) Asian, (Middle-) Eastern
oser to dare
où where
oublier to forget
ouest *(m)* west
outil *(m)* tool
ouvert(e) open
ouvertement openly

P

paille *(f)* straw
paix *(f)* peace
   Corps *(m)* **de la ~** Peace Corps
Pape *(m)* Pope
papier *(m)* paper; *(m pl)* ~s [d'identité]
   ID papers, documents
   sans-~s *(m/f)* illegal immigrant "without
      (proper) papers"
par by, through
   ~ ailleurs otherwise, moreover
   ~ conséquent therefore, consequently
   ~ contre on the other hand
   ~ hasard by chance
   ~ rapport à compared to
par-dessus above
paradis *(m)* paradise
paraître to appear, seem
parcourir to travel on/across, to scan (a text)
pardonner to forgive
parfois sometimes
paritaire joint, equal, egalitarian
parité *(f)* parity, equality, equal treatment
parler to speak, talk
   entendre ~ de to hear about
partage *(m)* the (fact of) sharing
partagé(e) shared
partager to share
partenaire *(m/f)* partner
parti politique *(m)* political party

parti-pris *(m)* bias, preconception
participer to participate
partie *(f)* part
   faire ~ de to be a part of
partiel(le) part, partial
   à temps ~ part-time
partir to leave
   ~ en congé to leave on vacation
partout everywhere
pas *(m)* step
   faire ses premiers ~ to take one's first steps
pas du tout not at all
passé *(m)* past
   temps *(m)* **du ~** past tense(s)
passer to spend, to pass
   ~ le temps to spend time
   se ~ to happen, take place
passionner to fascinate, excite
patrie *(f)* native country
pauvre *(adj)* **poor;** *(m/f)* poor (person)
payant(e) paying, not free
payer to pay
pays *(m)* country
   ~ en voie de développement developing
      country
   ~ natal birth country, native land
peinture *(f)* painting
pénal(e) penal
pendant during
penser to think
   ~ à soi-même to think about oneself
perdre to lose
   ~ du temps to waste time
père *(m)* father
péril *(m)* danger
périmé(e) outdated
permettez-moi de... allow me to . . .
permis *(m)* permit, license
   ~ de conduire driver's license
   ~ de port d'arme gun permit
   ~ de séjour resident card
personnel(le) personal, private
perte *(f)* loss
   ~ de temps waste of time
petit(e) small, little
   petit-fils *(m)* grandson
   petite-fille *(f)* granddaughter

peu little
   à ~ près about, approximately
peur *(f)* fear
   avoir ~ (de) to be afraid (of)
phénomène *(m)* phenomenon
pièce *(f)* **de théâtre** play (theater)
pied *(m)* foot
   faire des ~s et des mains to work really hard at (something)
pipe *(f)* pipe
pire worse
placard *(m)* closet
place *(f)* room, seat, town/public square
plagiat *(m)* plagiarism
plaindre to pity
   se ~ (de) to complain (about)
plan *(m)* detailed outline, plan
planète *(f)* planet
planifier to plan
plat *(m)* dish
plein(e) full
   à ~ temps full-time
pleurer to cry
pleuvoir to rain
plupart most
   la ~ de the majority of
plurilinguisme *(m)* the use or coexistence of many languages within a single community, country, etc.
plus more
   d'autant ~ *(+ adj)* all the more *(+ adj)*
   de ~ en ~ more and more
   ~ tard later
plutôt (que) rather (than)
point *(m)* **de vue** point of view
poisson *(m)* fish
poivre *(m)* pepper
politesse *(f)* politeness, courtesy
pollué(e) polluted
port *(m)* wearing, carrying
portemanteau *(m)* clothes hanger
portière *(f)* door (of a car, etc.)
poser to put
   ~ problème to be a problem, to cause a problem
   ~ une question to ask a question
poste *(m)* job, position

poubelle *(f)* trash can
pour for, in order to
pourcentage *(m)* percentage
pourquoi why
poursuite *(f)* **(de)** pursuit (of)
   (f pl) **~s pénales** *(f pl)* punitive action, prosecution
poursuivre to pursue
   ~ en justice to sue
pourtant yet, nevertheless
pousser to push
pouvoir *(verb)* to be able, can
pouvoir *(m)* power
   ~s publics *(m pl)* authorities
pratiquer (une religion) practice (une religion)
précédent(e) preceeding
préciser to specify, define
précoce early, precocious
préconçu(e) preconceived
préconiser to recommend
préféré(e) favorite
préférer to prefer
préjugé *(m)* bias, prejudice
premier(-ière) first
   établir un ~ contact to make initial contact
prendre to take
   ~ des congés to take a vacation
   ~ ses marques to get one's bearings
   ~ une décision to make a decision
   faire ~ conscience to make aware
préoccupation *(f)* worry, concern
près close
   à peu ~ approximately, about
présenter to introduce, present
presque almost
pression *(f)* pressure
   exercer de la ~ to exert pressure, to lobby
prestation sociale *(f)* social welfare (aid)
prêt *(m)* loan
prêt(e) (à) *(adj)* ready (to), willing
prêter to lend
prévenir to warn, to prevent
prier to pray
primauté *(f)* primacy, preeminence
principe *(m)* principle
priorité *(f)* priority
   établir des ~s to establish priorities

prise *(f)* **de conscience** realization, awakening
privé(e) private
    vie ~e *(f)* private life, privacy
privilégié(e) privileged
privilégier (X sur Y) to favor, give priority to
    (X over Y)
prix *(m)* prize, price
procès *(m)* trial, lawsuit
prochainement soon, shortly
proche near, close
produit *(m)* product
professionnel(le)
    vie ~le *(f)* professional life
profond(e) deep
progrès *(m)* progress
promettre to promise
promotion *(f)* promotion
promouvoir to promote
prôner to advocate
propre clean, own
proprement really, absolutely, correctly
prosélytisme *(m)* proselytizing
protégé(e) protected, sheltered
protéger to protect
protestant(e) Protestant
public (publique) public
    pouvoirs ~s *(m pl)* authorities
publicité (pub) *(f)* publicity, advertising, ad
publier to publish
puce *(f)* flea, microchip
puisque since

Q

qualité *(f)* quality
quand when
quatrième fourth
que what
qu'est-ce ~ what
quel(le) what, which
quelqu'un someone
quelque some
quelque chose something
quelquefois sometimes
quelques-uns/quelques-unes a few
question *(f)* question
    poser une ~ to ask a question
    remettre en ~ to call into question

qui who
quitter son travail to quit/leave one's job
quoi what
quotidien *(m)* daily newspaper
quotidien(ne) daily, everyday
    vie ~ne *(f)* daily life
quotidiennement daily

R

racine *(f)* root
racisme *(m)* racism
raconter to tell, relate
raffiné(e) refined
rafraîchir to refresh
raison *(f)* reason
    avoir ~ to be right
    donner ~ (à) to agree (with)
raisonnable reasonable
raisonnement *(m)* reasoning
rajouter to add
randonnée *(f)* drive, ride, walk, hike
rapatriement *(m)* repatriation, returning (or
    being returned) to one's country of origin
rapatrier to repatriate (to send back to country of
    origin)
rappeler to call back, to remind
    se ~ to remember
rapport *(m)* relationship, report
    par ~ à compared to
rapporter to bring or take back; to report
    se ~ à to relate to *(something)*
réagir to react
réalité *(f)* reality
récemment recently
recette *(f)* recipe
recevoir (pp reçu) to receive
recherche *(f)* research
    moteur *(m)* **de ~** search engine *(on the
      Internet)*
rechercher (des informations) to look for
    (information)
recommander to recommend
recommencer to restart, start over
reconnaissant(e) grateful
reconnaître (pp reconnu) to recognize,
    acknowledge
recopier to recopy

rédacteur(-trice) *(m/f)* writer, editor
rédaction *(f)* composition, writing
rédiger to draft, to write, to edit
redingote *(f)* frock coat
réduire to reduce
réel(le) real
référence *(f)* reference
   cadre *(m)* **de ~** frame of reference
référendum *(m)* referendum
réfléchir to reflect, ponder
refouler to send back, to keep out, to repress
refuser to refuse
regarder ses mails to check one's email
régime *(m)* diet
régir to govern
règle *(f)* rule, regulation
réglementé(e) regulated
regretter to be sorry, regret
regroupement *(m)* gathering together, grouping
rejoindre to return to, meet together, catch up with
relation amoureuse *(f)* love relationship
relief *(m)* relief, depth
   mettre en ~ to highlight
religion *(f)* religion
relire to reread, to proofread
remarquer to notice
rembourser to reimburse
remettre en question to call into question, challenge
remonter to go, put, or bring back up; to lift
   ~ le moral à (quelqu'un) to boost someone's spirits
   se ~ le moral to boost one's own spirits
remplacer to replace
remplir to fill
rémunéré(e) paid
   bien/mal ~(e) well/poorly paid, paying well/poorly
renaissance *(f)* rebirth
renard *(m)* fox
rencontre *(f)* meeting
rencontrer to meet
rendre to make, to return (something)
   ~ visite à to visit (someone)
   se ~ compte to realize
renforcer to reinforce

renommé(e) well-known, famous
renouveler to renew
renseignement *(m)* (piece of) information, *(pl)* information
renseigner to give information to sb
   se ~ (sur) to make inquiries (about)
rentrée *(f)* start of the new school year/term, return
rentrer to return (home)
renvoyer to expel, send back
répandu(e) widespread
répartir to spread
repas *(m)* meal
répertorier to list
répondre to answer
rescousse *(f)* rescue
   venir à la ~ (de) to come to the rescue (of)
réseau *(m)* network
~ social (e.g., Facebook) social network
réservé(e) reserved
résidence universitaire *(f)* university dorm residence hall
résolution *(f)* **de conflit(s)** conflict resolution
résoudre to solve, to resolve
respectueusement respectfully
respirer
   ~ bien/mal to breathe well/poorly
responsable *(adj)* responsible; *(m/f)* *(n)* the person responsible
ressembler to resemble, look like
ressentir to feel, experience
   ~ de la déception to feel disappointment
ressortir to stand out
ressortissant(e) *(m/f)* national, citizen of a country
rester to stay, remain
résultat *(m)* result
retenir to keep
retour *(m)* return
   être de ~ to be back
réussir (à) to succeed (in)
revanche revenge, return game (sports)
   en ~ on the other hand
rêve *(m)* dream
révéler to reveal
revendiquer to claim, to demand
revenu *(m)* return, revenue

réviser to review
richesse *(f)* wealth
rien nothing
    ne... ~ nothing (e.g., Il ne mange rien. *He does not eat anything.*)
rigolo(te) *(fam)* amusing, funny
risque *(m)* risk
roman *(m)* novel
rompre to break
ronger to gnaw away at
rouler to drive along

S

sacrifier to sacrifice
sain(e) healthy, sane
salaire *(m)* salary
salarié(e) *(m/f)* salaried employee, worker
sanguin(e) blood *(adj)*
    transfusion ~e *(f)* blood transfusion
sans without
sans-papiers *(m/f)* illegal immigrant "without (proper) papers"
santé *(f)* health
    bilan *(m)* **de ~** medical checkup
satisfait(e) satisfied
savoir *(m)* knowledge
savoir *(verb)* to know
    à ~ namely
savoir-faire *(m)* know-how
scénario *(m)* script
scène *(f)* scene
    mise en ~ *(f)* production, staging
scolarité *(f)* schooling
    frais *(m pl)* **de ~** tuition
séance *(f)* session
secondaire secondary
    école ~ *(f)* middle/Jr high and high school
seconde langue *(f)* second language
sécurisé(e) secure, encrypted, password protected
sécurité *(f)* security
    ceinture *(f)* **de ~** seat belt
séjour *(m)* stay
    faire un ~ to spend some time (in a place)
    permis *(m)* **de ~** resident card
séjourner to stay, sojourn
selon according to
semaine *(f)* week

semblable similar
sembler to seem
sens *(m)* meaning, sense
    ~ de l'amitié sense, conception of friendship
sensible sensitive
sentiment *(m)* feeling
sentir to feel, to smell, to taste
    se ~ *(+ adj)* to feel *(a certain way)*
    se ~ déçu(e) to feel disappointed
séparation *(f)* separation
séparer to separate
    se ~ (de) to leave; to split up (with)
sérieux(-euse) serious
serrer to clench, press, to tighten
    se ~ to stand/squeeze/sit/be close together
    se ~ dans les bras to hug
    se ~ la ceinture to tighten one's belt
service *(m)* a favor
servir to serve
    ~ à to serve as
    se ~ de to use
seul(e) only, alone
seulement only
    non ~ not only
sexe opposé *(m)* opposite sex
sexiste sexist
si if
    même ~ even if
SIDA *(m)* AIDS
siècle *(m)* century
sieste *(f)* nap
siffler to whistle
sigle *(m)* acronym
signe *(m)* sign
sinon if not
site *(m)* site
sketch *(m)* skit
ski *(m)* ski
    faire du ~ to ski; go skiing
SMS *(m)* text message
société *(f)* society, company
sœur *(f)* sister
soi-même oneself
    penser à ~ to think about oneself
soigné(e) tidy, carefully prepared, polished
soigner to take care of
soigneusement carefully

soir *(m)* evening
soirée *(f)* evening, evening party
soleil *(m)* sun
solvable financially solvent
sommeil *(m)* sleep
somnifère *(m)* sleeping pills
sondage *(m)* opinion poll, survey
sortie *(f)* outing
souci *(m)* concern, worry
soucoupe volante *(f)* flying saucer
souffrir to suffer
souhaitable desirable
soulager to relieve, soothe
souligner to underline
soumettre to subject
soumis(e) submissive, compliant
sourire to smile
sous under
soutenir to support
    se ~ to support one another
soutien *(m)* support
souvent often
souveraineté *(f)* sovereignty, independence
spécialisation *(f)* major
spécialiser to specialize
    se ~ (en) to major (in)
spécialité *(f)* major, specialty
sphère publique *(f)* public sphere
squelette *(m)* skeleton
stationner to park
statut *(m)* status
stéréotype *(m)* stereotype
structure *(f)* outline, structure
subalterne inferior, subordinate
subvenir à ses besoins to make ends meet, to take care of one's needs, to make enough to live on
subvention *(f)* subsidy
subventionné(e) subsidized
sud *(m)* south
suffisamment enough, sufficiently
suffisant(e) sufficient, enough
suffocant(e) stifling
suggérer to suggest
suicidaire suicidal
suite *(f)* rest, sequel
    tout de ~ immediately

suivant(e) following
suivre to follow
superficiel(le) superficial, shallow
supérieur(e) superior
    enseignement ~ *(m)* higher learning
supprimer to eliminate, suppress, put an end to, do away with, to delete
sur on, over
    être ~ table d'écoute to have one's phone tapped
surfer to surf
surpeuplé(e) overpopulated
surpeuplement *(m)* overpopulation
surpopulation *(f)* overpopulation
surprenant(e) surprising
surveillance *(f)* surveillance
surveiller to watch, to monitor
survivre to survive
sympathiser to get on well; to "click"
syndicat *(m)* (labor) union

T

table *(f)* table
    sur ~ d'écoute wiretapping
tâche *(f)* task, job, work
    ~s *(f pl)* **ménagères** housework
    se tuer à la ~ to work oneself to death
tandis que while, whereas
tard late
    plus ~ later
tarif douanier *(m)* customs tariff
taux *(m)* rate, degree, level
    ~ d'alphabétisation literacy rate
    ~ de chômage unemployment rate
tel(le) que such as
télécharger to download
téléphoner to telephone
temps *(m)* time, weather, *(verb)* tense
    ~ du passé past tense
    à plein ~ full-time
    à ~ partiel part-time
    depuis combien de ~ for how long
    de ~ en ~ from time to time
    emploi *(m)* **du ~** daily/weekly schedule
    passer le ~ to spend time
    perte *(f)* **de ~** waste of time
    tout le ~ all the time

tendance *(f)* tendency
tenir to hold
   ~ à to be attached to, to have one's heart set on
   ~ compte de to take something into account
tenter de *(+ inf)* to try (to do something)
terminer to end
terre d'accueil *(f)* welcoming country, country of asylum
terrorisme *(m)* terrorism
tête *(f)* head
texte *(m)* **juridique** legal text
texto *(m)* text message
thèse *(f)* thesis
tiers *(tierce) (adj)* third party
   ~-monde *(m)* third world
   un ~ *(m)* one-third
tirer (de) to draw (from)
titre *(m)* title
toile *(f)* web
tort *(m)* fault, wrong
   avoir ~ to be wrong
tôt early
toujours always
tousser to cough
tout, toute, tous, toutes all, everything
   tous (toutes) les deux both
   ~ les jours *(m)* every day
   tout à fait completely, quite
   ~ de suite immediately
   ~ le monde everyone
   ~ le temps all the time
   pas du ~ not at all
toux *(f)* cough
traducteur(-trice) *(m/f)* translator
train *(m)* train; pace
   être en ~ de *(+ inf)* to be in the middle of *(doing something)*
traitement de texte *(m)* word processing
traiter to treat, to deal with, handle
transfusion sanguine *(f)* blood transfusion
transport *(m)* transport, transportation
   moyen *(m)* **de ~** means of transportation
travail *(m)* work, job
   quitter son ~ to quit/leave one's job
travailler work
travailleur(-euse) *(m/f)* worker

travers
   à ~ les ans over the years
tricher to cheat
trilinguisme *(m)* the use of three languages
triste sad
troisième third
trop too (much)
trouver to find
   ~ (quelqu'un) *(+ adj)* to find (someone) *(attractive, intelligent, etc.)*
   se ~ to be found, located
truc *(m)* thing (familiar)
tuer to kill
   se ~ à la tâche to work oneself to death
turban *(m)* turban
typique typical

U

unir to unite
universitaire *(adj)* university
   résidence ~ *(f)* university dorm, residence hall
université *(f)* university
usine *(f)* factory
utilisateur(-trice) *(m/f)* user
utiliser to use

V

vacances *(f pl)* vacation
vaccin *(m)* vaccine
vache *(f)* cow
valeur *(f)* value
valoir to be worth
   il vaut mieux it's better
véhiculaire *(adj)*
   langue *(f)* **véhiculaire** language used for daily communication, lingua franca
vendre to sell
venir to come
   ~ à la rescousse to come to the rescue
   ~ de *(+ inf)* to have just *(done something)*
vérifier to verify
vérité *(f)* truth
vêtement *(m)* article of clothing, *(pl)* clothes
victoire *(f)* victory
vie *(f)* life
   ~ privée private life, privacy
   ~ professionnelle professional life

~ **quotidienne** daily life
~ **sociale** social life
coût *(m)* **de la ~** cost of living
espérance *(f)* **de ~** life expectancy
mode *(m)* **de ~** way of life
vieux (vieille) old
~ **jeu** old-fashioned
vigoureusement vigorously
ville *(f)* city
vis-à-vis face-to-face, opposite
~ **de** concerning, in regard to
viser to aim at, target
visionner to view
visite *(f)* visit
rendre ~ à to visit *(someone)*
visiter to visit *(a place)*
vite quickly, fast
vitesse *(f)* speed
vivre to live
voie *(f)* track, road, way
en ~ de in the process of
pays *(m)* **en ~ de développement** developing country
voile *(m)* **islamique** yashmak, literally, « islamic veil »
voir to see
voire or even, indeed
voisin(e) *(adj)* neighboring; *(n)* neighbor

voiture *(f)* car
voix *(f)* voice
volage fickle
volant *(m)* (steering) wheel (of a car)
volant(e) flying
soucoupe ~ *(f)* flying saucer
volontaire *(adj)* voluntary, willing
volontaire *(m/f)* volunteer
volonté *(f)* will
voter pour/contre to vote for/against
vouloir to want
~ **dire** to mean
voyager to travel
vrai(e) true
vraiment really, truly
vue *(f)* view, opinion
point *(m)* **de ~** point of view

W

Web *(m)* World Wide Web
Wi-Fi *(f)* WiFi

X

xénophobie *(f)* xenophobia, fear or hatred of foreigners or strangers

Y

yeux *(m pl)* *(sing: œil)* eyes

Indice